大中城市地理国情综合统计与分析研究
——以兰州市为例

孙建国　杜立钊　苗天宝　魏冠军　段焕娥　李克恭 等　著

科学出版社

北京

内 容 简 介

开展全国地理国情普查，系统掌握权威、客观、准确的地理国情信息，是制定和实施国家发展战略与规划、优化国土空间开发格局和各类资源配置的重要依据，是推进生态文明建设的重要支撑。大中城市是我国地理国情普查的典型区之一，以地理国情数据为基础，针对大中城市发展中的一些特殊问题和迫切需求开展地理国情综合统计分析，具有重要的理论和实践价值。本书首先研究大中城市地理国情综合统计分析的方法论基础，包括总体技术流程和关键技术方法；在此基础上，选取兰州市作为典型研究区域，从资源利用、生态文明、社会民生、区域经济、城镇发展五个维度进行专题分析评价，通过建立指标体系，测算国情指数，科学揭示大中城市基本国情要素的空间分布格局、空间结构特征、空间相关关系，以及地域差异等客观规律。

本书可作为各级测绘部门、城市规划部门、环保部门、发展和改革委员会工作人员的参考书，也可作为大专院校、科研机构相关专业科研工作参考用书等。

图书在版编目(CIP)数据

大中城市地理国情综合统计与分析研究：以兰州市为例/孙建国等著.
—北京：科学出版社，2016.11
ISBN 978-7-03-050756-3

Ⅰ.①大…　Ⅱ.①孙…　Ⅲ.①地理–统计分析–兰州　Ⅳ.①K924.21

中国版本图书馆 CIP 数据核字（2016）第 280115 号

责任编辑：焦　健　韩　鹏　李　静/责任校对：何艳萍
责任印制：张　伟/封面设计：耕者设计工作室

科 学 出 版 社 出版
北京东黄城根北街16号
邮政编码：100717
http://www.sciencep.com

北京教图印刷有限公司 印刷

科学出版社发行　各地新华书店经销

*

2016 年 11 月第 一 版　开本：787×1092　1/16
2016 年 11 月第一次印刷　印张：11 3/4
字数：227 000

定价：88.00 元
（如有印装质量问题，我社负责调换）

前　言

　　为全面掌握我国地理国情现状，满足经济社会发展和生态文明建设的需要，国务院于 2013~2015 年组织开展了第一次全国地理国情普查工作。2015 年 9 月 7 日，国务院第一次全国地理国情普查领导小组办公室发文（国普统计 [2015] 28 号）确定甘肃省为"国家级综合统计分析试点单位"，兰州市为"典型大中城市城镇发展综合统计分析试点之一"，要求以地理国情普查数据为基础，融合人口、GDP 等社会经济统计数据，并结合地区特点，开展有针对性的专题综合统计分析，形成"典型大中城市城镇发展综合统计分析试点报告"。作为试点工程，兰州市地理国情综合统计与分析研究的项目成果将有助于完善我国地理国情综合统计分析的技术方法体系和成果形式设计，为各省（区、市）及全国其他大中城市开展地理国情综合统计分析及成果应用总结经验和奠定基础，具有重要的理论和实践价值。

　　2014 年，我们有幸承担了"兰州市地理国情综合统计与分析研究"的项目任务。经过课题组历时两年的辛勤工作，项目终于完成，并于 2016 年 5 月 26 日顺利通过评审，受到甘肃省测绘地理信息局及省内相关专家的一致好评和肯定。项目完成以后，我们有充裕的时间对已完成的课题成果进行重新审视，对项目研究过程中的一些重要问题进行更加深入的思考和研究。在原来"兰州市地理国情综合统计与分析研究"综合报告的基础上，增加了对于我国大中城市地理国情综合统计分析一般方法论的总结和提炼，补充了我们对大中城市地理国情专题评价的一些最新认识和研究成果。怀着野人献曝的心情，在此提交出版，以期对我国同类地区开展地理国情综合统计分析提供借鉴，并有效促进本领域的学术交流。

　　本书综合运用地理学、经济学、生态学等多学科理论和思想，借鉴资源利用、生态承载力、福利经济学、新经济地理学、新型城镇化等领域的学术积累，结合 GIS 和应用统计分析技术，对城市和区域发展中的资源利用、生态环境、公共服务、经济增长、城镇化质量等重大问题进行定性和定量分析，通过建立指标体系，测算国情指数，揭示各类国情要素的空间关联和空间分异特征。本书在以下方面具有一定的特色和创新。

　　（1）本书提出大中城市地理国情综合统计分析的总体技术流程和关键技术方法具有一定的探索性和推广价值。总体技术流程包括评价主题确定、数据处理、指标计算、分级评估；关键技术方法包括指标体系构建、综合评价模型、空间分异表达等内容，能够为我国典型大中城市，以及更大尺度地域空间的地理国情综合统计分析提供一定的借鉴。

　　（2）利用国情普查数据，辅以其他社会经济数据，研究兰州城市发展中的土地利用、生态环境、公共服务、经济发展、城镇化等重大问题，极大地发挥了普查数据精确性和即时性的优势，使得统计分析成果更加具有客观性。

（3）在不同属性数据整合的基础上，综合统计分析的主题选择和技术方法呈现出一定的交叉性和综合性，符合自然和人文学科交叉与合作的国际化研究趋势，使得统计分析成果的科学性得到增强。

（4）得益于国情普查数据的全覆盖和高密度优势，从县区和乡镇/街道两个层次开展综合统计分析，尤其是乡镇/街道尺度的研究是对兰州市城市问题研究的重大突破，使统计分析成果具有坚实的微观基础。

本书可分为三个部分：第一部分是方法论基础，提出大中城市地理国情综合统计分析的方法论体系（第一章）；第二部分是案例和应用研究，选择兰州市作为典型城市，从土地资源利用、生态环境质量、公共服务均等化、区域发展潜力、城镇化质量五个维度进行综合统计分析专题研究（第二章至第六章）；第三部分是总结与展望（第七章）。

本书是甘肃省地理国情监测工程实验室成员精诚协作的集体成果。各章主要执笔人：第一章为孙建国、杜立钊；第二章为魏冠军、张志华；第三章为孙建国、苗天宝、李克恭；第四章为杜立钊；第五章为段焕娥；第六章为杜立钊；第七章为孙建国、杜立钊。全书由孙建国负责总体框架设计、研究思路确定和最终统稿。硕士研究生陈鹏、魏芳、王龙、脱丽娜、王红霞、张梅玲等承担了大量的数据搜集、整理、计算，以及制图任务。

在兰州市地理国情综合统计与分析研究课题的完成，以及本书的撰写过程中，甘肃省测绘地理信息局、甘肃省基础地理信息中心，以及兰州市三县五区的各个职能部门都在资料提供和调研安排方面给予了大力的支持；中国测绘科学研究院董春研究员、兰州大学王文瑞博士和常跟应博士、西北师范大学赵军教授和张志斌教授等专家学者给予了宝贵的学术指导和研究建议；兰州交通大学测绘与地理信息学院提供了优良的科研环境和硬件支持，在此致以诚挚的感谢！

由于地理国情监测工作在我国尚属首次开展，地理国情综合统计与分析的基本定位、主要职能、框架内容、技术流程等目前还处于探索与试验阶段，加之影响我国大中城市发展的各种要素目前处于快速变化之中，本书不免会存在许多不足之处，欢迎各界同仁批评指正。本书参考了大量科研成果和文献资料，虽已尽最大可能一一注明，但难免挂万漏一，敬请原谅和指正！

目　录

第一章　大中城市地理国情综合统计与分析的方法论基础

第一节　地理国情综合统计分析概述

开展全国地理国情普查，系统掌握权威、客观、准确的地理国情信息，是制定和实施国家发展战略与规划、优化国土空间开发格局和各类资源配置的重要依据，是推进生态环境保护、建设资源节约型和环境友好型社会的重要支撑，是做好防灾减灾工作和应急保障服务的重要保障，也是相关行业开展调查统计工作的重要数据基础。国际上，一些主要发达国家早已开展地理国情监测工作，如美国国家基金委（NSF）建立的美国国家生态观测站网络（NEON）、美国地质调查局实施的"地理分析和动态监测计划（GAMGAM）"、英国的全球干旱监测网、欧盟的"全球环境与安全监测计划（GMES）"等，利用数字地形图、卫星遥感数据、航空遥感数据等，结合计算机建模和野外调查技术手段，开展以重点地区地表覆盖、地表变化过程的分析与模拟为主的监测内容，为生态环境保护、灾害预防、气候变化研究、经济可持续发展提供基础数据和技术支持（Angel，2000）。

为全面掌握我国地理国情现状，满足经济社会发展和生态文明建设的需要，国务院于 2013~2015 年开展了第一次全国地理国情普查工作。本次普查工作包含 4 个方面的主要任务：一是调查自然地理要素的基本情况，包括与自然资源环境相关的地形地貌、植被覆盖、水域、荒漠与裸露地等地理要素的类别、位置、范围、面积等，掌握其空间分布状况；二是调查人文地理要素的基本情况，包括与人类活动相关的交通网络、居民地与设施、地理单元等地理要素的类别、位置、范围、面积等，掌握其空间分布现状；三是开展地理国情信息统计分析，包括对自然和人文地理要素等重要地理国情信息的统计分析，以及将地理信息与经济社会数据进行整合，对经济社会发展指标进行空间化、综合性统计分析评价；四是建立覆盖全国的地理国情信息数据库，形成一系列地理国情普查图集和普查报告，形成系统、规范的地理国情普查技术和标准体系，建立科学、高效的地理国情普查工作机制。

地理国情统计分析是地理国情普查的重要工作环节，包含 3 个层次：①基本统计汇总，以地理国情普查数据为基础，基于规则网格、行政区划、自然地理、社会经济区域等 4 类统计单元，对地理国情普查覆盖层和要素层数据的点、线、面几何特征类型及实体对象的个数、长度、面积、占比等 37 个统计指标进行基本特征统计，形成包括地形地貌、植被覆盖、水域、荒漠与裸露地表、交通网络、居民地及设施、地理单元等 7 类统计内容的自然和人文基础地理国情信息数据，生成地理国情基本信息统计数据集、报表、报告等多种类型成果；②综合统计分析，在基本统计及汇总基础上，结合社会经济等部门专题数据，运用综合统计分析模型和方法，对地理国情普查要素的物理结构、空间关系及差异特性等内容进行综合分析，用来反映地形地貌、植被覆盖、荒漠与裸露地、水域、交通网络、居民地及设施等要素的地表要素空间分布形态、地表覆盖空间格局、地面覆盖程度、基础设施配置水平、地面交通通达性、地表要素空间相关性，构建生态协调性、城镇发展、基本公共服务均等化、区域经济潜能等地理国情指数；③专题分析评价，基于地理国情基本统计汇总和综合统计分析成果，结合社会、经济等统计数据，定量与定性分析相结合，从资源分布、生态保护、区域经济发展、社会发展、社会民生等维度测量地理国情综合状况，综合评估自然和人文地理国情要素的现状及空间特征，形成地理国情系列分析评价报告。在实践中，综合统计分析与专题分析评价往往结合在一起。

第二节　大中城市地理国情综合统计分析的目标与意义

当今世界经济的一个突出特征就是人口和经济在空间上分布的不平衡，全球人口和生产活动主要聚集在大中城市。其中，占全球土地面积 1%的城市化区域囊括了世界一半以上的生产活动。世界各国的人口和经济都在向少数大城市或大都市圈集聚，而且，越是发达的国家人口和经济的聚集程度越高（世界银行，2009）。由若干大中城市组成的大都市区已成发达国家城镇化的主体形态，是一国创造就业和人口居住的城镇聚集区，也是支撑经济发展，参与国际竞争的核心区。例如，日本主要的工业化和城镇化核心区——东京、名古屋、大阪，集中了全国 65%的人口和 70%的国内生产总值。由伦敦、巴黎、米兰、慕尼黑和汉堡组成的欧盟五边形大都市区，集中了欧盟 40%的人口和 50%的地区生产总值。美国 67%的 GDP 集中在大纽约、大洛杉矶和五大湖区。中国在改革开放以来的高速经济增长过程中也伴随着快速的城镇化过程（Dicken, 2000）。京津冀、长江三角洲、珠江三角洲三大城市群，以 2.8%的国土面积集聚了 18%的人口，创造了 36%的国内生产总值，成为带动我国经济快速增长和参与国际经济合作与竞争的主要平台。成渝、中原、长江中游、哈长等城市群，以及一批区域性中心城市成为推动国土空间均衡开发、引领区域经济发展的重要增长极。根据第六次全国人口普查数据，我国人口超过 1000 万以上的城市达到 6 个，500 万~1000 万人口城市 10 个，300 万~500 万人口城市 21 个，100 万~300 万人口城市 103 个，50 万~100 万人口城市 138 个，50 万以下人口城市 380 个。按照《国务院关于调整城市规模划分标准的通知（国发[2014]51 号）》，常住人口 50 万以上 100 万以下的城市为中等城市，100 万以上人口城市为大城市，我国目前大中城市数量达到 278 个。大中城市在我国现代化建设中发挥越来越重要作用的同时，也产生了由于高度集聚和快速开发带来的资源短缺、环境恶化、基础设施和公共服务设施供给不足、空间配置低效率等问题，对我国全面建成小康社会构成了一定挑战。

城市是在"自然-社会-经济"复杂巨系统中，通过集聚效应、规模效应、组织效应和辐射效应的作用，实现"人口、资源、环境、发展"四位一体和谐发展的现代文明中心。Forrester（1971）、Meadows（1972，1992）等著名学者在对城市发展问题的研究中认为，21 世纪世界各国城市经济活动的总体增长趋势将面临四个方面的刚性约束（Antro,2004）：①地球上有限的空间；②资源稀缺的日益加剧；③生态服务能力与环境自净能力的限制；④人类科技水平与调控城市能力的限制。如何克服这些限制，成为

第一章　大中城市地理国情综合统计与分析的方法论基础　　　·3·

城市尤其是大中城市可持续发展问题研究的重点课题。美国国家科学基金会（CHNS）在有关研究计划中，强调了"人与自然耦合系统的集成研究可以揭示新的、复杂的格局和过程，而单独的自然科学或者社会科学的研究不能揭示这种规律"（陆大道和樊杰，2009）。

地理国情综合统计分析是以地理国情信息普查数据形成的地理国情信息数据库为基础，结合社会、经济等统计数据，基于不同统计单元，对自然、人文等地理国情要素进行统计和分析，反映自然地理和社会人文信息的空间分布，有助于揭示人文因素与自然资源消耗、城镇化进程之间的内在联系，推动城市科学研究向多学科交叉方向发展。《改变我们的世界——2030年可持续发展议程》正式提出城市、社区和农村协同发展的理念，这也是中国"十三五"规划中2020年全面建成小康社会的核心内容。开展大中城市地理国情综合统计分析，从资源利用、生态文明、社会民生、经济发展、城镇化等角度，准确翔实地反映大中城市地理国情的空间分布、空间结构、空间关系、地域差异等，科学揭示资源、生态、环境、人口、经济、社会等要素在地理空间上的相互作用、相互影响，可以为科学管理决策提供可靠依据，为制定和实施区域发展战略与规划、优化国土空间开发格局和各类资源配置、推进生态环境保护、建设资源节约型和环境友好型社会，提供重要的参考信息。

第三节　大中城市地理国情综合统计分析的方法与技术

一、总体技术流程

在确定统计分析主题的基础上，基于地理国情普查数据和现有基础地理信息成果，整合相关部门社会经济统计数据，提取包括行政区划与管理单元、自然地理单元、社会经济区域单元等综合统计分析单元，构建综合统计分析方法与模型库，开展综合统计分析指标计算和地理国情指数构建，形成地理国情综合统计分析成果。综合统计分析总体流程包括数据预处理、统计单元提取、方法与模型库构建、综合指标计算、地理国情指数构建、统计成果生成等6个部分，其核心内容包括评价主题的选定、数据收集与处理、指标体系构建与计算、分级分类评估等。

（一）评价主题的选定

大中城市地理国情综合统计分析的评价主题，应该结合国情普查数据的独特优势，以及具体城市的个体特征来确定。目前，我国的城市化进程已进入新型城镇化建设阶段，推动经济的可持续发展，建设精明城市；推动资源的高效利用，建设低碳城市；加大城市环境整治力度，建设生态城市；注重社会民生，推进以人为核心的城镇化等成为关切重点。因此，大中城市地理国情综合统计分析要结合国家和社会需求，从资源利用、生态文明、社会民生、区域经济、城镇发展5个维度展开专题评价。根据我国大中城市的市情特色和发展诉求，本书确定了土地利用水平、生态环境质量、基本公共服务均等化、区域经济发展潜力、城镇化质量等5个综合评价主题。

（二）数据收集与处理

通过采用叠加分析、数据拼接、属性关联、网络分析等方法，对地理国情普查数据和基本统计数据进行数据匹配与整合、归一化处理等，生成满足地理国情综合统计分析的空间数据库。从各行业部门收集的社会经济统计数据在空间坐标、数据类型、数据格式等方面均与普查数据存在较大的差异，无法在综合统计分析工作中直接使用。专题数据预处理即将专题数据的空间坐标、数据类型和数据格式等与普查数据相统一，从而与普查数据或基本统计数据进行关联匹配。

（三）指标体系构建与计算

指标计算是综合统计分析的首要环节，基于地理国情普查数据、基本统计成果，结合社会经济数据，综合运用四则运算、空间量算、区位熵模型、网络分析方法、景观格局指数等其他定量计算方法和模型，计算土地利用水平、生态环境质量、基本公共服务均等化、区域经济潜能、城镇化质量等方面的综合统计指标，反映自然资源、生态、社会、经济等要素的空间分布、空间格局、覆盖程度、通达性、基础设施配置水平、空间相关性，为构建地理国情综合指数和综合评价奠定基础。

（四）分级分类评估

对各专题领域不同一级指数进行归一化处理，根据已定义的指数分级体系，以及所得到的综合指数归一化结果，综合评价土地利用水平、生态环境状况、基本公共服务均等化程度、区域经济潜能、城镇化质量等地理国情状态。分级评估是基于指数构建的结果，采用定量分析和定性分析相结合的方式，根据已定义的各专题不同一级指数结果及其分级体系，以及所得到的综合指数归一化结果，运用标准离差分级法、空间关联分析法、四分位数法、空间聚类、最优分割分级法等分级数学模型进行综合指数定性级别划分，并通过分级精度评价模型和信息量评价模型等分级评估模型进行分级评判结果的精度验证。

二、关键技术方法

（一）指标体系构建

借鉴联合国 CSD 提出的可持续发展指标体系、联合国人文发展指标体系（HDI）、世界银行"财富+价值"指标体系、中国科学院"省级主体功能区划分技术规程"、国家环保总局"生态环境状况评价技术规范"、《全国土地利用总体规划纲要（2006~2020年）》、"国家生态文明建设试点示范区指标体系（试行）"、《国家新型城镇化规划（2014~2020年）》、陆大道等关于中国城市化水平综合测度指标体系（陈明星等，2009）等国内外有重大影响的指标体系构建方法，选择资源利用、生态文明、社会民生、区域经济、城镇发展等 5 个维度建立多层次复合型指标（刘耀林和何建华，2014）。

（二）指标权重计算

　　熵技术支持下的层次分析法具有较强的逻辑性、实用性和系统性，能够定性与定量相结合地对复杂系统进行评价，其基本原理是将要识别的复杂问题分解成若干层次，由专家和决策者对所列的指标重要程度进行两两比较，构造判断矩阵，通过求解判断矩阵的最大特征值和它们所对应的特征向量，得到每一层次的指标相对于上一层目标的权重值（层次单排序，必须通过一致性检验），而一旦确定了低层指标对较高层次指标的权重后，可以根据递阶赋权定律确定最低层指标相对于最高层指标的权重（即层次总排序，必须通过一致性检验）。虽然层次分析法识别问题的系统性较强，可靠性较高，但当采用专家咨询方式时，容易产生循环而不满足传递性公理，导致标度把握不准和丢失部分信息等问题出现，因此，采用熵技术对层次分析法确定的权系数进行修正（徐建华，2002；陈彦光，2010），其计算公式为

$$\alpha_j = \frac{V_j p_j}{\sum\limits_{j=1}^{n} V_j p_j} \tag{1.1}$$

$$v_j = \frac{d_j}{\sum\limits_{j=1}^{n} d_j} \tag{1.2}$$

$$d_j = 1 - \lambda_j \tag{1.3}$$

$$\lambda_j = -\left(\ln n\right)^{-1} \sum\limits_{i=1}^{n} r_{ij} \ln r_{ij} \tag{1.4}$$

式中，α_j 为熵技术支持下的层次分析法求出的指标权重值；p_j 为采用层次分析法求出的指标权重；V_j 为指标的信息权重；λ_j 为指标输出的熵值；r_{ij} 为采用层次分析法构造的判断矩阵经归一化处理后的标准矩阵值。按照上述公式计算的各指标赋权结果信息量最大，可信度提高。

　　为了解决各项指标的量纲不同而难以汇总的问题，对各指标进行了消除量纲的计算。考虑到指标体系中既有正向指标，又有逆向指标，指标间的"好"与"坏"在很大程度上都具有模糊性，因此，采用模糊隶属度函数法，对各指标的"价值"进行量化。对正向指标，采用半升梯形模糊隶属度函数模型，即

$$\Phi(e_{ij}) = \frac{e_{ij} - m_{ij}}{M_{ij} - m_{ij}} = \begin{cases} 1 & e_{ij} \geqslant M_{ij} \\ \dfrac{e_{ij} - m_{ij}}{M_{ij} - m_{ij}} & m_{ij} < e_{ij} < M_{ij} \\ 0 & e_{ij} \leqslant m_{ij} \end{cases} \tag{1.5}$$

　　对逆向指标，采用半降梯形隶属度函数模型，即

$$\Phi(e_{ij}) = \frac{M_{ij} - e_{ij}}{M_{ij} - m_{ij}} = \begin{cases} 1 & e_{ij} \leqslant m_{ij} \\ \dfrac{M_{ij} - e_{ij}}{M_{ij} - m_{ij}} & m_{ij} < e_{ij} < M_{ij} \\ 0 & e_{ij} \geqslant M_{ij} \end{cases} \qquad (1.6)$$

式中，e_{ij} 为评价指标的具体属性值，i 为区域个数，j 为第 i 区域指标个数；M_{ij}、m_{ij} 分别代表第 i 区域第 j 个指标属性值的最大值与最小值；$\Phi(e_{ij})$ 代表 i 区域 j 指标的隶属度，其值为 0~1，其值越大，表明该项指标的实际数值越接近最大值，M_{ij} 的程度越大；隶属度值与其相对应权数的乘积越大，该指标数值对总目标的贡献就越大；隶属度值与 1 之间的差，即为该项指标与最大指标间的差距。

（三）综合评价模型

利用各指标的熵化权系数和隶属度值，采用多种方法分别计算大中城市地理国情各类评价指数。除了传统的加权求和法外，TOPSIS 法（逼近理想解排序法）作为系统工程中有限方案对目标决策分析的一种常用方法，具有较高的应用价值。其基本思想是，最优的方案应与正理想方案的距离最小，与负理想方案的差距最大。TOPSIS 方法可对多个具有可度量属性的被评价对象进行排序，基本步骤如下：

（1）用向量规范化的方法求得规范决策矩阵 $Z = \{z_{ij}\}$。

（2）赋予向量矩阵权重 $w = (w_1, w_2, \cdots, w_n)^{\mathrm{T}}$，则构成加权规范阵 $X = \{x_{ij}\}$。其中，$x_{ij} = x_j \times z_{ij}, i = 1, 2, \cdots, m; j = 1, 2, \cdots, n$。

（3）确定正理想解 x^+ 和负理想解 x^-，则 $x^+ = \max_i(x_{ij}); x^- = \min_i(x_{ij})$。

（4）计算各方案到正理想解和负理想解的距离 S_i^+ 和 S_i^-，再计算各方案到正理想解的相对接近度 S_i（即综合评价指数）。S_i 取值为 0~1，该值越接近 1，表示该方案越接近于最优水平；反之，该值越接近 0，表示该方案越接近最劣水平。

$$S_i^+ = \sqrt{\sum_{j=1}^{n} \left(X_{ij} - X_j^+\right)^2} \qquad (i = 1, 2, \cdots, m)$$

$$S_i^- = \sqrt{\sum_{j=1}^{n} \left(X_{ij} - X_j^-\right)^2} \qquad (i = 1, 2, \cdots, m) \qquad (1.7)$$

$$S_i = \frac{S_i^-}{S_i^+ + S_i^-} \qquad (i = 1, 2, \cdots, m)$$

其中，向量权重矩阵采用熵技术支持下的 AHP 法确定。

（四）空间分异表达

国情要素的空间格局、空间分异与空间相互作用是地理国情综合统计分析的基本内容，也是开展国情指数分级分区的重要基础。ESDA（exploratory spatial data analysis）是一系列空间数据分析方法和技术的集合，以空间关联测度为核心，通过对事物或现象空间格局的描述与可视化，发现空间集聚和空间异常，揭示研究对象之间的空间相互作用机制（Anselin，1995，1999）。

1. 空间权重矩阵

为了揭示属性值之间的空间联系，可以通过定义一个空间连接矩阵来衡量。空间连接矩阵可以依据空间数据的拓扑属性（如邻接性）或者空间距离来构建。邻接矩阵与距离矩阵分别定义如下：

$$W_{ij} = \begin{cases} 1 & \text{区域} i \text{和区域} j \text{相邻} \\ 0 & \text{区域} i \text{和区域} j \text{不相邻} \end{cases}$$

$$W_{ij} = \begin{cases} 1 & \text{区域} i \text{和区域} j \text{在} d \text{之内} \\ 0 & \text{区域} i \text{和区域} j \text{在} d \text{之外} \end{cases}$$

权重矩阵 W_{ij} 的取值与研究问题的性质有关，一般采用基于邻接性的空间关系构建权重矩阵。

2. 全局空间自相关分析

全局空间自相关是对属性在整个区域空间特征的描述，反映空间邻接或空间邻近区域单元观测值的相似程度。一般在涉及空间全局自相关的研究中都应用 Moran's I 指数表示。其值在-1~1，大于 0 表示存在空间正相关，小于 0 为负相关，等于 0 则表示不存在空间相关性。Moran's I 指数计算公式如下：

$$I = \frac{\sum\limits_{i=1}^{n}\sum\limits_{j\neq 1}^{n} W_{ij}(x_i - \overline{x})(x_j - \overline{x})}{S^2 \sum\limits_{i=1}^{n}\sum\limits_{j\neq 1}^{n} W_{ij}} \tag{1.8}$$

式中，$S^2 = \dfrac{1}{n}\sum\limits_{i=1}^{n}(x_i - \overline{x})^2$；$\overline{x} = \dfrac{1}{n}\sum\limits_{i=1}^{n} x_i$；$x_i$，$x_j$ 为位置 i 和位置 j 的属性值，包括各类国情指数的属性值；W_{ij} 为空间权重矩阵。一般采用 z 检验来检验区域之间是否存在空间自相关关系，Z 的计算公式为 $Z = \dfrac{I - E(I)}{\sqrt{\text{VAR}(I)}}$。

3. 局部空间自相关分析

局部空间自相关是衡量每个空间要素属性在局部的相关性质一般采用Local Moran's I 指数来衡量。观测单元 i 的局部自相关统计定义为如下形式：

$$I_i = \frac{(x_i - \overline{x})}{S^2}\sum\limits_{j\neq i}^{n} W_{ij}(x_i - \overline{x}) \tag{1.9}$$

I_i 的绝对值越大，表示子区域空间关联性程度越高。I_i 的 z 检验公式为

$$Z_i = \frac{I_i - E(I_i)}{\sqrt{\text{VAR}(I_i)}} \tag{1.10}$$

第二章　兰州市土地利用水平评价

　　充足的能源、淡水资源和土地资源是城市发展的最基础条件。在能源供应压力初步得到缓解的情形下，水土资源短缺将成为我国未来城镇化的重要制约因素。从单因素角度来看，水资源短缺或土地资源短缺成为一部分城市面临的强制约因素。例如，缺水城市以环渤海地区和东南沿海地区最多、最严重，其中，环渤海地区严重缺水城市有 25个，占全地区缺水城市的一半，而西北内陆绿洲和河谷城市，以及东南沿海岛屿城市则受到土地资源供给不足的制约。与此同时，有不少城市面临水土资源双短缺的困境（陆大道等，2007）。加强对城市单资源要素或复合资源要素利用效率的科学认识，充分利用现代科技手段和机制创新，提高城市对自然资源的利用水平，对于缓解城市发展中的资源压力，建设资源节约型城市具有重要意义。

　　相比较而言，水资源短缺可以在一定程度上通过区域性调水和加强供水设施建设加以缓解，而土地资源则具有极大的供给刚性，土地资源短缺的城市发展的制约作用更具有持久性。土地是人类赖以生存与发展的重要资源和物质保障，在"人口-资源-环境-发展（PRED）"复合系统中，土地资源处于基础地位。土地利用反映了人类与自然界相互影响与交互作用最直接和最密切的关系，是人类经济社会活动作用于资源和自然环境的综合反映（刘彦随和陈百明，2002），也是地理国情的重要构成部分。本章以兰州市土地利用为例，充分利用第一次地理国情普查获得的基础数据，从土地利用程度、土地利用效率、土地利用效益、土地利用可持续性 4 个方面对兰州市土地利用水平进行综合评价。兰州市是我国受土地资源约束最为强烈的城市之一，优化土地资源利用，提高土地资源利用效率和效益，增强土地资源利用的可持续对兰州城市的未来发展具有极为重要的意义。本章评价结果可为此提供科学的认知基础和决策保障，也可以为其他大中城市开展多种资源利用评价提供技术和方法的借鉴。

第一节　兰州市土地利用现状与问题

一、地形地貌特征

　　兰州市位于陇西黄土高原的西部，是我国地形一级阶梯——青藏高原向二级阶梯——黄土高原的过渡地区。地势西部和南部高，东北低（图 2.1），黄河由西南流向东北，横穿全境，切穿山岭，形成了峡谷与盆地相间的串珠形河谷。

　　兰州市境内大部分地区是黄土覆盖的海拔为 1500~2500m 的黄土丘陵区。由于各地原始地形和新构造运动的控制及后期流水的侵蚀，其特征各地有所不同，可以分为：大通河西岸黄土山梁区、大通河—庄浪河之间黄土山梁区、黄河以北黄土梁峁丘陵区、榆中北山黄土山梁区、兴隆山—七道梁山前黄土山梁区、秦王川和榆中断陷盆地等。

兰州市的石质山地是祁连山东延的余脉，大多分布在北部、西部和南部边界地带，海拔一般都在 2000m 以上，相对高差在 200m 左右。最高山峰为东南部榆中县的马衔山，海拔为 3670.3m。由于所处部位及特征的不同，兰州市的石质山地可分为西部石质山地、西北部石质山地、北部石质山地、南部石质山地、中部弧形石质山地、中南部土石山地和俞家湾穿窿山地。

兰州市最主要的河流谷地是黄河谷地。黄河在兰州由西南流向东北，形成了峡谷、宽谷和盆地。黄河在兰州段的峡谷有八盆峡、柴家峡、桑园峡、大峡、乌金峡等，宽谷和盆地有新城盆地、兰州盆地、泥湾-什川盆地、青城-水川盆地等。另外还有湟水谷地、庄浪河谷地、宛川河谷地、大通河谷地等。

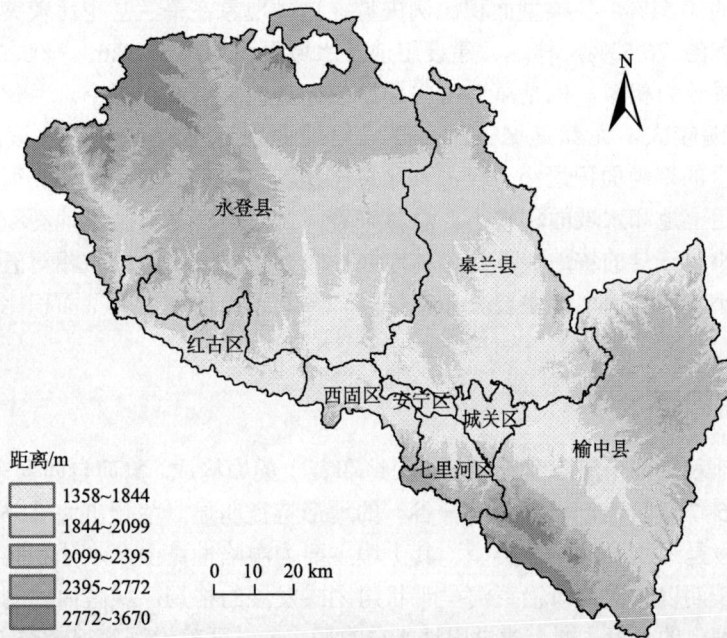

图 2.1　兰州市地形图

二、土地利用类型

土地利用类型的特点有：①草地数量多，低覆盖度草地占土地总面积的 57.9%，面积为 7613.81km²，是兰州市第一大用地类型，天然草地等高覆盖度草地数量少，多数为中覆盖度的人工草地及低覆盖度的荒草地；②兰州市耕地总面积为 3209.03km²，占土地总面积的 24.4%，是仅次于草地的第二大用地类型；人均耕地为 0.001km²，稍高于全国人均量；由于气候干燥，土地贫瘠，肥力不足，耕地质量较差，以旱地为主，占耕地总面积的 56.9%；③林地、水域面积小，数量少，兰州市林地和水域面积小，分别为 1271.20km²、102.34km²，占土地总面积的 9.7%、0.8%，远低于全国 21.6% 和 3.8% 的比例；林地构成主要是灌木林和乔木林，水域主要由河渠构成；④建设用地总量少，其中居民点用地比例大，兰州市建设用地面积为 695.48km^2，占土地总面积的 5.3%，总量较少，其中居民点占地量最大，尤其是农村居民点占很大的比例，工矿和道路等建设用地面积小，表明兰州市城市化水平较低；⑤未利用土地数量少，但开发难度大，尽管兰州市未利用土地仅占土地总面积的 2.0%，面积为 259.51km^2，但多数为难利用的沙地、盐碱地，大部分都属不宜城镇工矿企业建设用地类。受干旱、坡度、温度、盐碱、沙化等因素的强烈限制，几乎所有自然状态下的未利用地都属暂时不宜农、不宜林和不宜牧或勉强宜牧的荒地。

分县区来看，永登县耕地、草地及建设用地面积均居兰州市首位，分别为 1409.76km^2、3602.25km^2、184.09km^2，永登县的草地比例最大，占该县总面积的 62.16%，水域面积仅占全县总面积的 0.51%，各类型面积比例失调。这种现象在皋兰县也比较突出，草地面积占该县总面积的 76.53%，林地、建设用地及水域面积均小于 5km^2。红古区各类型面积分配与皋兰县较为相似，也是草地占主导地位，其他类型面积很小。兰州市五区的建设用地面积普遍较大，尤其是城关区，建设用地面积为 65.61km^2，占该区总面积的 31.57%。安宁区的耕地面积最小，仅占该区总面积的 5.06%。西固区各类型面积比重相对均衡，未利用土地和水域面积较小。总体来看，兰州市三县五区土地面积以永登县最大，安宁区最小。三县的耕地、草地、林地面积较大，建设用地面积相对五区较小。水域面积普遍较小，未利用土地主要分布在三县。各县区土地利用类型面积比例均存在失衡现象。

三、土地利用问题

兰州市的地貌主要由河谷盆地、土石山地和黄土梁峁构成。黄河自西向东贯通盆地，南北两山形成 5~7 级阶地，"两山夹一谷"的地形特征明显。兰州市大部分地面为黄土覆盖，黄土丘陵是最主要的地貌类型。其土壤主要为湿陷性黄土，水分和肥力涵养性极差。城市建设长期以来保持着沿黄河呈带状组团式发展的格局，城区内的剩余建设用地规模也已接近确定的目标，剩余建设用地十分有限，主城区建设强度已超过其合理负荷，土地压力持续加大。兰州作为特大城市，经济社会布局主要集中于河谷盆地，建成区人口过度集中，易开发整理的土地后备资源逐步减少，补充耕地的成本日趋提高。随着人口持续增长、工业化和城市化的快速发展，城乡之间、工农业之间的用地矛盾日益突出，发展对保障建设用地和保护耕地提出了更高的要求。引导土地开发整理向内涵挖潜、集约利用转变的任务十分艰巨。

第二节　兰州市土地利用水平评价方法、指标与数据

一、指标体系构建

从目前国内外研究动态看，土地利用评价已从 20 世纪 70 年代偏重于土地自然属性的土地适宜性评价、土地潜力评价，到 20 世纪 80 年代的土地承载能力评价，逐渐转向

注重土地综合属性的土地利用可持续性评价、生态安全评价与集约性评价。本着指标选取的科学性、代表性、可行性等原则，本书运用专家咨询法、文献分析归纳法，借鉴相关研究成果，综合考虑兰州市土地利用的实际情况与数据资料的可获取性，从土地利用程度、土地利用效率、土地利用效益和土地利用可持续性 4 个方面选取 23 项指标，构建兰州市土地利用水平的评价指标体系（表 2.1）。

表 2.1　兰州市土地利用水平评价指标体系

目标域	准则域	指标	指标内涵	计算方法	数据来源	单位
土地利用水平	土地利用程度	未利用或难利用地占比	反映未利用或难利用地的数量	未利用或难利用地面积/土地总面积×100%	基本统计成果	
		天然草地和水域占比	反映天然草地和水域用地的数量	天然草地和水域用地面积/土地总面积×100%	基本统计成果	
		天然林地占比	反映天然林地的数量	天然林地面积/土地总面积×100%	基本统计成果	
		人工草地和园地占比	反映人工草地和园地的数量	人工草地和园地面积/土地总面积×100%	基本统计成果	
		人工林地占比	反映人工林地的数量	人工林地面积/土地总面积×100%	基本统计成果	
		耕地占比	反映耕地的数量	耕地面积/土地总面积×100%	基本统计成果	
		疏林面积占比	反映疏林的数量	疏林面积/土地总面积×100%	基本统计成果	
		交通用地人工堆掘地构筑物占比	反映交通用地人工堆掘地构筑物的数量	交通用地人工堆掘地构筑物面积/土地总面积×100%	基本统计成果	
		房屋建筑占比	反映房屋建筑的数量	房屋建筑面积/土地总面积×100%	基本统计成果	
	土地利用效率	地均GDP	反映单位面积土地的地区生产总值	地区生产总值/土地总面积	基本统计成果、统计年鉴	万元/m²
		地均固定资产投资额	反映单位面积土地的固定资产投资	固定资产投资额/土地总面积	基本统计成果、统计年鉴	元/m²
		单位工业用地耗水量	反映单位面积工业用地生产耗水量	工业耗水量/工业用地面积	基本统计成果、统计年鉴	m³/m²
		单位工业用地耗能量	反映单位面积工业用地生产耗能量	工业耗能量/工业用地面积	基本统计成果、统计年鉴	t/m²
	土地利用效益	人均GDP	人均地区生产总值	地区生产总值/区域总人口	基本统计成果、统计年鉴	万元/人
		道路面积占比	反映道路面积的数量	道路面积/土地总面积×100%	基本统计成果	
		单位建设用地产值	反映单位面积建设用地第二产业产值	第二产业产值/建设用地用地面积	基本统计成果、统计年鉴	万元/m²
		单位农业用地产值	反映单位面积建设用地第一产业产值	第一产业产值/建设用地用地面积	基本统计成果、统计年鉴	万元/m²

目标域	准则域	指标	指标内涵	计算方法	数据来源	单位
土地利用可持续性		废弃房屋用地占比	反映废弃房屋的数量	废弃房屋面积/土地总面积×100%	基本统计成果	
		人均绿地面积	反映人均绿地占有量	绿地面积/区域总人口	基本统计成果统计年鉴	m²/人
		绿地面积占比	反映绿地的数量	绿地面积/土地总面积×100%	基本统计成果	
		人均公共绿地面积	反映人均公共绿地占有量	公共绿地面积/区域总人口	基本统计成果、统计年鉴	m²/人
		公共绿地面积占比	反映公共绿地的数量	公共绿地面积/土地总面积×100%	基本统计成果	
		类型加权房屋面积占比	反映房屋用地数量	各类型房屋加权面积/土地总面积×100%	基本统计成果	

二、准则域的指标值计算

（一）土地利用程度

土地利用程度主要反映土地利用的广度和深度，它不仅反映了土地利用中土地本身的自然属性，同时也反映了人类因素与自然环境因素的综合效应（Kuemmerle et al.,2013）。土地利用程度的高低在一定程度上反映着各种人类活动，以及城市化过程对地表生态系统干扰强度的大小。深入研究区域土地利用程度空间分异及其变化，有助于更好地发现区域土地利用中存在的问题，确定区域土地资源利用与保护的方向。根据刘纪远等提出的土地利用程度的综合分析方法，将土地利用程度按照土地自然综合体在社会因素影响下的自然平衡状态分为若干级，并赋予分级指数，从而给出了土地利用程度综合指数及土地利用程度变化模型的定量化表达式（刘纪远等，2006；Liu et al., 2014）。具体做法是利用 ArcGIS 软件 GRID 模块，提取 1km×1km 的格网内的土地利用程度指数。计算方法如式（2.1）：

$$L_a = 100 \times \sum_{i=1}^{n} A_i \times C_i$$
$$L_a \in (100, 400)$$

（2.1）

式中，L_a 为研究区域土地利用程度综合指数；A_i 为研究区域内第 i 级土地利用程度分级指数；C_i 为研究区域内第 i 级土地利用程度分级面积百分比；n 为土地利用程度分级数。

根据式（2.1）可知，土地利用程度综合量化指标是一个在 100～400 连续变化的指标。由于土地利用程度综合指数是一个取值区间为[100,400]的连续函数，在一定的单位栅格区域内，综合指数的大小即反映了土地利用程度的高低。在此基础上，任何地区的土地利用程度均可以通过计算其综合指数的大小而得到（表 2.2～表 2.4）。

表 2.2　土地利用程度分级赋值表

类型	未利用土地级	林、草、水用地级	农业用地级	城镇聚落用地级
土地利用类型	未利用地或难利用地	林地、草地、水域	耕地、园地、人工草地	城镇、居民点、工矿用地、交通用地
分级指数	1	2	3	4

表 2.3　兰州市县区土地利用类型占比

类型	未利用土地级	林、草、水用地级	农业用地级	城镇聚落用地级	土地利用程度综合指数（L_a）
土地利用类型	未利用地或难利用地	林地、草地、水域	耕地、园地、人工草地	城镇、居民点、工矿用地、交通用地	
分级指数	1	2	3	4	
城关区	0.47%	41.29%	22.52%	35.72%	293.48
七里河区	0.38%	45.81%	38.97%	14.78%	268.03
西固区	5.67%	62.73%	16.82%	14.78%	240.70
安宁区	2.41%	46.31%	10.77%	40.52%	289.40
红古区	8.44%	70.53%	14.52%	6.46%	218.90
永登县	3.01%	75.59%	16.89%	4.48%	222.79
皋兰县	0.43%	82.18%	11.97%	5.37%	222.20
榆中县	1.67%	59.59%	33.90%	4.83%	241.85

表 2.4　兰州市乡镇街道土地利用类型占比

类型	未利用土地级	林、草、水用地级	农业用地级	城镇聚落用地级	土地利用程度综合指数（L_a）
土地利用类型	未利用地或难利用地	林地、草地、水域	耕地、园地、人工草地	城镇、居民点、工矿用地、交通用地	
分级指数	1	2	3	4	
酒泉路街道	0.00%	0.00%	11.49%	88.51%	388.514
张掖路街道	0.00%	16.59%	8.10%	75.31%	358.7143
雁南街道	0.11%	9.09%	14.28%	76.52%	367.212
临夏路街道	1.30%	13.55%	7.05%	78.10%	361.9554
雁北街道	0.54%	13.61%	7.41%	78.44%	363.7492
五泉街道	0.26%	43.54%	21.64%	34.57%	290.5091
白银路街道	0.00%	0.53%	13.06%	86.40%	385.8719
皋兰路街道	0.00%	0.00%	10.19%	89.81%	389.8063
广武门街道	0.04%	44.20%	14.79%	40.97%	296.6964

类型	未利用土地级	林、草、水用地级	农业用地级	城镇聚落用地级	土地利用程度综合指数（L_a）
土地利用类型	未利用地或难利用地	林地、草地、水域	耕地、园地、人工草地	城镇、居民点、工矿用地、交通用地	
分级指数	1	2	3	4	
伏龙坪街道	0.55%	52.91%	38.26%	8.28%	254.2646
靖远路街道	1.23%	41.61%	14.78%	42.39%	298.3274
草场街街道	0.03%	17.81%	9.15%	73.02%	355.1447
火车站街道	0.49%	25.98%	9.80%	63.74%	336.7823
拱星墩街道	0.88%	47.69%	25.37%	26.06%	276.6003
东岗街道	0.32%	17.80%	19.90%	61.97%	343.5284
团结新村街道	0.00%	0.00%	9.06%	90.94%	390.9363
东岗西路街道	0.00%	0.07%	19.80%	80.13%	380.0676
铁路东村街道	0.00%	0.00%	14.04%	85.96%	385.9559
铁路西村街道	0.00%	0.73%	13.77%	85.51%	384.7773
渭源路街道	0.00%	0.14%	26.11%	73.75%	373.6127
盐场路街道	0.75%	55.12%	21.37%	22.75%	266.1191
嘉峪关路街道	0.00%	0.76%	15.26%	83.98%	383.2152
焦家湾街道	0.08%	10.60%	15.51%	73.80%	363.04
青白石街道	0.27%	50.02%	26.53%	23.19%	272.6385
高新区街道	0.00%	2.19%	13.25%	84.56%	382.3671
西园街道	0.54%	16.23%	7.69%	75.54%	358.2253
西湖街道	0.23%	8.98%	11.26%	79.53%	370.0897
建兰路街道	0.14%	16.48%	8.77%	74.61%	357.845
敦煌路街道	0.00%	3.01%	12.27%	84.71%	381.6983
西站街道	0.00%	5.06%	6.59%	88.35%	383.2914
晏家坪街道	0.00%	7.77%	9.48%	82.75%	374.9843
龚家湾街道	0.00%	5.33%	10.46%	84.20%	378.8697
土门墩街道	0.00%	3.58%	7.23%	89.19%	385.612
秀川街道	0.85%	12.69%	12.83%	73.63%	359.2397
阿干镇	0.31%	70.15%	26.01%	3.45%	232.4607
八里镇	1.07%	46.22%	34.36%	18.35%	269.9873
彭家坪镇	0.01%	37.29%	35.67%	27.02%	289.704
西果园镇	0.46%	40.63%	47.77%	11.03%	269.1526
魏岭乡	0.24%	47.92%	46.27%	5.53%	257.0053
黄峪乡	0.28%	41.52%	52.94%	5.17%	262.8315
陈坪街道	0.00%	32.98%	19.90%	47.12%	314.1376

类型	未利用土地级	林、草、水用地级	农业用地级	城镇聚落用地级	土地利用程度综合指数（L_a）
土地利用类型	未利用地或难利用地	林地、草地、水域	耕地、园地、人工草地	城镇、居民点、工矿用地、交通用地	
分级指数	1	2	3	4	
四季青街道	0.00%	35.53%	24.97%	38.35%	299.3901
临洮街道	0.00%	50.60%	7.72%	41.68%	291.0758
西柳沟街道	0.91%	73.95%	8.55%	16.60%	240.8354
新城镇	1.88%	77.41%	8.79%	11.91%	230.7324
东川镇	0.21%	71.87%	18.44%	9.48%	237.1953
达川乡	5.63%	48.47%	33.44%	12.46%	252.7439
河口乡	18.89%	69.69%	7.12%	4.30%	196.8298
柳泉乡	0.13%	62.65%	22.55%	14.67%	251.7571
金沟乡	0.00%	54.21%	42.78%	3.01%	248.7975
培黎街道	0.37%	19.17%	9.77%	70.69%	350.7682
安宁西路街道	0.00%	7.11%	9.90%	82.99%	375.8731
沙井驿街道	5.46%	55.50%	4.96%	34.07%	267.6572
十里店街道	0.73%	59.96%	17.05%	22.26%	260.8442
孔家崖街道	2.01%	39.51%	7.61%	50.87%	307.3496
银滩路街道	0.36%	40.68%	5.67%	53.29%	311.8962
刘家堡街道	0.38%	42.52%	4.15%	52.96%	309.6875
安宁堡街道	0.50%	29.66%	21.34%	48.51%	317.8532
窑街街道	0.40%	83.01%	8.44%	8.16%	224.3576
下窑街道	0.11%	83.26%	3.38%	13.25%	229.7629
矿区街道	0.54%	56.93%	23.11%	19.42%	261.3991
海石湾镇	1.42%	27.31%	19.89%	51.37%	321.1633
花庄镇	7.98%	76.87%	11.45%	3.64%	210.6271
平安镇	18.67%	59.57%	15.93%	5.70%	208.4358
红古乡	3.46%	65.78%	24.47%	6.28%	233.5752
华龙街道	0.15%	76.60%	8.17%	15.08%	238.1818
永登县城关镇	1.59%	62.59%	20.08%	15.73%	249.9437
红城镇	4.60%	88.57%	4.68%	2.15%	204.3763
中堡镇	1.42%	70.23%	19.34%	9.01%	235.9382
武胜驿镇	1.42%	68.48%	26.66%	3.39%	231.9094
河桥镇	0.50%	81.40%	12.75%	5.35%	222.9383
连城镇	0.41%	89.51%	7.53%	2.54%	212.1652
苦水镇	28.86%	64.73%	4.42%	1.99%	179.5524

续表

类型	未利用土地级	林、草、水用地级	农业用地级	城镇聚落用地级	土地利用程度综合指数（L_a）
土地利用类型	未利用地或难利用地	林地、草地、水域	耕地、园地、人工草地	城镇、居民点、工矿用地、交通用地	
分级指数	1	2	3	4	
中川镇	0.00%	48.44%	23.94%	27.61%	279.168
秦川镇	0.07%	42.86%	45.74%	11.33%	268.3128
大同镇	0.78%	80.27%	15.37%	3.57%	221.7341
龙泉寺镇	0.16%	89.14%	8.20%	2.50%	213.0415
树屏镇	0.18%	86.73%	8.75%	4.35%	217.2597
上川镇	0.25%	67.39%	26.21%	6.11%	238.0774
柳树乡	0.89%	81.89%	14.35%	2.85%	219.1381
坪城乡	0.72%	72.93%	23.85%	2.22%	227.0192
民乐乡	0.57%	58.94%	37.11%	3.33%	243.0903
通远乡	1.46%	73.60%	23.32%	1.63%	225.1157
七山乡	2.36%	91.60%	5.51%	0.53%	204.2157
石洞镇	0.02%	88.30%	7.46%	4.13%	215.537
西岔镇	0.00%	69.36%	16.42%	14.21%	244.8467
忠和镇	0.29%	71.79%	22.30%	5.63%	233.271
什川镇	0.63%	93.68%	3.85%	1.84%	206.8768
九合镇	3.51%	70.01%	18.13%	8.36%	231.3315
黑石镇	0.10%	85.66%	11.36%	2.78%	216.6007
水阜乡	0.05%	86.31%	10.32%	3.31%	216.8911
榆中县城关镇	0.17%	47.19%	40.95%	11.69%	264.1623
夏官营镇	1.27%	60.77%	29.92%	8.04%	244.7278
高崖镇	0.33%	42.38%	50.28%	7.01%	263.9736
金崖镇	4.12%	78.02%	13.49%	4.37%	218.1079
和平镇	0.07%	62.54%	28.16%	9.23%	246.5496
甘草店镇	0.20%	40.13%	52.75%	6.92%	266.3939
青城镇	18.29%	64.65%	11.45%	5.43%	203.6723
定远镇	0.23%	51.93%	33.32%	14.51%	262.1149
小康营乡	0.41%	34.88%	55.50%	9.21%	273.5038
连搭乡	0.04%	42.29%	46.63%	11.04%	268.6596
马坡乡	0.30%	69.66%	27.29%	2.74%	232.4792
新营乡	0.44%	48.26%	46.97%	4.33%	255.1958
清水驿乡	0.63%	48.67%	44.61%	6.09%	256.1543
龙泉乡	0.47%	39.52%	55.58%	4.44%	263.9798

续表

类型	未利用土地级	林、草、水用地级	农业用地级	城镇聚落用地级	土地利用程度综合指数（L_a）
土地利用类型	未利用地或难利用地	林地、草地、水域	耕地、园地、人工草地	城镇、居民点、工矿用地、交通用地	
分级指数	1	2	3	4	
韦营乡	0.25%	57.68%	39.71%	2.36%	244.1771
中连川乡	0.19%	57.20%	41.14%	1.47%	243.8862
贡井乡	0.47%	59.04%	39.30%	1.19%	241.2053
园子岔乡	0.91%	72.25%	25.54%	1.16%	226.6654
上花岔乡	3.06%	60.86%	34.60%	1.48%	234.4996
哈岘乡	1.33%	75.64%	22.31%	0.72%	222.4243

（二）土地利用效率

近年来，学术界提出多种测度土地利用效率的方法，主要有层次分析、因子分析、DEA 方法等。考虑到 DEA 方法在建立模型前无须对数据进行无量纲化处理，也无须任何权重假设，而是以土地利用效率输入输出的实际数据求得最优权重，可以有效解决土地利用效率测度指标赋权问题，所以本书选择 DEA 方法来测算兰州市土地利用效率。数据包络分析法（data envelopment analysis）是由 A.Chames 和 W.W.Cooper 等创建的，它是一种计算具有相同类型投入和产出的若干决策单元（DMU）相对效率的非参数统计方法，C^2R 模型是最基本的一种 DEA 模型。其原理如下：DMU_j 的输入为 $x_j = (x_{1j}, \cdots, x_{mj})^T$，输出为 $y_j = (y_{1j}, \cdots, y_{sj})^T$，$m$、$s$ 分别为输入和输出指标数。对 DMU_j 进行效率评价，构成如式（2.2）最优规划模型：

$$\min(\theta \sim \varepsilon(e_1^t s^- - e_2^t s^+))$$

$$s.t. \begin{cases} \sum_{j=1}^{n} x_j \lambda_j + s^- = \theta x_j \\ \sum_{j=1}^{n} y_j \lambda_j - s^+ = y_j \\ \lambda_j \geqslant 0 (j = 1, 2, \cdots, n) \\ s^+ \geqslant 0; s^- \geqslant 0 \end{cases} \tag{2.2}$$

式中，s^+ 及 s^- 为松弛变量，分别为投入产出指标的调整量；λ_j 为权重系数；θ 为 DMU_j 的效率指数；$e_1^t s^-$ 为输入过剩；$e_2^t s^+$ 为输出不足。若 $e^t s^- + e^t s^+ = 0$，称 DMU_j 技术有效。若 $\theta = 1$，$e^t s^- + e^t s^+ = 0$，DMU_j 规模有效、技术有效，称为 DEA 有效。若 $\theta = 0$，$e^t s^- + e^t s^+ > 0$，称为 DMU_j 为弱 DEA 有效。若 $\theta < 0$，$e^t s^- + e^t s^+ > 0$，称 DMU_j 为 DEA 无效。对于弱 DEA 有效或 DEA 无效的决策单元，可以在不减少输出的情况下，使输入减少（$1 - \theta_0$）$X_0 + S^-$，或者在不增加输入情况下，使输出增加 S^+。

本书选择地均 GDP 作为 DEA 模型的产出变量，以地均固定资产投资额、单位工业用地耗水量、单位工业用地耗能量为输入变量，采用 DEA 方法来测算兰州市土地利用效率。

（三）土地利用效益

单位面积土地投入与消耗在区域的社会、经济、生态等方面所实现的物质产出或有效成果即为土地利用效益。土地利用效益评价是指对一定宏观用地结构与微观用地方式对其外部环境与内部因素所产生的效果和影响进行评价（彭建等，2005），属于土地利用格局与功能评价范畴。土地利用效益评价是近年来学术界研究的热点问题之一，已成为衡量土地利用水平的重要标度。一般而言，土地利用效益应广义地包含经济效益、生态效益和社会效益。本书仅评价土地利用的经济效益，选择人均 GDP、道路面积占比、单位建设用地产值、单位农业用地产值 4 项指标，采用加权综合法得到各评价单元土地利用效益评价值，4 项指标的权重由 AHP 法确定，分别为人均 GDP（0.47）、道路面积占比（0.10）、单位建设用地产值（0.28）、单位农业用地产值（0.16）。

（四）土地利用可持续性

自1990 年印度农业研究会与美国 RODAL 研究所在新德里举行的土地利用研讨会上首次提出土地可持续利用的思想以来，实现土地资源的可持续利用已成为学术界研究的重要课题。土地资源持续利用的本质就是土地现状功能的持续维持和提高。为了达到土地资源可持续利用的这一目标，就必须在重视现状分析的基础上，注重生态经济社会过程的研究，探讨土地利用可持续与否的深层次原因（Verburg et al., 2013）。实现土地资源可持续利用是区域可持续发展的前提和保证，只有定量判断区域土地资源利用的可持续性，才能为制定土地资源可持续利用政策、措施提供科学依据。本项研究主要从后备土地利用潜力的角度评价土地利用可持续性，选取废弃房屋用地占比、绿地面积占比、公共绿地面积占比、类型加权房屋面积占比 4 项指标，采用加权综合法得到各评价单元的土地利用可持续性分值。4 项指标的权重由 AHP 法确定，分别为废弃房屋用地占比（0.16）、绿地面积占比（0.47）、公共绿地面积占比（0.28）、类型加权房屋面积占比（0.10）。

三、目标域的综合值计算

土地利用水平综合评价指数是 4 个子系统评价指数的加权平均数。计算公式为

$$L = \sum_{i=1}^{n} Y_i \sum_{i=1}^{n} W_{ij} P_{ij} \tag{2.3}$$

式中，L 为生态建设成效综合指数；Y_i 为第 i 子系统的权重；W_{ij} 为第 i 子系统第 j 指标的权重；P_{ij} 为第 i 子系统第 j 项指标的评价值。L 越接近 1，表示土地利用水平越高；同理，各子系统得分越高，表明该评价单元的土地利用程度、效率、效益和可持续性越高。其中，准则域各子系统的权重由熵技术修正的 AHP 法确定，具体为土地利用程度（0.36）、

土地利用效率（0.26）、土地利用效益（0.20）、土地利用可持续性（0.18）。

四、土地利用耦合度

借鉴物理学中的容量耦合概念及容量耦合系数模型，推广得到多个系统或要素相互作用耦合度模型（刘耀彬等,2005），如式（2.4）：

$$C_m = \left\{ (Z_1 \cdot Z_2 \cdots Z_m) / \prod (Z_i + Z_j) \right\}^{1/m} \qquad (2.4)$$

式中，Z_m、Z_i、Z_j 分别为 m、i、j 子系统的评价分值；$C \in [0, 1]$；$C=0$ 时，耦合度极小，系统间或系统内部要素之间处于无序状态；当 $C=1$ 时，耦合度极大，子系统之间或系统内部要素之间达到良性共生耦合。本书将耦合度分为 4 个等级，表征土地利用水平的 4 个耦合阶段：当 $C_m \in$（0, 0.3]、（0.3, 0.5]、（0.5, 0.8]、（0.8, 1]时，评价单元的土地利用水平分别处于低度耦合、拮抗、磨合和高度耦合阶段。

五、土地利用耦合协调度

进一步构建土地利用效益的协调发展度函数，评判各评价单元土地利用程度、效率、效益和可持续性之间的协调发展程度，模型如式（2.5）：

$$D = (C \cdot Z_{syn})^{1/2} \qquad (2.5)$$

式中，D 为协调度；C 为耦合度；Z_{syn} 为土地利用效益的综合指数。当 $D \in$（0, 0.3]、（0.3, 0.5]、（0.5, 0.8]、（0.8, 1]时，区域土地利用水平分别处于滞后失调、轻度失调、初级协调和发展协调阶段。

第三节 兰州市土地利用水平评价结果

一、土地利用程度评价

结果表明（图2.2），兰州市土地利用程度综合指数平均值为249.67，距离400的阈值较远，说明兰州市总体土地利用程度不高；城关区土地利用程度最高，为293.48，红古区土地利用程度最低，为218.9，反映了河谷型狭长带状城市空间发展上的局限性。城关区、安宁区、七里河区的土地利用程度综合指数超过平均值，西固区、红古区、永登县、皋兰县和榆中县的土地利用程度综合指数低于平均值。西固区和红古区虽然具有较好的城镇基础设施条件和密集的工矿企业，但因其境内未利用和难利用土地面积占比较大（分别占5.67%和8.44%），综合得分低于榆中县。

就乡镇街道层次而言，土地利用程度最高的是城关区团结新村街道，为390.9，接近400的阈值；土地利用程度最低的是永登县苦水镇，为179.6，远低于平均水平。根据JENKS自然断裂法，将土地利用程度划分为5种类型区：高值区、较高值区、中值区、较低值区、低值区，得到兰州市乡镇（街道）土地利用程度空间分布格局图（图2.3、表2.5）。结果显示，土地利用程度高值区全部在兰州市主城区，一共29个街道，以城关区为主（18个），七里河区次之（9个），安宁区仅仅2个，分别为安宁西路街道和培黎街道。土地利用程度较高值区依然以主城区为主，逐渐向外辐射，一共11个街道和3

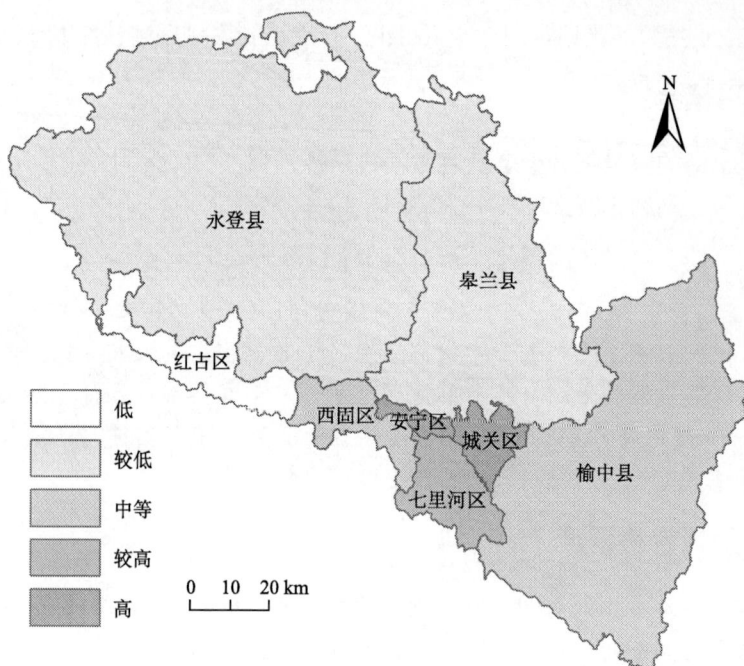

图 2.2 兰州市各区县土地利用程度空间格局

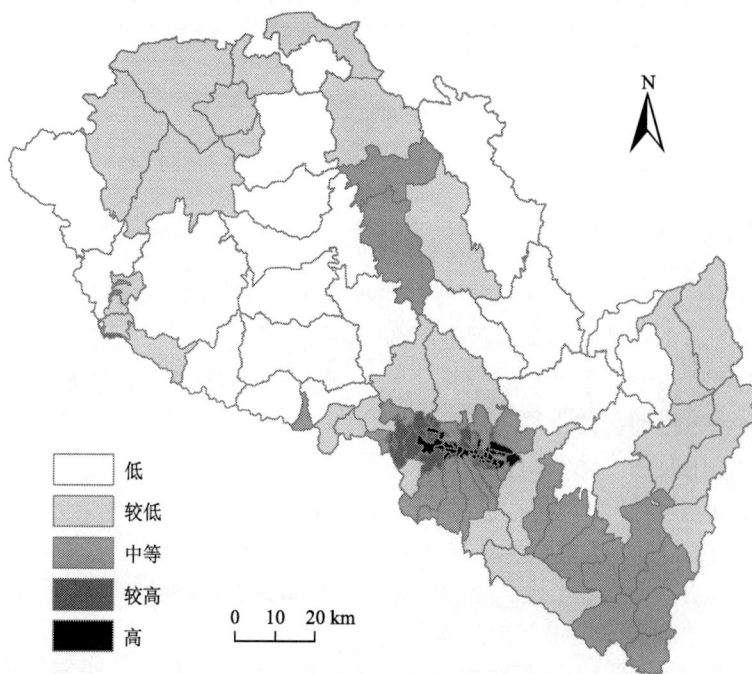

图 2.3 兰州市乡镇（街道）土地利用程度空间格局

个镇，其中城关区、安宁区分别有 4 个街道，西固区有 3 个街道，七里河区仅有彭家坪镇，红古区仅有海石湾镇，永登县中川镇因航空港建设和新区开发影响也进入较高值区。中值区一共 23 个，其中城关区 3 个，七里河区 4 个，西固区 2 个，安宁区 2 个，榆中县9 个乡镇，红古矿区街道、永登县城关镇和秦川镇也进入中值区。较低值区一共 27 个，城关区和安宁区没有街道和乡镇在此分布，七里河区也仅有阿干镇 1 个，西固区有 4 个，红古区有 4 个，皋兰县有 3 个镇，永登县有 7 个乡镇，榆中县有 8 个乡镇。低值区一共18 个，主要分布在距离兰州主城区较远的县区，其中永登县最多，有 8 个乡镇，榆中县3 个，皋兰县 4 个，西固区的河口乡，以及红古区的花庄镇和平安镇因地形和区位条件制约，土地利用程度也属于低值区。

表 2.5　兰州市各乡镇（街道）土地利用程度分类表

类型区	划分标准（JENKS）	分类结果
高值区（29）	336.8~390.9	团结新村街道、皋兰路街道、酒泉路街道、铁路东村街道、白银路街道、土门墩街道、铁路西村街道、西站街道、嘉峪关街道、高新区街道、敦煌路街道、东岗西路街道、龚家湾街道、安宁西路街道、晏家坪街道、渭源路街道、西湖街道、雁南街道、雁北街道、焦家湾街道、临夏路街道、秀川街道、张掖路街道、西园街道、建兰路街道、草场街街道、培黎街道、东岗街道
较高值区（14）	279.2~336.8	火车站街道、海石湾镇、安宁堡街道、陈坪街道、银滩路街道、刘家堡街道、孔家崖街道、四季青街道、靖远路街道、广武门街道、临洮街道、五泉街道、彭家坪镇
中值区（23）	249.9~279.2	中川镇、拱星墩街道、小康营乡、青白石街道、八里镇、西果园镇、连搭乡、秦川镇、沙井驿街道、甘草店镇、盐场路街道、榆中县城关镇、龙泉乡、高崖镇、黄峪乡、定远镇、矿区街道、十里店街道、魏岭乡、清水驿乡、新营乡、伏龙坪街道、达川乡、柳泉乡
较低值区（27）	222.9~249.9	金沟乡、和平镇、西岔镇、夏官营镇、韦营乡、中连川乡、民乐乡贡井乡、西柳沟街道、华龙街道、上川镇、东川镇、中堡镇、上花岔乡、红古乡、忠和镇、马坡乡、阿干镇、武胜驿镇、九合镇、新城镇、下窑街道、坪城乡、园子岔乡、通远乡、窑街街道、河桥镇
低值区（18）	179.6~222.9	哈岘乡、大同镇、柳树乡、金崖镇、树屏镇、水阜乡、黑石镇、石洞镇、龙泉寺镇、连城镇、花庄镇、平安镇、什川镇、红城镇、七山乡、青城镇、河口乡、苦水镇

计算兰州市乡镇（街道）土地利用程度 Moran's I 指数为 0.66，Z 为 12.65，P 为 0.0000，小于 0.01，说明兰州市乡镇（街道）土地利用程度呈现出正的空间自相关性特征，即相邻土地利用程度高（或者低）的街道（乡镇）表现出相对集聚的空间分布格局。如图 2.4所示，局部自相关分析表明，有 65 个乡镇（占兰州市国土面积的 82%）的土地利用程度不存在局部自相关性，分布无规律；有 33 个单元（占兰州市国土面积的 2%）的土地利用效率呈 H-H 分布，意味着自身与邻近单元的值都比较高；有 5 个单元（占兰州市国土面积的 13%）的土地利用程度呈 L-L 分布，意味着自身与邻近单元的值都比较低；有7 个单元（占兰州市国土面积的 6%）的土地利用程度呈 L-H 分布，意味着邻近单元的值

高于自身值。

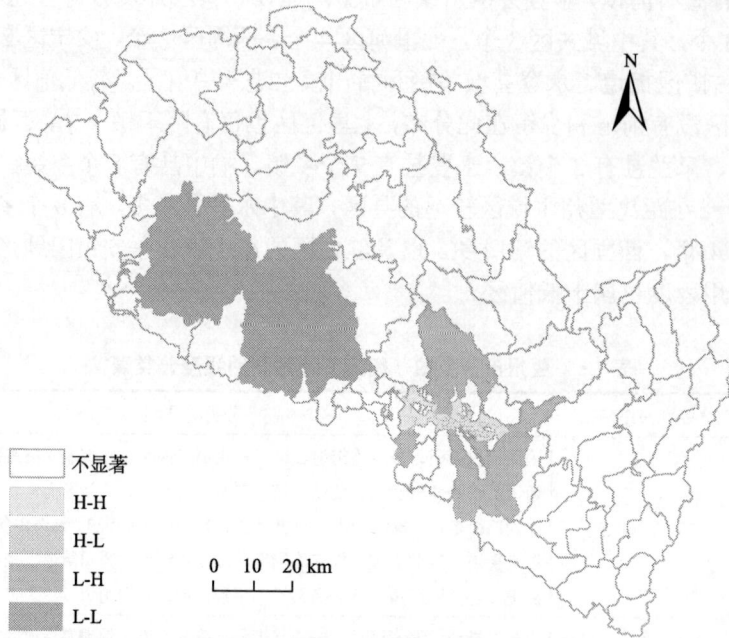

图 2.4　兰州市土地利用程度空间关联

二、土地利用效率评价

　　土地利用效率测算结果显示（图 2.5），城关区、七里河区和安宁区作为兰州市中心城区土地利用效率值均达到效率前沿面，效率值为 1；榆中县土地利用效率值为 0，是兰州市各县区中最低的；永登县效率值为 0.86，属于较高的效率水平；红古区、西固区和皋兰县土地利用效率值比较接近，依次为 0.50、0.37、0.34，属于较低水平。整体来看，兰州市土地利用效率呈现出中心城区与外围区域的强烈反差。中心城区因城市商贸业繁荣，其单位土地的投入产出效率较高。兰州市西固区作为兰州市重化工业集聚区，其土地利用效率反而较低，反映出重化工业结构的非效率性。

　　从街道乡镇尺度来看（图 2.6、表 2.6），有 15 个乡镇（街道）单元土地利用效率值达到效率前沿面，占总评价单元的 14%，其中包含城关区 3 个街道，七里河区 2 个街道，安宁区和红古区各 1 个街道，永登县和榆中县各 3 个镇（包含其城关镇），以及皋兰县忠和镇。土地利用完全无效率的只有 1 个（效率值为 0），是七里河区阿干镇，反映出阿干镇这一传统的工矿型城镇在资源枯竭之后面临较大的经济转型压力。土地利用效率值较高的有 22 个乡镇（街道），占总评价单元数的 20%，其平均效率值为 0.91（接近于完全效率值 1），包括城关区和七里河区各 5 个街道，七里河区 6 个街道，西固区 3 个街道，红古区 1 个街道，永登县 2 个乡镇，榆中县 4 个乡镇。需要注意的是，土地利用效率值较高的乡镇中有一些经济发展水平不高，贫困面大的农业乡如七里河区魏岭乡，投入产出的技术有效并不意味着较高的发展水平。土地利用效率值为中等的有 28 个乡镇

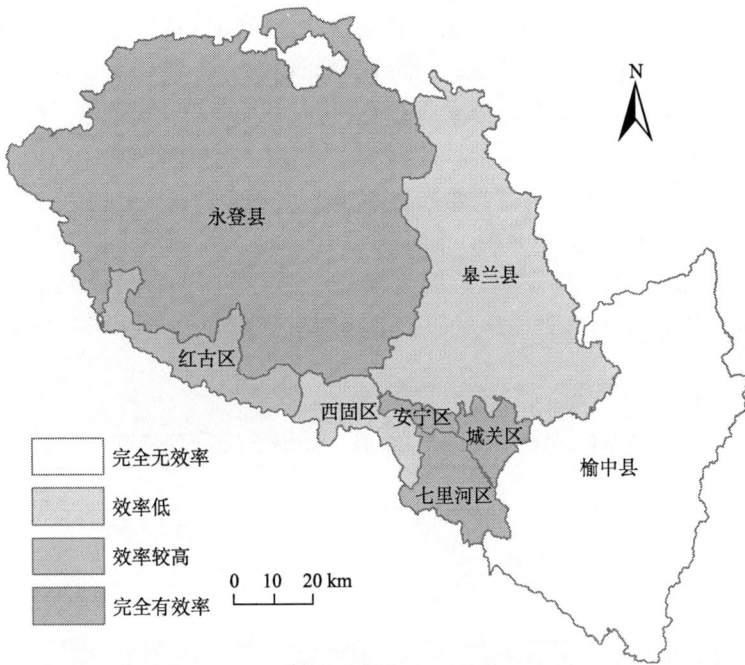

图 2.5 兰州市各区县土地利用效率空间格局

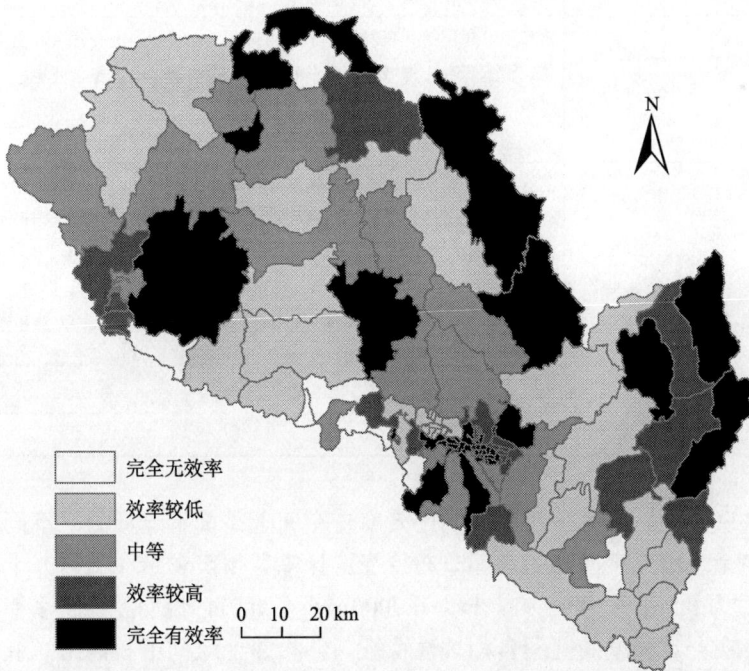

图 2.6 兰州市各街道（乡镇）土地利用效率空间格局

（街道），占总评价单元数的 25%，其平均效率值为 0.64，包括城关区和西固区各 2 个街道，七里河区和红古区各 1 个街道，安宁区 4 个街道，永登县 9 个乡镇，皋兰县 3 个乡镇，榆中县 6 个街道。土地利用效率值较低的有 45 个乡镇（街道），占总评价单元数的 41%，其平均效率值为 0.31，包括城关区 14 个街道，七里河区 3 个街道 2 个乡镇（黄峪乡和八里镇），安宁区 3 个街道，西固区 1 个街道 4 个乡镇，红古区 2 个街道 3 个乡镇，永登县 4 个镇，皋兰县 2 个镇，榆中县 7 个乡镇。兰州城市中心区——城关区有 22% 的街道处于土地利用非效率状态，而土地利用完全效率的评价单元中有一半是市区之外三县范围内的乡镇，表明兰州市的土地利用效率在乡镇（街道）尺度上存在严重的不均衡。

表 2.6　兰州市各乡镇（街道）土地利用效率分类表

类型区	划分标准	分类结果
完全有效率（15）	1	酒泉路街道、皋兰路街道、铁路东村街道、青白石街道、西湖街道、建兰路街道、敦煌路街道、西站街道、土门墩街道、魏岭乡、黄峪乡、永登县城关镇、七山乡、中连川乡、哈岘乡
效率较高（22）	0.80~0.99	新营乡、新城镇、小康营乡、夏官营镇、下窑街道、西站街道、西园街道、西柳沟街道、西湖街道、西果园镇、西岔镇、武胜驿镇、五泉街道、魏岭乡、渭源路街道、韦营乡、团结新村街道、土门墩街道、通远乡、铁路西村街道、铁路东村街道、四季青街道
中值区（28）	0.50~0.80	水阜乡、树屏镇、石洞镇、十里店街道、什川镇、上花岔乡、上川镇、沙井驿街道、清水驿乡、青城镇、青白石街道、秦川镇、七山乡、坪城乡、平安镇、彭家坪镇、培黎街道、民乐乡、马坡乡、龙泉乡、龙泉寺镇、柳树乡、柳泉乡、刘家堡街道、临夏路街道、临洮街道、连搭乡、连城镇
效率较低（45）	0.10~0.50	矿区街道、苦水镇、孔家崖街道、酒泉路街道、九合镇、靖远路街道、金崖镇、金沟乡、焦家湾街道、建兰路街道、嘉峪关路街道、火车站街道、黄峪乡、华龙街道、花庄镇、红古乡、红城镇、黑石镇、河桥镇、河口乡、和平镇、海石湾镇、哈岘乡、广武门街道、贡井乡、拱星墩街道、龚家湾街道、高崖镇、高新区街道、皋兰路街道、甘草店镇、伏龙坪街道、敦煌路街道、东岗西路街道、东岗街道、东川镇、定远镇、大同镇、达川乡、陈坪街道、草场街道、白银路街道、八里镇、安宁西路街道、安宁堡街道
完全无效率（1）	0	金沟乡

从空间关联性来看，兰州市土地利用效率在空间上是极不连续的，不同土地利用效率类型的乡镇呈现出无序凌乱的空间分布特征。计算兰州市乡镇（街道）土地利用效率 Moran's I 指数为 0.56，Z 为 18.91，P 为 0.0000，小于 0.01，说明兰州市乡镇（街道）土地利用效率存在一定程度的空间自相关性特征，即相邻土地利用效益高（或者低）的街道（乡镇）表现出相对集聚的空间分布格局。如图 2.7 所示，局部自相关分析表明，有 63 个乡镇（占兰州市国土面积的 85%）的土地利用效率不存在局部自相关性，分布无规律；有 31 个单元（占兰州市国土面积的 3%）的土地利用效率呈 H-H 分布，意味着自身与邻近单元的值都比较高；有 11 个单元（占兰州市国土面积的 12%）的土地利用效率

呈 L-L 分布，意味着自身与邻近单元的值都比较低；有 6 个单元（占兰州市国土面积的 2%）的土地利用效率呈 L-H 或 H-L 分布，意味着自身与邻近单元的值存在反差。

值得注意的是，DEA 是一种相对有效性的评价。所以，如果某个决策单元的 $\theta=1$，也只说明这个决策单元在所有决策单元章的相对效率已经达到最高，并不能说明这个单元已经达到了绝对的最优状态。

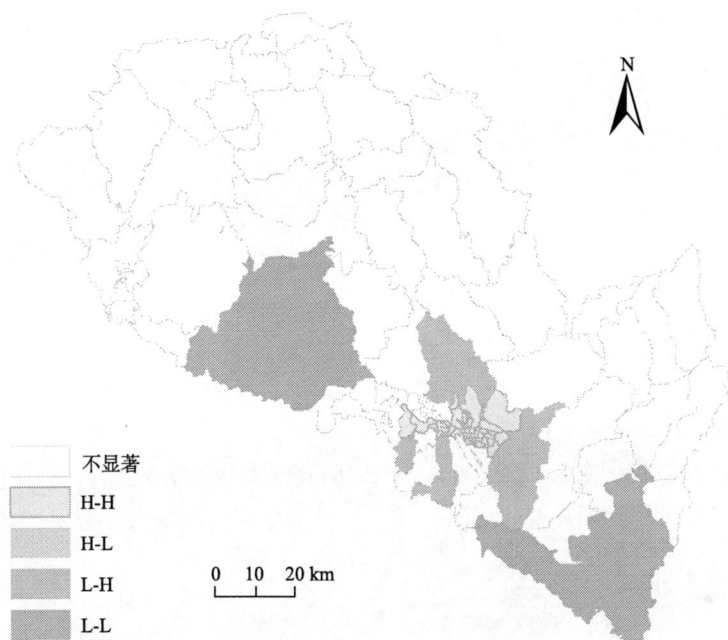

图 2.7　兰州市各街道（乡镇）土地利用效率空间关联

三、土地利用效益评价

土地利用效益评价结果显示（图 2.8），西固区因工业产值远超其他县区，土地利用效益值最高，高出评价值约 1.6 倍。城关区、红古区、七里河区、安宁区次之。永登县和皋兰县较低，榆中县最低。因为本次评价土地利用效益主要考察土地的经济效益，经济产出指标是主要影响因素，简单相关系数计算结果显示，人均 GDP 和单位建设用地产值与土地利用效益值的相关系数分别为 0.91 和 0.78。

街道（乡镇）尺度的评价结果显示（图 2.9），土地利用效益整体水平比较低，最高的是西固区临洮街街道，最低的是榆中县中连川乡。根据一定的分类标准（表 2.7），将土地利用效益值划分为高、较高、中等、较低、低 5 个类型。西固区临洮街街道是唯一的高值区；西固区的西柳沟街道、陈坪街道，以及城关区的张掖路街道、嘉峪关路街道、酒泉路街道等 5 个街道属于较高值区，占总评价单元数的 5%；有 21 个街道的土地利用效益属于中等水平，占总评价单元数的 19%，其中城关区 11 个，七里河区 7 个，安宁区 2 个，西固区 1 个，其他县区没有进入中等水平的单元；有 26 个街道（乡镇）的土地利用效益值较低，占总评价单元数的 23%，其中包括城关区 9 个街道，七里河区有 2

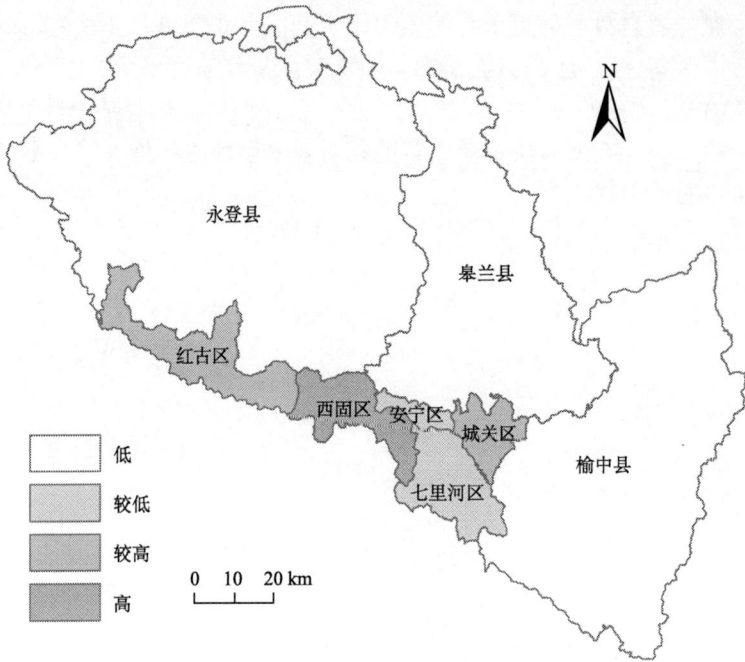

图 2.8　兰州市各区县土地利用效益空间格局

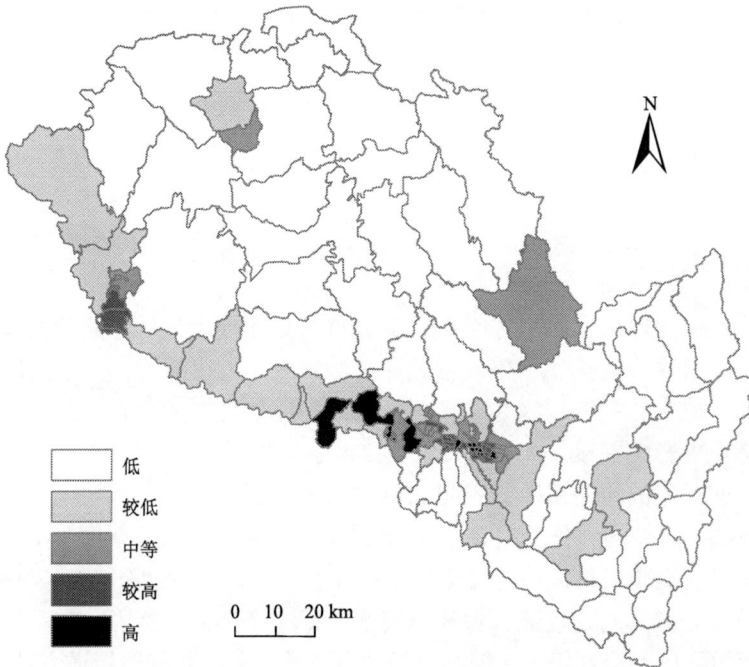

图 2.9　兰州市街道（乡镇）土地利用效益空间格局

表 2.7　兰州市各乡镇（街道）土地利用效益分类表

类型区	划分标准	分类结果
高值区（1）	1	临洮街道（西固区）
较高值区（5）	0.51~0.99	西柳沟街道、陈坪街道、张掖路街道、嘉峪关路街道、酒泉路街道
中值区（21）	0.30~0.50	皋兰路街道、铁路东村街道、铁路西村街道、临夏路街道、新城镇、白银路街道、西湖街道、建兰路街道、敦煌路街道、晏家坪街道、团结新村街道、渭源路街道、广武门街道、西站街道、五泉街道、火车站街道、龚家湾街道、东岗西路街道、安宁西路街道、西园街道、培黎街道
较低值区（26）	0.10~0.29	海石湾镇、雁南街道、土门墩街道、下窑街道、华龙街道、四季青街道、草场街街道、焦家湾街道、矿区街道、永登县城关镇、拱星墩街道、东岗街道、窑街街道、银滩路街道、秀川街道、雁北街道、高新区街道、孔家崖街道、靖远路街道、刘家堡街道、石洞镇、河口乡、十里店街道、阿干镇、河桥镇、盐场路街道
低值区（58）	0~0.09	伏龙坪街道、东川镇、中堡镇、沙井驿街道、连城镇、安宁堡街道、夏官营镇、榆中县城关镇、八里镇、和平镇、彭家坪镇、达川乡、平安镇、柳泉乡、红古乡、花庄镇、高崖镇、中川镇、西果园镇、九合镇、秦川镇、红城镇、水阜乡、黑石镇、大同镇、武胜驿镇、定远镇、甘草店镇、西岔镇、忠和镇、龙泉寺乡、苦水镇、金沟乡、什川镇、青白石街道、通远乡、金崖镇、魏岭乡、树屏镇、柳树乡、贡井乡、连搭乡、七山乡、龙泉乡、青城镇、小康营乡、坪城乡、清水驿乡、上川镇、新营乡、民乐乡、上花岔乡、马坡乡、黄峪乡、韦营乡、园子岔乡、哈岘乡、中连川乡

个街道 1 个镇，西固区 1 个街道 1 个乡，安宁区 4 个街道，永登县 2 个镇，皋兰县 1 个镇；伏龙坪街道等 58 个街道（乡镇）的土地利用效益值最低，占总评价单元数的 52%，其中榆中县 20 个乡镇全部为低值类型，永登县有 16 个乡镇（接近全县乡镇数的 90%）属低值区，城关区的伏龙坪街道和青白石街道因开发性质特殊土地利用效益极低。其他土地利用效益值最低的还有七里河区八里镇、彭家坪镇、西果园镇、魏岭乡、黄峪乡等 5 个乡镇，安宁区沙井驿和安宁堡两个街道，西固区 1 镇 3 乡，红古区 3 个乡镇，皋兰县 5 镇 1 乡。总体来看，兰州市有 84 个乡镇（占兰州市国土面积的 82%）的土地利用效益处于中等水平以下，这种分布状况反映出经济产值对土地利用效益的主导性影响，以及兰州市土地利用存在明显的"中心-外围"格局。简单相关系数计算表明，人均GDP、单位建设用地产值与土地利用效益的相关系数分别为 0.80、0.88（图 2.10、图 2.11）。

从空间关联性来看（图 2.12），兰州市土地利用效益值在空间上是极不连续的，不同土地利用效率类型的乡镇呈现出无序凌乱的空间分布特征。计算兰州市乡镇（街道）土地利用效益 Moran's I 指数为 0.62，Z 为 21.25，P 为 0.000，小于 0.01，说明兰州市乡镇（街道）土地利用效益存在一定程度的空间自相关性特征，即相邻土地利用效益高（或者低）的街道（乡镇）表现出相对集聚的空间分布格局。如图 2.12 所示，局部自相关分析表明，有 72 个乡镇（占兰州市国土面积的 93%）的土地利用效益不存在局部自相关性，分布无规律，占总评价单元数的 65%；有 29 个单元（占兰州市国土面积的 1%）的土地利用效益呈 H-H 分布，意味着自身与邻近单元的值都比较高；有 10 个单元（占兰州市国土面积的 5%）的土地利用效益呈 L-H 分布，意味着自身与邻近单元的值存在反差。其他空间关联形式不明显。

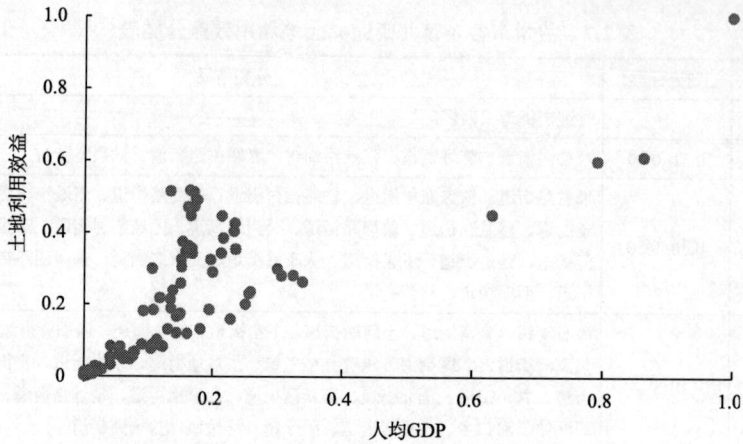

图 2.10 人均 GDP 与土地利用效益关系图

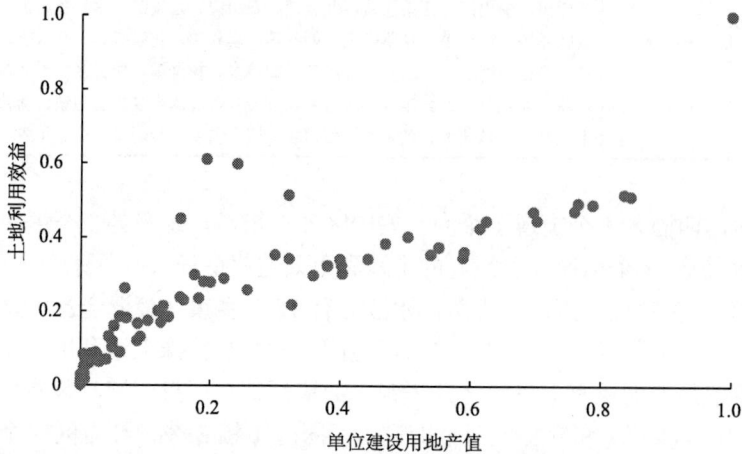

图 2.11 单位建设用地产值与土地利用效益关系图

四、土地利用可持续性

从兰州市域范围来看（图 2.13），土地利用可持续性呈现明显的西北—东南向空间差异，西北部永登、皋兰、红古土地利用可持续性较大，城关区虽然是兰州城市中心区，但因废弃房屋用地占比和类型加权房屋用地占比较大，土地整改和置换潜力也相应较大；东南部七里河和榆中因兴隆山—马衔山分割影响，土地利用的可持续性较差。街道（乡镇）尺度结果显示（图 2.14），兰州市土地利用可持续性水平普遍不高，有较大的改造和整治空间。最高的是城关区拱星墩街道和五泉街道，最低的是七里河区秀川街道。根据一定的分类标准（表 2.8），将土地利用可持续性划分为高、较高、中等、较低、低 5个类型。其中，较高水平的有 21 个街道（乡镇）单元，包括城关区 4 个街道，安宁区十里店街道，西固区新城镇，红古区 2 个街道，永登县 6 个乡镇，皋兰县 4 个乡镇，榆中县 3 个乡镇；中等水平的有 28 个街道（乡镇）单元，包括城关区、西固区和七里河区各

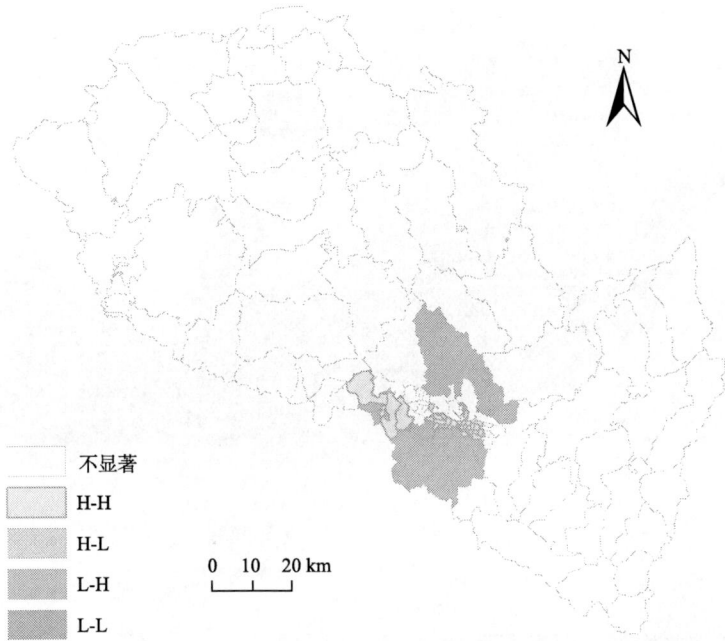

不显著

H-H

H-L

L-H

L-L

0　10　20 km

图 2.12　兰州市各街道（乡镇）土地利用效益空间关联

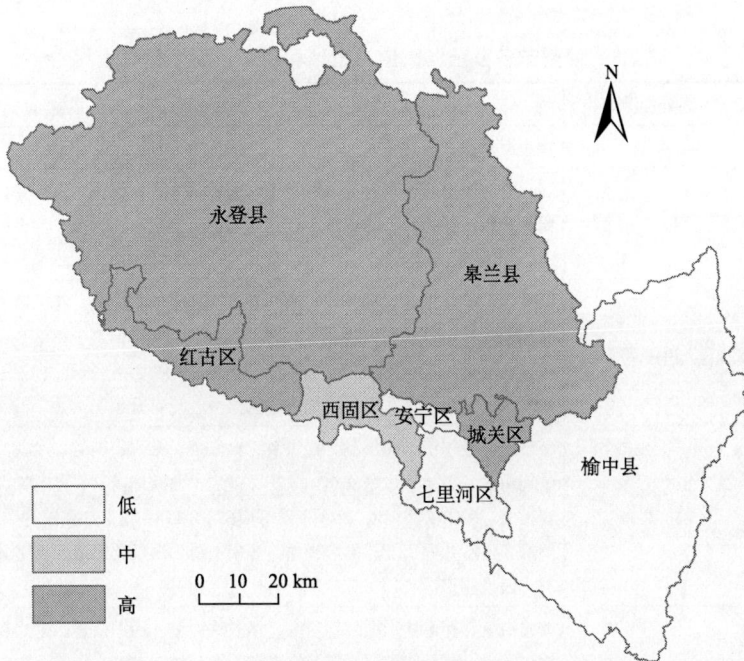

永登县

皋兰县

红古区

西固区　安宁区

城关区

榆中县

七里河区

低

中

高

0　10　20 km

图 2.13　兰州市县区土地利用可持续性空间格局

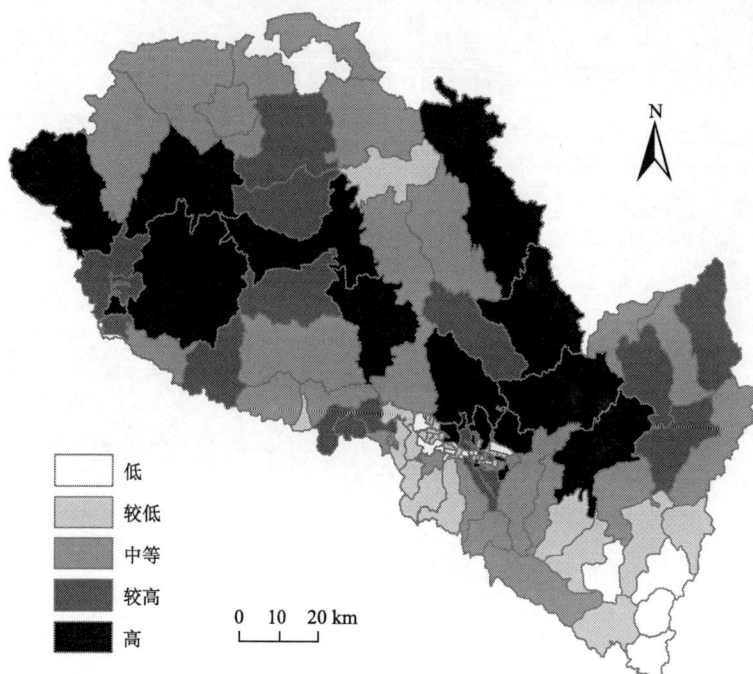

图 2.14　兰州市街道（乡镇）土地利用可持续性空间格局

表 2.8　兰州市各乡镇（街道）土地利用可持续性分类表

类型区	划分标准	分类结果
高值区（2）	0.90~1	拱星墩街道、五泉街道
较高值区（21）	0.70~0.90	通远乡、十里店街道、盐场路街道、忠和镇、下窑街道、七山乡、青白石街道、窑街街道、什川镇、树屏镇、伏龙坪街道、龙泉寺镇、园子岔乡、石洞镇、红城镇、新城镇、连城镇、金崖镇、贡井乡、渭源路街道、水阜乡
中值区（28）	0.50~0.70	河桥镇、矿区街道、黑石镇、哈岘乡、柳树乡、大同镇、花庄镇、东川镇、靖远路街道、八里镇、华龙街道、西柳沟街道、广武门街道、坪城乡、西岔镇、九合镇、中堡镇、武胜驿镇、阿干镇、魏岭乡、彭家坪镇、永登县城关镇、东岗街道、马坡乡、河口乡、东岗西路街道、柳泉乡、夏官营镇
较低值区（29）	0.30~0.50	和平镇、上川镇、民乐乡、红古乡、青城镇、临洮街道、上花岔乡、苦水镇、中连川乡、中川镇、平安镇、火车站街道、焦家湾街道、定远镇、韦营乡、四季青街道、嘉峪关路街道、铁路西村街道、银滩路街道、铁路东村街道、清水驿乡、金沟乡、沙井驿街道、陈坪街道、雁南街道、白银路街道、榆中县城关镇、黄峪乡、西果园镇
低值区（31）	0~0.30	培黎街道、孔家崖街道、新营乡、酒泉路街道、西湖街道、达川乡、连搭乡、敦煌路街道、皋兰路街道、高新区街道、秦川镇、草场街街道、安宁西路街道、刘家堡街道、晏家坪街道、高崖镇、甘草店镇、建兰路街道、张掖路街道、西园街道、团结新村街道、龙泉乡、龚家湾街道、小康营乡、安宁堡街道、临夏路街道、西站街道、土门墩街道、雁北街道、海石湾镇、秀川街道

4 个街道，红古区 2 个街道 1 个镇，永登县 7 个乡镇，皋兰县 3 个乡镇，榆中县 3 个乡镇；较低水平的有 29 个街道（乡镇）单元，包括城关区 7 个街道，七里河区 2 个乡镇，安宁区 2 个街道，西固区 3 个街道 1 个乡，红古区 2 个乡镇，永登县 4 个乡镇，榆中县 8 个乡镇；最低水平的有 31 个街道（乡镇）评价单元，包括城关区 8 个街道，七里河区 9 个街道，西固区 1 个乡，红古区海石湾镇，永登县秦川镇，榆中县 6 个乡镇。

总体而言，土地利用可持续性除了与其自然属性及综合开发条件相关外，主要受到土地利用程度和产业发展水平的影响，城市型建设用地密度越大，土地利用的后续开拓能力将受到限制。如图 2.15 所示，土地利用程度与土地利用可持续性之间呈明显的负相关关系（相关系数为–0.62）。以兰州市土地利用强度较大的中心城区城关区和七里河区为例，城关区 25 个街道中有 19 个街道的土地利用可持续性处于中等及以下水平，占总评价单元数的 76%；七里河区 9 个街道 3 镇 2 乡的土地利用可持续性全部处于中等及以下水平。所有 88 个土地利用可持续性处于中等及以下水平的评价单元占兰州市国土面积的 63%，占全部评价单元的 79%，其中，兰州市区外围的永登、皋兰、榆中三县有 32 个。

从空间关联性来看，兰州市土地利用可持续性在空间上也是不连续的。计算兰州市乡镇（街道）土地利用可持续性 Moran's I 指数为 0.20，Z 为 6.96，P 为 0.000，小于 0.01，说明兰州市乡镇（街道）土地利用可持续性存在一定程度的空间自相关性特征，即相邻土地利用效益高（或者低）的街道（乡镇）表现出相对集聚的空间分布格局，但空间关联程度比较低，呈不规则无序状态。如图 2.16 所示，局部自相关分析表明，有 73 个乡镇（占兰州市总国土面积的 46%）的土地利用可持续性不存在明显的局部自相关性，分布无规律，占总评价单元数的 66%；有 6 个单元（占兰州市总国土面积的 9%）的土地利用可持续性呈 H-H 分布，意味着自身与邻近单元的值都比较高，主要分布在安宁、红古、永登、皋兰等地；有 25 个单元（占兰州市国土面积的 5%）的土地利用可持续性呈 L-L 分布，意味着自身与邻近单元的值都比较低，主要分布在城关、西固、永登、榆中等地；有 9 个单元（占兰州市国土面积的 3%）的土地利用可持续性呈 L-H 和 H-L 分布，意味着自身与邻近单元的值存在反差。

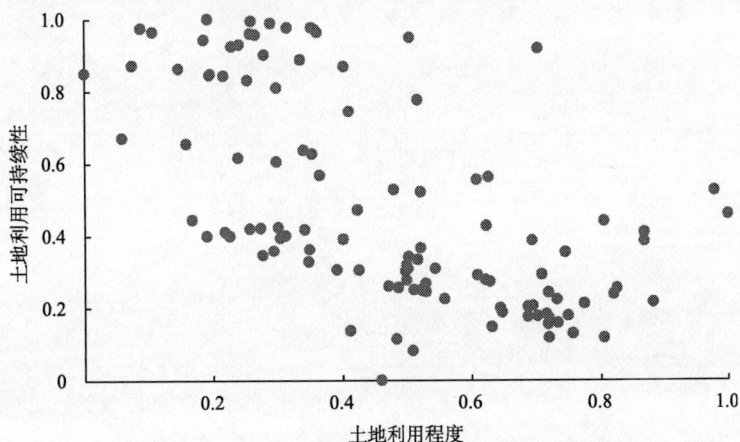

图 2.15　土地利用程度与土地利用可持续性关系图

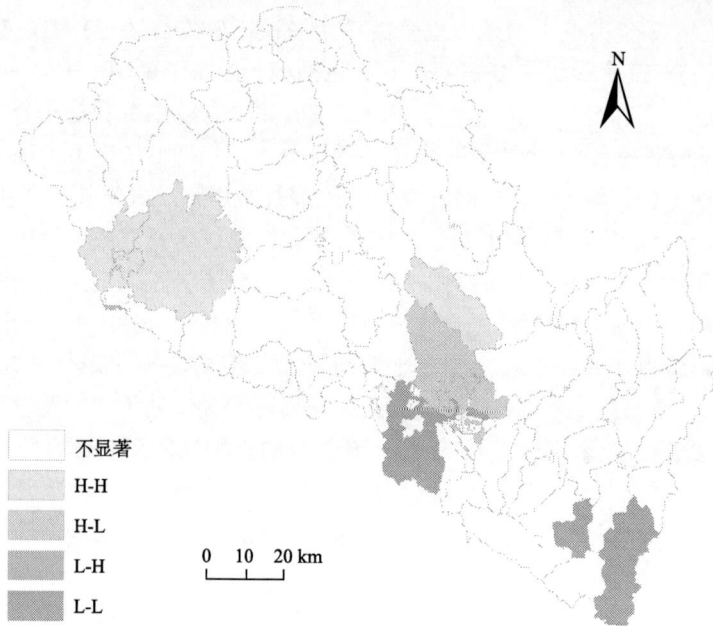

图 2.16 兰州市各街道（乡镇）土地利用可持续性空间关联

五、土地利用水平综合评价

从"土地利用程度、土地利用效率、土地利用效益、土地利用可持续性"四个方面考察兰州市土地利用综合水平，用自然断裂法划分为五个等级，从空间分布来看（图2.17），呈现出明显的"中心-外围"结构模式，市中心最高，距离市中心越远，土地

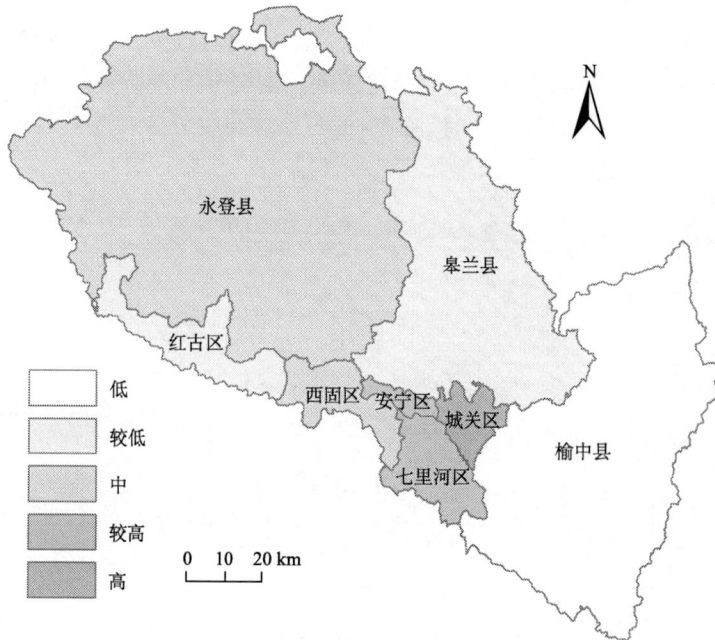

图 2.17 兰州市县区土地利用综合水平空间格局

利用水平逐渐降低。例如，兰州城市中心区（城关、七里河、安宁）比较高，城关区最高，西固和永登县处于中级水平，红古和皋兰路较低，榆中县最低。街道（乡镇）层次的结果也体现了这一特征（图 2.18、表 2.9），较高水平的 38 个评价单元中城关区有 24 个，七里河区 9 个，西固区 3 个，安宁区 1 个；中等及以下水平的 73 个评价单元中榆中、永登和皋兰占 60%（共 44 个）；安宁区、西固区和红古区占 30%（22 个）。比较突出的是永登县城关镇近年因开发强度增大，土地利用水平高于其他县城关镇。一方面，反映出兰州城市经济正处于聚集阶段，扩散效应不明显；另一方面，也反映出兰州市域存在较大的城乡差异，区县发展不平衡。

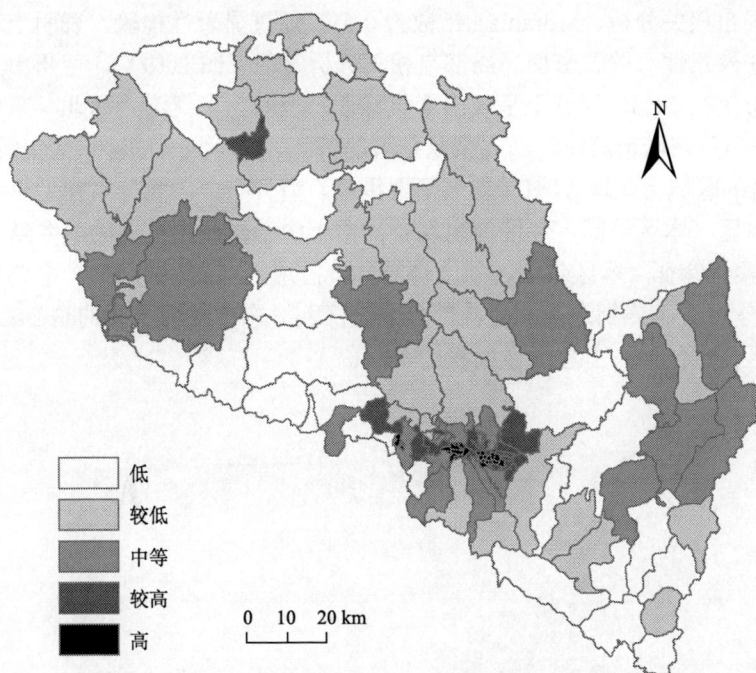

图 2.18　兰州市街道（乡镇）土地利用综合水平空间格局

表 2.9　兰州市各乡镇（街道）土地利用总体水平分类表

类型区	划分标准	分类结果
高值区（20）	0.66~1	铁路东村街道、酒泉路街道、渭源路街道、铁路西村街道、皋兰路街道、东岗西路街道、白银路街道、嘉峪关路街道、敦煌路街道、西湖街道、团结新村街道、临洮街街道、晏家坪街道、龚家湾街道、西站街道、建兰路街道、张掖路街道、土门墩街道、临夏路街道、五泉街道
较高值区（18）	0.50~0.65	火车站街道、焦家湾街道、广武门街道、西园街道、雁南街道、草场街道、高新区街道、东岗街道、陈坪街道、青白石街道、秀川街道、靖远路街道、拱星墩街道、雁北街道、安宁西路街道、永登县城关镇、西柳沟街道、盐场路街道
中值区（24）	0.40~0.49	培黎街道、魏岭乡、海石湾镇、石洞镇、哈岘乡、黄峪乡、园子岔乡、矿区街道、七山乡、下窑街道、中连川乡、树屏镇、新城镇、华龙街道、伏龙坪街道、贡井乡、银滩路街道、彭家坪镇、十里店街道、八里镇、夏官营镇、孔家崖街道、河桥镇、四季青街道

续表

类型区	划分标准	分类结果
较低值区（26）	0.29~0.39	刘家堡街道、阿干镇、中川镇、黑石镇、忠和镇、窑街街道、通远乡、上川镇、坪城乡、果园镇、中堡镇、韦营乡、和平镇、榆中县城关镇、连城镇、上花岔乡、安宁堡街道、水阜乡、柳树乡、龙泉寺镇、西岔镇、九合镇、沙井驿街道、连搭乡、民乐乡、高崖镇
低值区（23）	0~0.28	金崖镇、什川镇、定远镇、清水驿乡、武胜驿镇、秦川镇、大同镇、甘草店镇、马坡乡、新营乡、龙泉乡、东川镇、红城镇、小康营乡、红古乡、花庄镇、柳泉乡、青城镇、达川乡、平安镇、金沟乡、河口乡、苦水镇

通过全局自相关分析，Moran's I 指数为 0.61，通过显著性检验，表明土地利用水平在空间上存在聚集性，关联密切。局部自相关分析发现（图 2.19），兰州市土地利用总体水平的分布仅在 22%的区域上呈现出聚集特征，空间上表现为"西北—东南向"不规则带状，反映出兰州城市沿黄河河谷带状扩展的特征，其他 78%的区域聚集特征不明显。其中，在 2%的区域上呈现 H-H（高水平聚集区）型分布，主要分布在七里河、安宁、西固等中心城区（本区值高，邻区值也高）；由市中心向外围扩展的城乡结合部呈现出明显的 L-H 聚集特征（本区值低，邻区值高），占总区域面积的 5%，主要有城关区草场街街道、安宁区孔家崖街道及永登县部分乡镇；西北-东南外围分布的是 L-L 聚集区（本区值低，邻区值也低），占总区域面积的 15%。

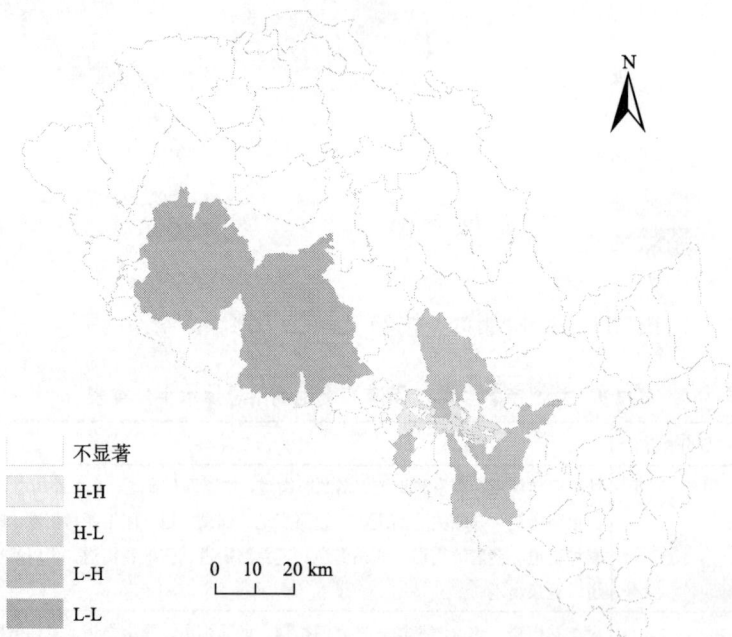

图 2.19　兰州市土地利用综合水平空间关联

六、土地利用耦合度与协调性分析

耦合度主要反映土地利用水平总系统中土地利用程度、效率、效益、可持续性四个子系统的相互作用程度与关系。从区县一级来看（图2.20），差异明显，其中城关区与西固区开发历史较长，以工业、交通、建设用地为主，单位土地产出水平高，系统内部耦合最好；安宁区因城市化水平接近成熟期，土地利用系统内部正向稳定状态过渡，处于磨合阶段；永登县、皋兰县目前正处于快速开发期，变动较大，系统内部发展不均衡，处于拮抗阶段；七里河、红古、榆中因产业类型和城乡差距等原因，耦合度最低。其中，七里河区既有小西湖、西站街道等中心市区开发较成熟的用地单元，彭家坪等新兴高新技术开发区，也有阿干镇、八里镇等产业转型地区，以及黄峪、魏岭等贫困人口聚集的农业乡，土地利用程度、效率、效益与可持续性之间耦合性差。红古区工矿用地、农业用地、河岸滩地交错，榆中县因兴隆山影响等，土地利用耦合性低。从乡镇一级来看（图2.21），绝大多数乡镇正处于工业化、城镇化加速发展阶段，系统内部充满张力，变跃性强，处于拮抗阶段；中心城区主要街道，以及永登县城关镇土地利用水平较高，达到高度耦合；黄河水道、山地等因素导致耦合度空间上不连续。

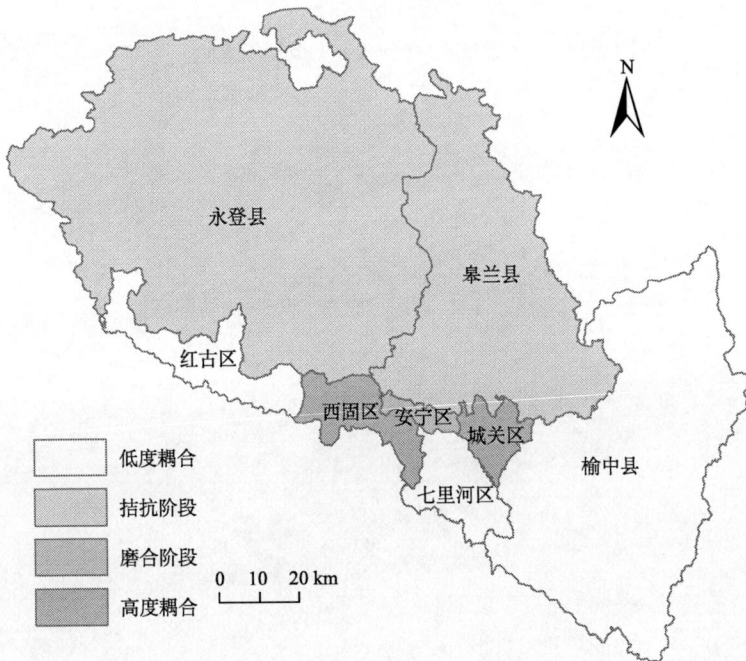

图2.20 兰州市县区土地利用系统耦合度

协调性主要反映土地利用整体水平的协调性。区县层次来看（图2.22），不存在严重失调地区；城关区、西固区、安宁区系统整体协调；七里河区、红古区、永登县、皋兰县达到初级协调；榆中县为轻度协调（榆中既有临近兰州市区、处于交通要道的卫星镇、大学城，也有兴隆山地区林草地和未开发利用面积较大的农村地区，县内土地利用

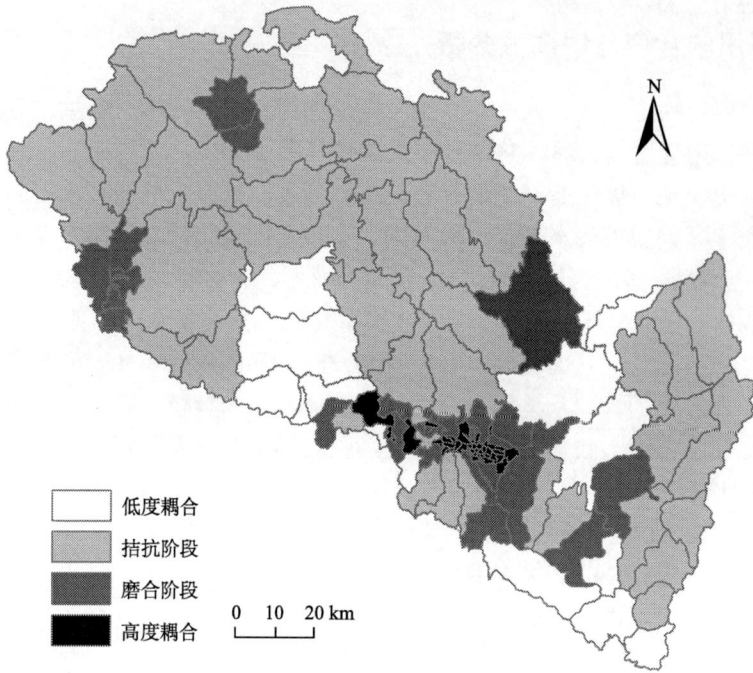

图 2.21　兰州市街道（乡镇）土地利用系统耦合度

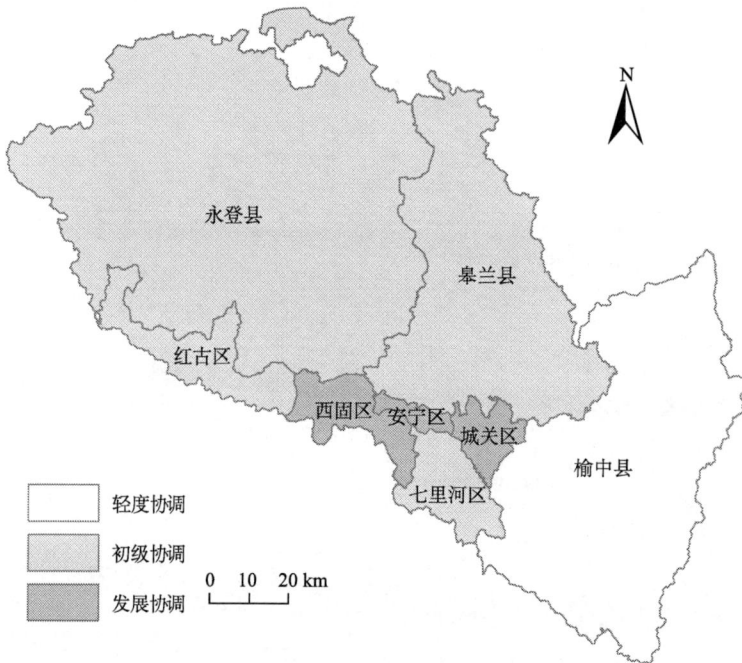

图 2.22　兰州市县区土地利用系统协调性

水平差异较大）。乡镇层次来看（图 2.23），没有完全协调的区域，意味着城市微观单元的土地利用存在不同程度胁迫因素的制约和影响；中心城区主要街道和永登县城关镇因系统内部耦合度较高，达到初级协调；约 1/4 乡镇处于滞后失调状态，河谷、山地的走向和分布是当地土地利用类型和开发强度的控制性因素，如有些工矿型乡镇（如阿干镇）虽然土地利用程度较高，但因资源枯竭，产业转型尚未成功，土地利用效率和效益都不高。

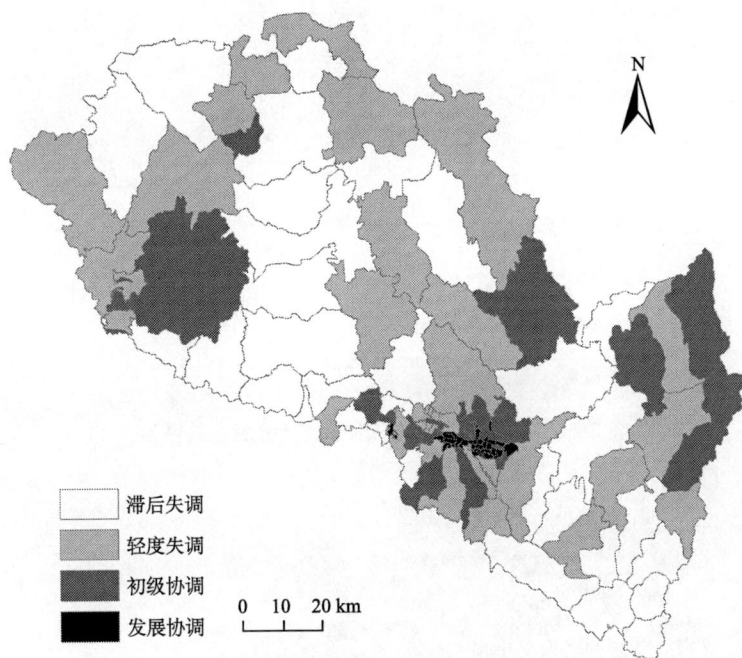

图 2.23　兰州市街道（乡镇）土地利用系统协调性

第四节　兰州市土地利用水平类型区划与管治对策

一、低度耦合协调区

约 47%区域处于低度耦合协调区（图 2.24、图 2.25、表 2.10），主要是一些有一定开发基础的乡镇单元，包括传统工矿镇、县城城关镇和城区外围城乡结合部的乡镇，工业化和城镇化对土地压力增大，因发展条件和机遇差异[如新区开发、重大基础设施（如铁路、高速等）]，土地利用类型快速变迁，土地利用的程度、效率、效益、可持续性高低错落，水平不均衡，空间不连续。因此，需要优化土地利用现状结构，加快人口与产业聚集，提高土地利用效率。

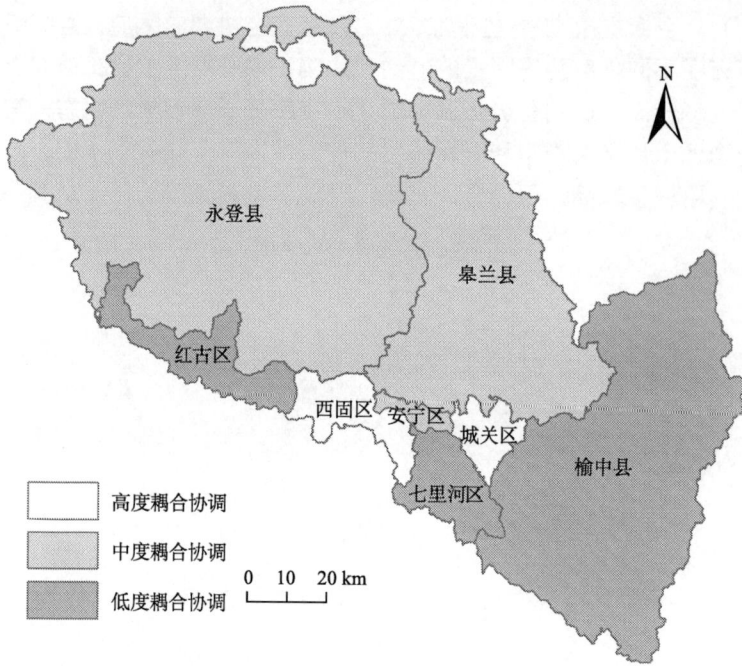

图 2.24　兰州市土地利用水平类型区划（县区）

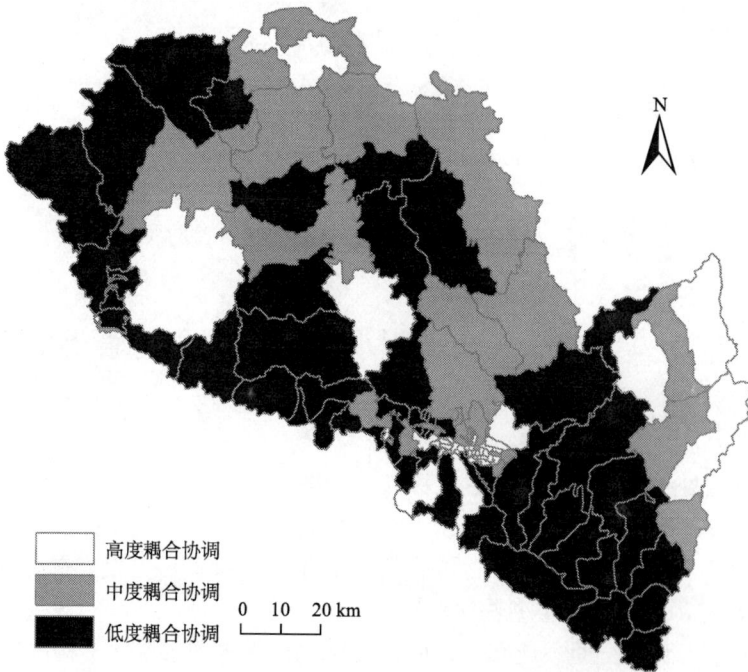

图 2.25　兰州市土地利用水平类型区划（街道/乡镇）

表 2.10　兰州市土地利用水平类型区划

区划类型		高度耦合协调区（36）		中度耦合协调区（23）	低度耦合协调区（52）
		低级共生型	开发成熟型		
所含单元	城关区		酒泉路街道、皋兰路街道、铁路东村街道、铁路西村街道、渭源路街道、白银路街道、团结新村街道、东岗西路街道、青白石街道、嘉峪关路街道、张掖路街道、临夏路街道、五泉街道、焦家湾街道、高新区街道、雁北街道、火车站街道、草场街街道、雁南街道	东岗街道、广武门街道、靖远路街道、拱星墩街道、盐场路街道	伏龙坪街道
	七里河区	魏岭乡黄峪乡	秀川街道、土门墩街道、西站街道、敦煌路街道、龚家湾街道、西湖街道、晏家坪街道、建兰路街道		西果园镇、彭家坪镇、八里镇、阿干镇
	西固区		临洮街街道	陈坪街道、西柳沟街道	金沟乡、柳泉乡、新城镇、四季青街道、东川镇、达川乡、河口乡
	安宁区			安宁西路街道、培黎街道	十里店街道、银滩路街道、安宁堡街道、孔家崖街道、刘家堡街道、沙井驿街道
	红古区			海石湾镇	下窑街道、矿区街道、华龙街道、窑街街道、花庄镇、红古乡、平安镇
	永登县	七山乡	树屏镇	坪城乡、通远乡、永登县城关镇、上川镇、柳树乡、龙泉寺镇	苦水镇、中川镇、民乐乡、河桥镇、连城镇、红城镇、大同镇、武胜驿镇、中堡镇、秦川镇
	皋兰县			黑石镇、忠和镇、石洞镇、水阜乡	什川镇、西岔镇、九合镇
	榆中县	哈岘乡、园子岔乡、中连川乡		贡井乡、韦营乡、上花岔乡	金崖镇、夏官营镇、连搭乡、清水驿乡、马坡乡、和平镇、新营乡、定远镇、小康营乡、龙泉乡、榆中县城关镇、青城镇、甘草店镇、高崖镇
面积占比/%		15		31	54
评价单元数占比/%		32		21	47

二、高度耦合协调区

约 32%区域处于高度耦合协调区，分两种类型：一种是低级共生型，如此类型区中的乡级单元，土地利用程度、效率、效益和可持续性都比较低，属于低水平耦合，可根据土地适宜性评价结果，优化土地利用类型，适当加大开发建设力度；另一种是开发成熟型，主要在经济和人口密度较大的中心街区，土地利用程度、效率、效益和可持续性都比较高，土地利用接近极限，有再生、停滞、倒退三种趋向，应该加强生态环境治理，优化产业结构，调整重大建设布局，促进再生，预防停滞与倒退。

三、中度耦合协调区

约 21%区域属于中度耦合协调区，处于"低级共生型和开发成熟型"两者之间的状态。土地利用水平相对较高，工业化和城镇化起步，土地利用程度、效率、效益、可持续性处于磨合与抗拒状态，需要稳定土地利用，适当增加开发强度，提高土地利用效率。

第三章　兰州市生态环境质量评价

党的十八大报告提出"把生态文明建设放在突出地位，融入经济建设、政治建设、文化建设、社会建设各方面和全过程，努力建设美丽中国，实现中华民族永续发展"。生态文明建设是一个系统工程，包括优化国土开发空间、高效利用资源、改善生态环境质量、形成生态文明制度体系等内容。其中，改善生态环境质量是建设生态文明的中心环节。生态环境是指与人类、地球生物的生存和发展相关的各种天然的和经过人工改造的自然因素的总体，是人类赖以生存和发展的空间，是区域可持续发展的核心与基础。加强生态环境建设，改善生态环境质量，是推进生态文明建设的重中之重。

大中城市的生态环境质量是国家和区域生态文明建设水平的重要标志。城市生态环境质量评价是以城市系统中城市建设区，以及周边影响区为研究对象，从城市系统的结构、输入与输出、过程与效能等方面，以城市系统可持续性与和谐发展为目标，通过构建城市系统构成与格局、功能与活力、抗性与协调性等方面指标，来综合评估城市生态环境状况的过程。它是城市生态学研究的重要领域，是城市生态发展规划与城市生态管理的基础（方创琳，2009）。本章以兰州市为例，运用"压力-状态-响应"（press-state-response）模型，建立指标体系，综合评价兰州市生态环境质量，揭示其空间分异特征，旨在为改善兰州城市生态环境质量，建设生态文明城市提供科学基础。

第一节　兰州市生态环境现状与问题

兰州市东连甘肃定西地区，南接宁夏回族自治州，西靠青海省，北与武威地区和白银市毗邻。大部分地区处于陇西黄土高原的西北部，海拔一般为 1500～2000m，最低处为榆中县青城乡的黄河山口处，海拔 1450m，最高处为榆中县马衔山主峰，海拔 3870m。兰州市地貌可分为石质山地、黄土梁峁丘陵、河谷阶地与盆地三种类型。气候属于温带干旱性大陆气候，年平均降水量 327mm，可能蒸发量为降水量的 4.5 倍，气候干燥，黄土裸露，植被覆盖率低，温带草原、干草原、次生荒漠草原广布，水土流失严重。兰州市区南北两山对峙，形成了南北窄、东西长的带状城市，城区常年以东风为主，年平均风速只有 0.9m/s，而且静风率年均高达 62.9%，特别是冬季，则高达 81.7%左右，全年逆温天数达 300 天左右。这种特殊的地形地貌和气象条件，极不利于城市空气中的各种污染物的输出、稀释和扩散。同时，区内山高坡陡，沟壑纵横，地质条件复杂，黄土最大沉积厚度达 330m，是我国滑坡、泥石流严重的地区之一。兰州市生态环境存在的突出问题有：

一、大气污染严重

兰州市的大气污染始于 20 世纪 60 年代中期，到 20 世纪 80 年代初时已非常严重，现已成为全国大气污染最严重的城市之一，综合污染指数在全国 113 个大气污染防治重点城市中排在倒数 20 位左右。空气质量主要以 Ⅱ级、Ⅲ级为主，分别占到全年的 54.92% 和 39.34%。由于其特殊的气候地形条件，使兰州大气污染具有污染类型多样、污染程度高、冬季污染严重等特点。随着城市化的发展，城市扩展引起的环境问题成为城市系统健康、有序、协调发展的重要制约因素。由于兰州特殊的工业结构、自然地理条件，其大气环境质量令人担忧。大气污染是未来兰州市实现社会与环境协调可持续发展面临的严峻挑战。

二、水土流失严重

兰州市是黄土高原地区建制 40 个市中水土流失较严重的城市之一，侵蚀模数是同是黄土高原地区城市的西安、太原、大同、洛阳、西宁等城市之最，也是我国特大城市侵蚀模数最大的。兰州市在水土流失类型区划中，属于黄土高原丘陵沟壑区第五副区，其主要特征是：山峦起伏、沟壑纵横、山川相间、干旱少雨、植被稀疏、土壤疏松、水土流失严重。全市水土流失面积 12471km^2，占总土地面积的 96%，是由水力、风力、重力和冻融等共同作用的结果，水力侵蚀是其主要形式，局部地区有重力侵蚀、风力侵蚀，年平均土壤侵蚀模数 500~5000t/ km^2。兰州的水土流失的发生和发展很大程度上取决于地区的自然情况，降水量少且集中于 7~9 月 3 个月，植被覆盖度低、地形破碎且起伏度高、土壤质地差、土层薄等都造成的水土流失的加剧。但随着社会经济的发展和城市化进程的加快，人类对耕地和建设用地的需求日益增加，坡地被不断开垦，甚至大部分大于 25° 的不宜耕作的坡地都被开垦为耕地，由此更加剧了地区的水土流失。

三、土地盐碱化和沙化

兰州地区的盐碱化和沙化土地所占面积不大，但问题比较突出，而且集中分布在连接永登和皋兰的秦王川。兰州的盐碱地通常分布于河滩地、一级阶地或三级阶地以上的川、塬台地上。目前由于城市的发展，原先分布在城关雁滩等地的盐碱地基本消失。根据卫星资料进行的 2005 年生态调查，盐碱地主要分布在永登县的树屏、西槽及皋兰县的西岔等地，都属于塬台地类型，面积约 33.5km^2，其中永登约 28.3km^2，皋兰约 5.2km^2。这些盐碱地的成因除了土壤母质盐分含量高、土壤质地黏土质含量大、地势低洼、蒸发量大等原因外，由于引水灌溉的不合理，造成了土壤盐分发生再分配，从而形成了大面积的盐碱地。土地沙化现象在永登尤其突出，根据遥感影像调查，2005 年兰州地区沙地面积 88.78km^2，而永登就 75.78km^2，占 88.7%，其他 12.9km^2 沙地分布在皋兰县。土地沙化现象的发生与永登当地的土壤有密切的关系，沙化地区土层薄，一般 1m 左右，下层均为砂石，表层土壤被破坏后，砂石暴露，在地表侵蚀作用下，就地起沙，造成沙地的形成。另外，旱砂田是当地特有的耕作方式，即通过 15cm 左右的砂层来保持一定的降水，提高水分利用率，促进农作物生长，但随着"引大"工程平整土地的实施，清出的砂土堆积在耕地周围，风力侵蚀作用下，流沙出现，造成了周围耕地的沙化。

四、生物多样性受到威胁

"生物多样性"是指所有来源的活的生物体中的变异性，这些来源包括陆地、海洋和其他水生生态系统及其所构成的生态综合体，包括物种内、物种之间和生态系统的多样性。兰州市包括 6 种典型的生态系统，生物多样性比较丰富，物种众多，蕴藏着丰富的遗产基因。据调查，全市主要的野生植物有 1000 种左右，主要包括野生药材植物、野生蔬菜植物、野生油料、豆类、粮食及食用菌类。脊椎动物共有 339 种，以鸟类占绝对优势，哺乳类次之，两栖类最少。生物多样性在地区分布并不均匀，其中兴隆山自然保护区植物有 1022 种，脊椎动物有 160 种，占到全省脊椎动物总数的 19.39%，鸟类有 123 种，占到全省鸟类总数的 25.68%，兽类有 25 种，占全省兽类总数的 15.34%，两栖类和爬行类 10 种，鱼类有 2 种。随着自然环境的变化和社会经济的发展，自然的生态系统趋于单一，荒漠草原和干草原占据兰州市土地面积的绝大多数，生物多样性水平较高的地区面积较少，且日益受到人口增加、过度开发和环境污染等的威胁。野生生物的生活环境遭到破坏，生物多样性正在急剧减少，濒危或灭绝的物种包括贝母和喜马拉雅紫茉莉等，以及金钱豹、青羊等。生物多样性水平较高的地区日益成为生物多样性丧失的敏感地区，应当受到更加严格的保护。

第二节　兰州市生态环境质量评价方法、数据与过程

一、"压力-状态-响应"模型

"压力-状态-响应"框架是为了评价生态环境状况最早由经济合作组织（OECD）提出的评价模式。基本思路是人类活动施加给自然资源和环境的压力改变了生态环境质量；社会通过经济、环境等管理措施对已有变化做出响应，减轻生态环境压力，维持生态环境的健康稳定发展。目前该模型在中国的人地关系及可持续发展领域应用较为广泛，尤其是在生态环境评价方面，取得许多重要研究成果。

开发利用各种资源与能源是人类经济社会得以发展的前提，生态环境需要承受发展带来的压力（P）；压力之下生态环境各要素的数量、质量、功能等状态发生变化（S），同时反馈于经济社会的发展过程；人类对生态环境的反馈进一步做出响应（R），进行政策调整、技术改进等，实现建设能力的提高和生态环境的改善。PSR 模型根据人与生态环境之间的相互作用，构成彼此关联的有机整体（图 3.1）。

二、评价指标体系及指标计算

将兰州市生态环境评价分为 3 个部分（表 3.1），包括生态环境压力、生态环境状态、生态环境响应。其中生态环境压力是指当年的生态环境所面临的压力，对生态环境起负作用，其值越高说明生态环境压力越大；生态环境状态代表了当年的生态环境状况，其值越高，说明生态环境状况越好；生态环境响应是指当年生态环境保护与治理程度，其值越高，说明其对生态环境质量的提升作用越大。

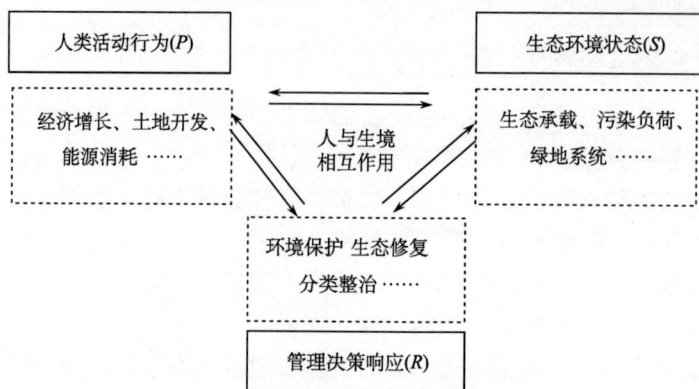

图 3.1　生态环境质量 PSR 评价模型框架

表 3.1　兰州市生态环境质量评价指标体系及指标计算

测量维度	指标	指标内涵	计算方法	数据来源	单位
生态环境压力	单位 GDP 能耗	单位 GDP 能耗是反映能源消费水平和节能降耗状况的主要指标，该指标说明区域对能源的利用程度，反映经济结构和能源利用效率的变化	能源消费总量（吨标准煤）/区域生产总值	统计年鉴	吨标准煤/万元
	人均耗水量	区域内人均总消耗水量	水消耗总量/常住人口	统计年鉴、第六次人口普查数据	t
	人口密度	人口密度是单位面积土地上居住的人口数，它是表示区域人口的密集程度的指标	常住人口/区域面积	基本统计成果、第六次人口普查数据	人口/m²
	人类干扰指数	反映了人类活动对生态环境产生的压力	（耕地面积+城乡、工矿、居民用地面积）/统计单元面积	基本统计成果	
	群测群防点密度	反映区域内发生地质灾害危险程度	缓冲区分析	兰州市国土局	
生态环境状态	生物丰度指数	指通过单位面积上不同生态系统类型在生物种数量上的差异，间接地反映被评价区域内生物丰度的丰贫程度。生物丰度指数越接近 1 表明生物物种越丰富，越接近 0 则越贫乏	Abio×（0.25×林地面积+0.25×园地面积+0.20×水域湿地面积+0.1×耕地面积+0.04×建设用地面积+0.01×未利用地面积）/区域面积	基本统计成果	
	水网密度指数	指被评价区域内河流总长度、水域面积和水资源量占被评价区域面积的比例，用于反映被评价区域水的丰富程度。水网密度指数越接近 1 表明被评价区域水越丰富，越接近 0 则越贫乏	Ares×（0.6×水面面积+0.4×水渠面积）/区域面积植被覆盖指数=Aveg×（0.3×林地面积+0.3×园地面积+0.2×草地面积+0.11×耕地面积+0.07×建筑用地面积+0.02×未利用地面积）/区域面积	基本统计成果、统计年鉴	

续表

测量维度	指标	指标内涵	计算方法	数据来源	单位
生态环境状态	植被覆盖指数	指被评价区域内林地、草地、农田、建设用地和未利用地五种类型的面积占被评价区域面积的比例,用于反映被评价区域植被覆盖的程度。植被覆盖指数越接近1表明植被覆盖程度越好,越接近0则越不好	Aveg×(0.30×林地面积+0.30×园地面积+0.2×草地面积+0.11×耕地面积+0.07×建设用地面积+0.02×未利用地面积)/区域面积	基本统计成果	
	土地退化指数	指被评价区域内退化的土地数占被评价区域面积的比例,用于反映被评价土地质量状况。土地退化指数越接近1表明被评价区域土地质量状况越好,越接近0则越不好	Aero×(0.7×轻度侵蚀面积+0.25×中度侵蚀面积+0.05×重度侵蚀面积)/区域面积	基本统计成果、统计年鉴	
	环境质量指数	指被评价区域内环境质量占被评价区域面积的比例,用于反映被评价环境状况。环境质量指数越接近1表明被评价区域环境质量状况越好,越接近0则越不好	环境质量指数=区域AQI	基本统计成果、统计年鉴	
生态环境响应	人均公共绿地面积	城市非农业人口每人拥有的公共绿地面积	人均公共绿地面积=城市公共绿地面积／城市非农业人口	普查数据第六次人口普查数据	
	绿地占比	反映区域绿化程度	绿地面积/区域总面积×100%	基本统计成果	
	环保投资占GDP比例	反映了人类为保护生态环境做出的响应	环保投资额/区域GDP×100%	统计年鉴	
	自然保护区面积占统计单元面积比例	反映了人类为保护生态环境做出的响应。比例值越接近1表明人类生态保护工作做得越好,越接近0则相反	自然保护区面积/统计单元×100%	基本统计成果	

注:Abio、Ares、Aveg、Aero分别为相应指数的归一化系数,其值为100/最大值。

三、数据的标准化处理

为统一各指标的单位和量纲,本书采用极差法对数据标准化处理。计算公式如式(3.1a)、式(3.1b)所示:

$$\text{正向指标:} \quad P_{it} = \frac{X_{it} - \min(X_i)}{\max(X_i) - \min(X_i)} \tag{3.1a}$$

$$\text{逆向指标:} \quad P_{it} = \frac{\max(X_i) - X_{it}}{\max(X_i) - \min(X_i)} \tag{3.1b}$$

式中,P_{it}为第i项指标在第t时间的标准化值;X_{it}为第i项指标在第t时间的实际值;$\max(X_i)$和$\min(X_i)$分别为第i项指标序列的最大值和最小值。指标性质见表3.2所示。

四、确定权重

本书采用熵值法确定各指标的权重，具体计算过程从略，权重计算结果见表 3.2。

表 3.2　熵值法确定指标权重

总体层	标准层（权重）	指标层	指标性质	信息熵	冗余度	权重
生态环境质量	生态环境压力（0.23）	地质灾害群测群防点密度	逆向	0.82	0.18	0.07
		单位 GDP 能耗	逆向	0.92	0.08	0.03
		人口密度	逆向	0.85	0.15	0.06
		人均用水	逆向	0.90	0.10	0.04
		人类干扰指数	逆向	0.93	0.07	0.03
	生态环境状况（0.33）	生物丰度指数	正向	0.86	0.14	0.06
		水网密度指数	正向	0.86	0.14	0.06
		植被覆盖度指数	正向	0.66	0.34	0.14
		环境质量指数	逆向	0.89	0.11	0.04
		土地退化指数	逆向	0.92	0.08	0.03
	生态环境响应（0.44）	环保投资占 GDP 比重	正向	0.71	0.29	0.12
		绿地占比	正向	0.64	0.36	0.15
		公共绿地占比	正向	0.81	0.19	0.08
		自然保护区面积占比	正向	0.77	0.23	0.09

五、计算综合指数

生态环境质量综合评价指数是 3 个子系统评价指数的加权平均数。计算公式为

$$D = \sum_{i=1}^{n} Y_i \sum_{i=1}^{n} W_{ij} P_{ij} \tag{3.2}$$

式中，D 为生态环境质量综合指数；Y_i 为第 i 子系统的权重；W_{ij} 为第 i 子系统第 j 指标的权重；P_{ij} 为第 i 子系统第 j 项指标的评价值。D 越接近 1，表示生态环境质量越高；同理，各子系统得分越高，表明子系统建设越好，即压力越小，状态越好，响应越强，反之则越差。

六、PSR 协调度

生态环境质量受到压力、状态与响应各子系统诸要素之间的相互协调程度的影响。本书采用协调度函数衡量压力-状态-响应三个子系统的协调状况。协调度函数是根据系统间距离大小和离散程度判断其协调性的。计算公式为

$$C = \frac{X+Y+Z}{\sqrt{X^2+Y^2+Z^2}}$$
（3.3）

式中，C 为协调度指数；X、Y、Z 分别为压力、状态、响应子系统得分。当 3 个子系统数值越接近时，根据经验值，C 值越接近 1.732，表明协调度越高，反之则越低。

第三节 兰州市生态环境质量综合评价

一、生态环境压力

生态环境压力是指工业化和城市化进程中人类生产生活带给自然生态系统的胁迫和干预程度（Crossman and Nedkov, 2012）。就兰州市县区层次来看（图 3.2），生态环境压力均值为 0.14，标准差为 0.024，各县区之间差异不大。生态环境压力值最大的是城关区，其次为西固区，七里河区、安宁区、永登县、榆中县的生态环境压力属于中等水平，红古区和皋兰县生态环境压力相对较小。街道和乡镇层次来看（图 3.4、表 3.3），生态环境压力值呈典型的负偏态分布，约 56% 的样本值落在较低值区（图 3.3）。根据 Jenk 自然分裂法将所有评价单元的生态环境压力得分分为 5 个等级，处于第一和第二等级的高值和较高值街道（乡镇）单元共 30 个，占总评价单元数的 27%，全部集中在兰州市中心城区，其中城关区有 20 个街道（占城关区所有街道 77%），七里河有 7 个街道（占七里河区所有街道的 78%），西固区 3 个街道（占西固区所有街道的 75%）。处于第三等级的中值区街道（乡镇）单元共 35 个，占总评价单元数的 32%，呈现由市区逐渐向外围扩散的态势，其中城关区 4 个，七里河区 2 个，西固区 4 个，安宁区 2 个，红

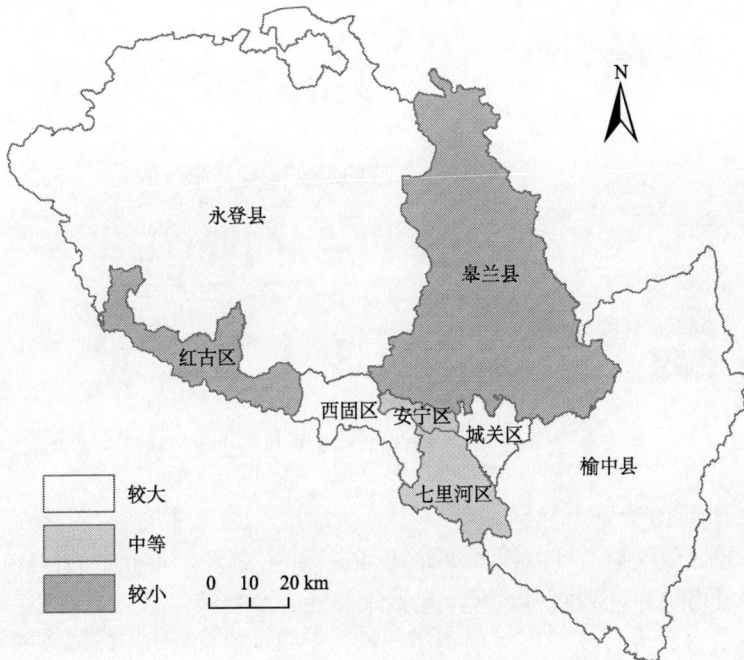

图 3.2 兰州市县区生态环境压力空间格局

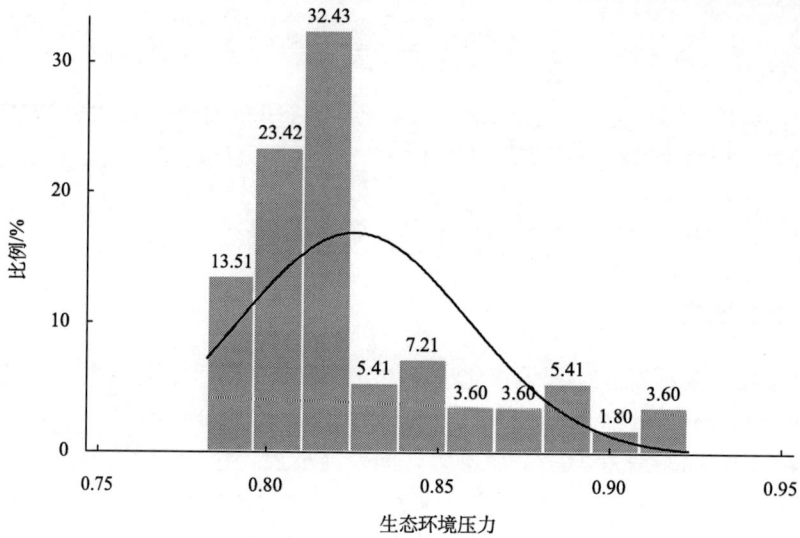

图 3.3　兰州市街道（乡镇）生态环境压力频率分布直方图

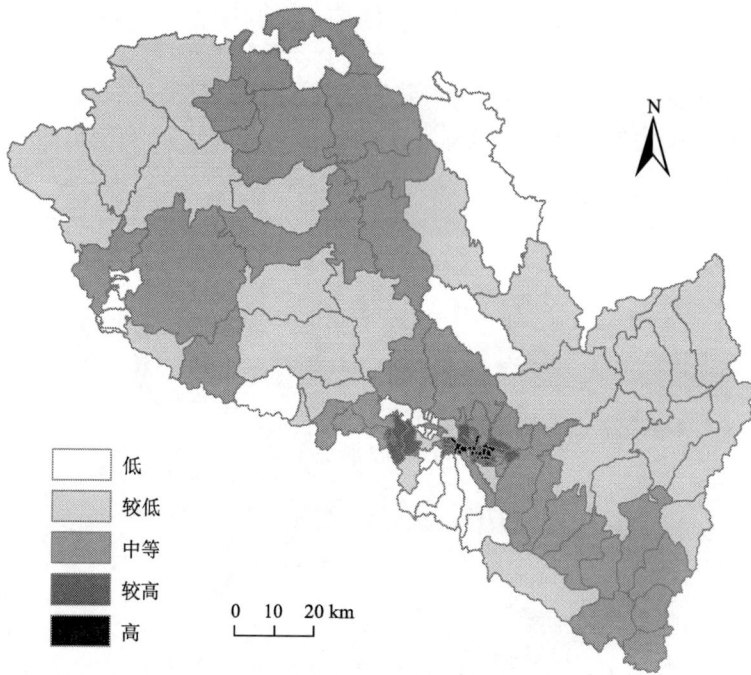

图 3.4　兰州市街道（乡镇）生态环境压力空间格局

古区 1 个，永登县 10 个，皋兰县 2 个，榆中县 10 个。生态环境压力值处于第四和第五等级的低值和较低值区街道（乡镇）单元共 46 个，占总评价单元数的 41%，主要分布在市区外围半城市化地区和农村地区，包括永登县 8 个乡镇，皋兰县 4 个乡镇，榆中县 10 个乡镇；城关区伏龙坪街道因发展类型特殊，七里河区的秀川街道、阿干镇、西果园镇、彭家坪镇因产业转型或开发区初建，安宁区十里店街道、刘家堡街道、银滩路街道、安宁堡街道、孔家崖街道、沙井驿街道因以文教功能为主，红古区华龙街道、窑街街道、下窑街道、矿区街道因矿业衰退，其他如七里河区黄峪乡、魏岭乡、西固区金沟乡、河口乡、达川乡、红古区红古乡等属大面积农业区，工业化强度不大，故而生态环境压力也较低，但对未来的压力状态需要提前监测。可见，人类经济活动由于在城市空间上的高度集聚给兰州城市中心区带来巨大的生态环境压力，而且生态环境压力强度随着距离市中心距离的衰减而降低。

表 3.3　兰州市各乡镇（街道）生态环境压力分类表

类型区	划分标准（JENKS）	分类结果
高值区（15）	0.87~0.92	酒泉路街道、白银路街道、张掖路街道、皋兰路街道、临夏路街道、渭源路街道、铁路西村街道、铁路东村街道、西园街道、西湖街道、团结新村街道、雁南街、草场街街道、东岗西路街道、建兰路街道
较高值区（15）	0.83~0.87	广武门街道、临洮街街道、雁北街道、靖远路街道、晏家坪街道、嘉峪关路街道、敦煌路街道、高新区街道、西站街道、陈坪街道、五泉街道、东岗街道、火车站街道、龚家湾街道、四季青街道
中值区（35）	0.81~0.83	焦家湾街道、盐场路街道、花庄镇、土门墩街道、安宁西路街道、七山乡、柳泉乡、河桥镇、秦川镇、西柳沟街道、坪城乡、小康营乡、新城镇、东川镇、忠和镇、九合镇、中川镇、培黎街道、清水驿乡、拱星墩街道、甘草店镇、上川镇、龙泉乡、新营乡、柳树乡、连搭乡、龙泉寺镇、青白石街道、榆中县城关镇、八里镇、高崖镇、定远镇、永登县城关镇、中堡镇、和平镇
较低值区（29）	0.79~0.81	树屏镇、中连川乡、大同镇、通远乡、秀川街道、贡井乡、苦水镇、韦营乡、上花岔乡、武胜驿镇、伏龙坪街道、金沟乡、红城镇、夏官营镇、马坡乡、民乐乡、连城镇、青城镇、河口乡、哈岘乡、十里店街道、园子岔乡、达川乡、西岔镇、金崖镇、红古乡、石洞镇、什川镇、黑石镇
低值区（17）	0.78~0.80	水阜乡、平安镇、刘家堡街道、银滩路街道、安宁堡街道、魏岭乡、孔家崖街道、海石湾镇、阿干镇、华龙街道、西果园镇、窑街街道、彭家坪镇、下窑街道、黄峪乡、矿区街道、沙井驿街道

计算兰州市乡镇（街道）生态环境压力 Moran's I 指数为 1.08，Z 为 36.55，P 为 0.0000，小于 0.01，说明兰州市乡镇（街道）生态环境压力指数呈现出较强的空间自相关性特征，即相邻生态环境压力高（或者低）的街道（乡镇）表现出相对集聚的空间分布格局。如图 3.5 所示，局部自相关分析表明（表 3.4），有 70 个乡镇（占兰州市国土面积的 63%）的生态环境压力指数不存在局部自相关性，分布无规律；有 26 个单元（占兰州市国土面积的 2%）的生态环境压力指数呈 H-H 分布，意味着自身与邻近单元的值都比较高，主要分布在城关区；榆中县 5 个乡（占兰州市国土面积的 7%）的生态环境压力指数呈 L-L 分布，意味着自身与邻近单元的值都比较低；其他有 10 个单元（占兰州市国土面积的 12%）的生态环境压力指数呈 L-H 分布，意味着邻近单元的值高于自身值。

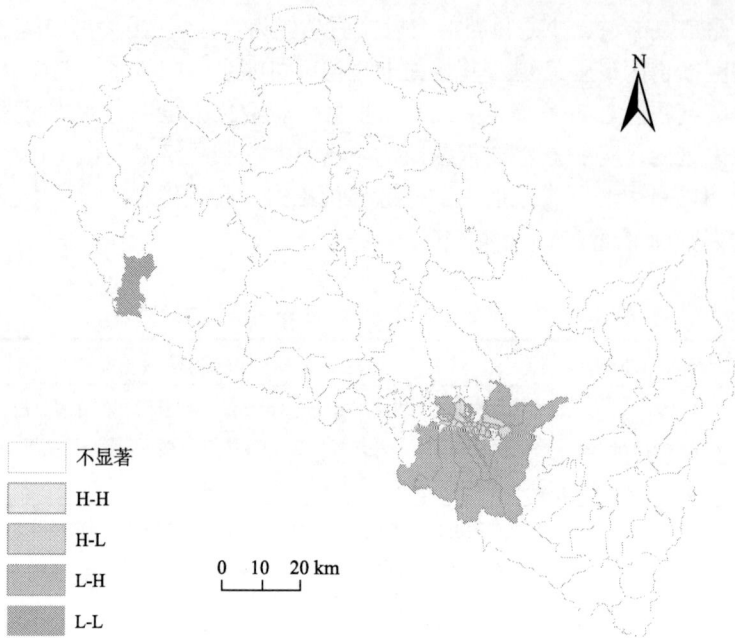

图 3.5 兰州市生态环境压力指数空间关联

表 3.4 兰州市生态环境压力 Moran 散点图对应单元

L-H	H-H
安宁区：安宁堡街道 红古区：下窑街道、红古乡 永登县：大同镇 皋兰县：西岔镇 榆中县：小康营乡、新营乡、龙泉乡、中连川乡、园子岔乡	城关区：酒泉路街道、张掖路街道、雁南街道、临夏路街道、雁北街道、五泉街道、白银路街道、皋兰路街道、广武门街道、伏龙坪街道、靖远路街道、草场街道、火车站街道、拱星墩街道、东岗街道、团结新村街道、铁路东村街道、铁路西村街道、渭源路街道、盐场路街道、嘉峪关路街道、焦家湾街道、青白石街道、 七里河区：西园街道、西湖街道、建兰路街道
L-L	H-L
榆中县：马坡乡、清水驿乡、韦营乡、贡井乡、上花岔乡	—

二、生态环境状态

生态环境状态反映当前时期区域生态系统与人居环境对人类活动的服务能力与支持水平。兰州市生态环境状态指数总体呈正态分布（图 3.6），中间值占较大比例。从县区层次来看（图 3.7），安宁区因在兰州市域职能结构中承担科学教育与高新技术产业发展的主要功能，破坏型开发相对较少，生态环境得到较好保护，生态环境状态指数值最高；红古区因长期矿业开发生态环境破坏严重，生态环境状态指数值最低；中间依次是城关区、七里河区、榆中县、永登县、西固区、皋兰县，值得注意的是城关区与七里河区生态环境状态指数值几乎相同，反映出兰州中心城区生态环境基质及城市人居环境建设水平的同质性。

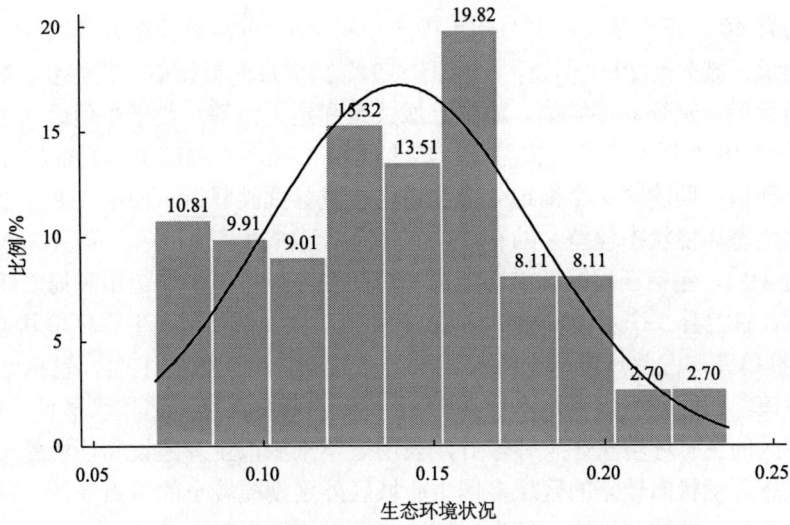

图 3.6　兰州市街道（乡镇）生态环境状况频率分布直方图

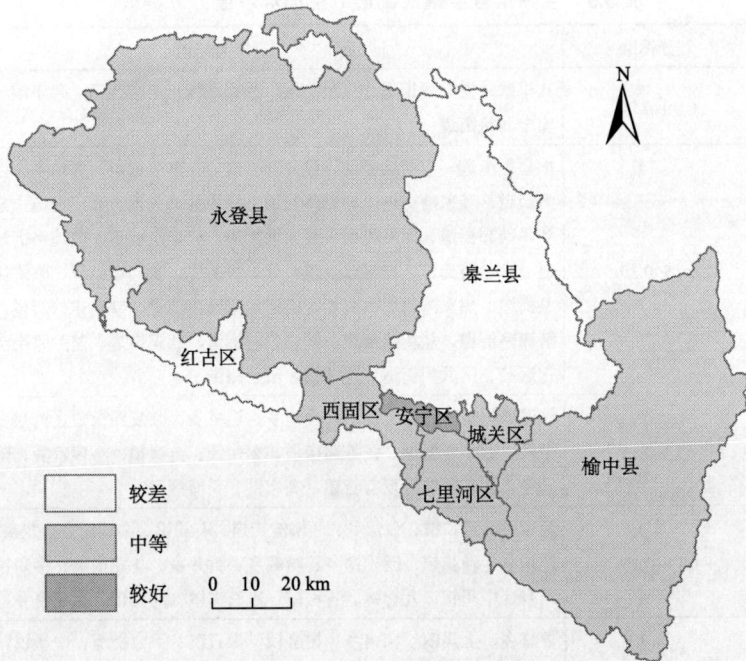

图 3.7　兰州市县区生态环境状态空间格局

从街道（乡镇）层次来看（图3.8、表3.5），生态环境状态指数值分布与县区水平基本一致，最高值为七里河区八里镇，最低值为永登县七山乡。将生态环境状态指数值按一定标准分为好、较好、中等、较差、差 5 个等级，位于高值区（生态环境状态好）的有 8 个评价单元，占兰州市国土面积 1%，占总评价单元数的 7%，包括安宁区 4 个街道，城关区 1 个街道，七里河区 3 个镇，安宁区占据一半；位于较高值区（生态环境状态较好）的有 40 个评价单元，占兰州市国土面积 9%，占总评价单元数的 36%，包括安宁区 4 个街道，城关区 20 个街道，七里河区 9 个街道及西果园镇、黄峪乡、魏岭乡，西固区临洮街街道，永登县连城镇，榆中县城关镇和定远镇等；位于中值区（生态环境状态一般）的有 19 个评价单元，占兰州市国土面积 15%，占总评价单元数的 17%，包括城关区 4 个街道，西固区 2 个街道 4 个乡镇，永登县武胜驿镇，榆中县 8 个乡镇；位于较低值区（生态环境状态较差）的有 23 个评价单元，占兰州市国土面积 34%，占总评价单元数的 21%，包括西固区西柳沟街道和达川乡，红古区华龙街道和海石湾镇，永登县 4 个乡镇，皋兰县 5 个乡镇，榆中县 10 个乡镇；位于低值区（生态环境状态最差）的有 21 个评价单元，占兰州市国土面积 41%，占总评价单元数的 19%，包括红古区 3 个街道 3 个乡镇，西固区河口乡，永登县 12 个乡镇，皋兰县黑石镇和水阜乡。整体来看，兰州中心城区的生态环境状态整体较好，表明近年来城市生态建设和环境整治工作有一定成效；生态环境状态较差的区域多属中心城区外围规模较小的节点乡镇，随着人口集聚和工业化开发，城镇化加速，但生态环境建设未能同步跟进。

表 3.5　兰州市各乡镇（街道）生态环境压力分类表

类型区	划分标准	分类结果
高值区（8）	0.20~0.24	八里镇、安宁堡街道、五泉街道、彭家坪镇、培黎街道、阿干镇、银滩路街道、安宁西路街道
较高值区（40）	0.15~0.20	拱星墩街道、十里店街道、沙井驿街道、孔家崖街道、黄峪乡、西果园镇、刘家堡街道、龚家湾街道、靖远路街道、榆中县城关镇、秀川街道、东岗街道、魏岭乡、西园街道、西站街道、晏家坪街道、火车站街道、敦煌路街道、东岗西路街道、皋兰路街道、白银路街道、伏龙坪街道、土门墩街道、临洮街街道、嘉峪关路街道、焦家湾街道、高新区街道、草场街道、铁路东村街道、青白石街道、渭源路街道、盐场路街道、团结新村街道、西湖街道、建兰街道、雁南街道、定远镇、广武门街道、连城镇、酒泉路街道
中值区（19）	0.13~0.15	铁路西村街道、雁北街道、金沟乡、连搭乡、临夏路街道、柳泉乡、马坡乡、和平镇、四季青街道、张掖路街道、东川镇、金崖镇、小康营乡、陈坪街道、清水驿乡、武胜驿镇、夏官营镇、高崖镇、新城镇
较低值区（23）	0.10~0.13	新营乡、忠和镇、韦营乡、西柳沟街道、石洞镇、中连川乡、龙泉乡、甘草店镇、达川乡、什川镇、园子岔乡、哈岘乡、贡井乡、华龙街道、秦川镇、西岔镇、民乐乡、中川镇、九合镇、青城镇、海石湾镇、河桥镇、上花岔乡
低值区（21）	0.01~0.10	坪城乡、上川镇、柳树乡、树屏镇、黑石镇、下窑街道、中堡镇、大同镇、水阜乡、龙泉寺镇、通远乡、窑街街道、永登县城关镇、平安镇、花庄镇、苦水镇、红古乡、红城镇、河口乡、矿区街道、七山乡

　　计算兰州市乡镇(街道)生态环境状态 Moran's I 指数为 0.61，Z 为 20.58，P 为 0.0000，小于 0.01，说明兰州市乡镇（街道）生态环境状态指数呈现出明显的空间自相关性特征，即相邻生态环境状态指数高（或者低）的街道（乡镇）表现出相对集聚的空间分布格局。如图 3.9 所示，局部自相关分析表明（表 3.6），有 51 个乡镇（占兰州市国土面积的 64%，占总评价单元数的 46%）的生态环境状态指数不存在局部自相关性，分布无规律；有 41

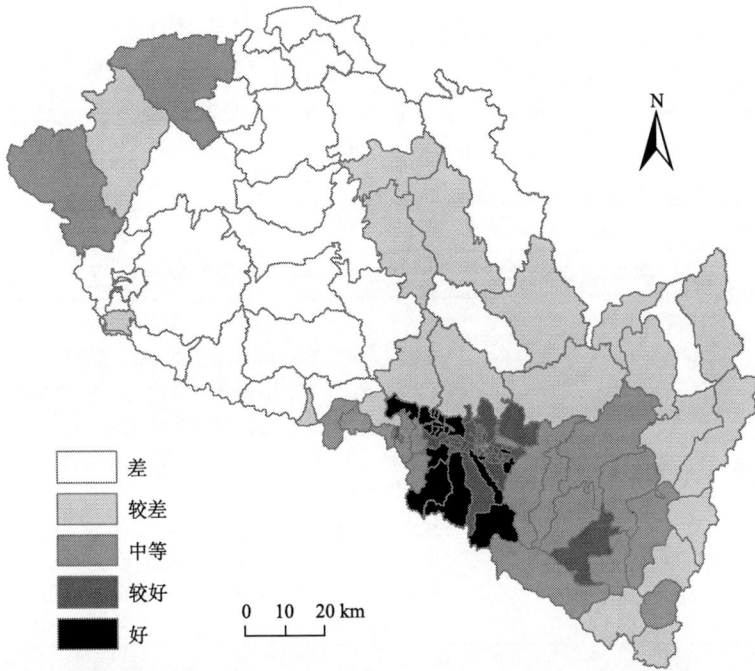

图 3.8 兰州市街道（乡镇）生态环境状态空间格局

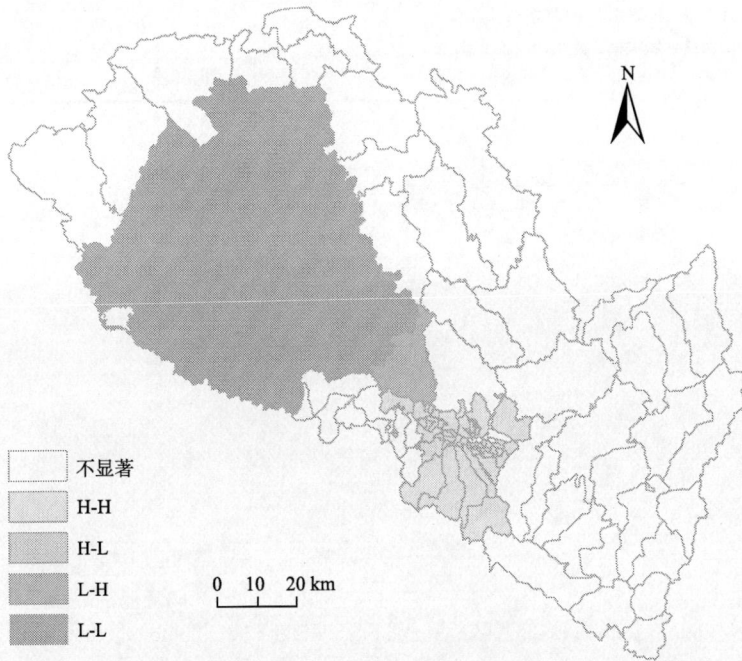

图 3.9 兰州市生态环境状态指数空间关联

个单元（占兰州市国土面积的 5%）的生态环境状态指数呈 H-H 分布，意味着自身与邻近单元的值都比较高，主要分布在安宁区、七里河区和城关区；有 18 个单元（占兰州市国土面积的 30%）的生态环境状态指数呈 L-L 分布，意味着自身与邻近单元的值都比较低，主要分布在红古区和永登县；生态环境状态指数呈 L-H 分布只有皋兰县九合镇，意味着邻近单元的值高于自身值。

表 3.6　兰州市生态环境状态 Moran 散点图对应单元

L-H	H-H
	安宁区：安宁堡街道、培黎街道、银滩路街道、安宁西路街道、十里店街道、沙井驿街道、孔家崖街道、刘家堡街道、
皋兰县：九合镇	七里河区：八里镇、彭家坪镇、阿干镇、黄峪乡、西果园镇、龚家湾街道、秀川街道、魏岭乡、西园街道、西站街道、晏家坪街道、敦煌路街道、土门墩街道、西湖街道、建兰路街道
	城关区：五泉街道、拱星墩街道、靖远路街道、东岗街道、火车站街道、东岗西路街道、皋兰路街道、白银路街道、伏龙坪街道、嘉峪关路街道、焦家湾街道、高新区街道、草场街道、铁路东村街道、青白石街道、渭源路街道、盐场路街道、团结新村街道
L-L	**H-L**
红古区：海石湾镇、下窑街道、窑街街道、平安镇、花庄镇、红古乡、矿区街道	
永登县：河桥镇、柳树乡、树屏镇、中堡镇、大同镇、龙泉寺镇、通远乡、永登县城关镇、苦水镇、红城镇、七山乡	—

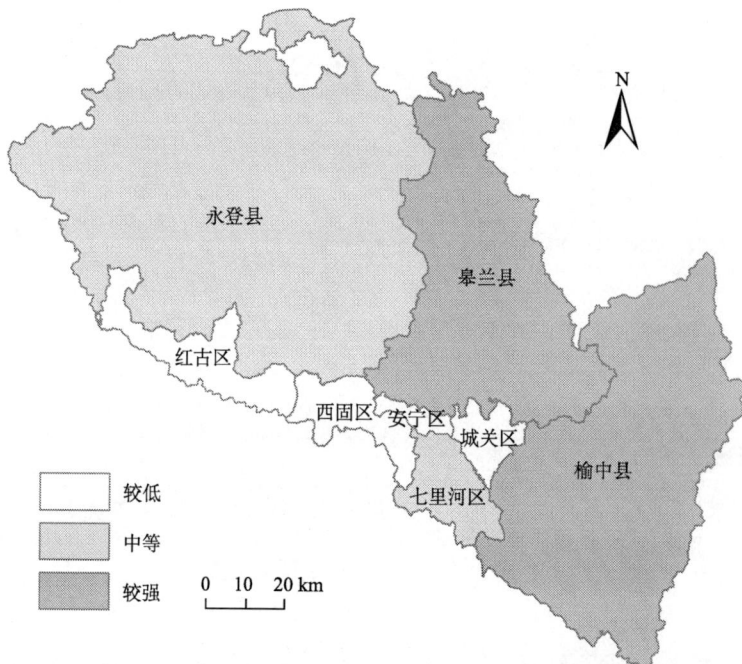

图 3.10　兰州市县区生态环境响应指数空间格局

三、生态环境响应

生态环境响应指数反映区域和城市政府在生态系统维护与人居环境优化方面的努力程度。兰州市县区生态环境响应指数计算结果显示（图 3.10），城关区、安宁区、西固区、红古区作为兰州市主要的人口和产业承载区，虽然环保投资占 GDP 的比例近年来有所提高，但因地域空间有限，绿地面积相对较小，因此生态环境响应指数值较低；七里河区和永登县属于中等水平；榆中县和皋兰县因为兴隆山自然保护区等生态工程的实施，生态环境响应指数值较高。

街道（乡镇）层次来看（图 3.11），兰州市生态环境响应指数总体呈正态分布，中间值占相对较大比例，响应指数最高的是西固区新城镇，最低的是城关区雁北街道。按照 Jenk 自然断裂法将兰州市 111 个街道（乡镇）分为弱、较弱、中等、较强、强 5 个等级（图 3.12、表 3.7），位于高值区（生态环境响应程度最强）的有 9 个评价单元，占兰州市国土面积 18%，占总评价单元数的 8%，包括西固区新城镇和河口乡，七里河区阿干镇，榆中县马坡乡，皋兰县 5 个乡镇，皋兰县占据一半以上，城关区、安宁区、西固区和红古区没有单元进入；位于较高值区（生态环境响应程度较强）的有 28 个评价单元，占兰州市国土面积的 42%，占总评价单元数的 25%，包括榆中县 5 个乡镇，永登县 9 个乡镇，皋兰县 2 个镇，城关区 5 个街道，安宁区十里店街道，红古区 3 个街道 1 个镇，西固区 2 个乡镇；位于中值区（生态环境响应程度一般）的有 29 个评价单元，占兰州市国土面积 31%，占总评价单元数的 26%，包括城关区 3 个街道，七里河区 4 个乡镇，西固区 2 个街道 1 个乡，红古区矿区街道和 2 个乡镇，永登县 8 个乡镇，榆中县 8 个乡镇；位于较低值区（生态环境响应程度较差）的有 20 个评价单元，占兰州市国土面积 8%，占总评价单元数的 18%，包括城关区 4 个街道，安宁区 5 个街道，七里河区黄峪乡，西固区 2 个街道 1 个乡，榆中县 6 个乡镇，永登县秦川镇；位于低值区（生态环境响应程

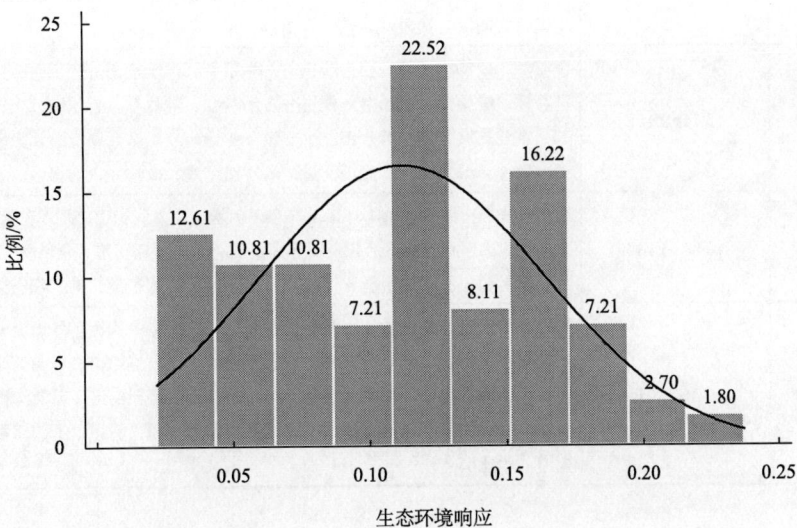

图 3.11　兰州市街道（乡镇）生态环境响应频率分布直方图

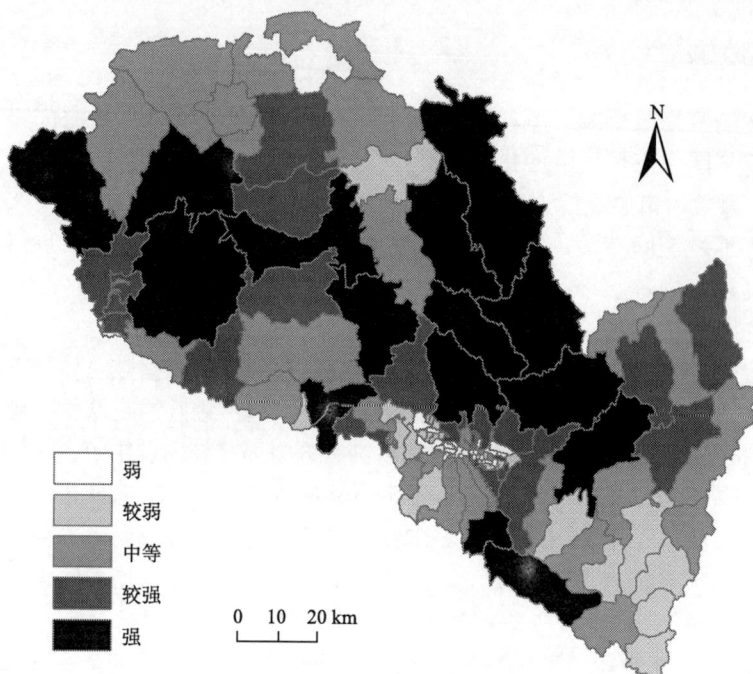

图 3.12 兰州市街道（乡镇）生态环境响应指数空间格局

表 3.7 兰州市各乡镇（街道）生态环境响应指数分类表

类型区	划分标准	分类结果
高值区（9）	0.21~0.24	新城镇、马坡乡、忠和镇、什川镇、石洞镇、阿干镇、水阜乡、黑石镇、河口乡
较高值区（28）	0.16~0.20	通远乡、连城镇、盐场路街道、拱星墩街道、树屏镇、九合镇、西岔镇、七山乡、十里店街道、园子岔乡、五泉街道、龙泉寺镇、柳泉乡、金崖镇、红城镇、贡井乡、下窑街道、和平镇、哈岘乡、东川镇、窑街街道、青白石街道、柳树乡、花庄镇、大同镇、河桥镇、伏龙坪街道、华龙街道
中值区（29）	0.11~0.15	坪城乡、西柳沟街道、西果园镇、八里镇、临洮街道、上川镇、武胜驿镇、夏官营镇、中堡镇、民乐乡、红古乡、新营乡、魏岭乡、青城镇、上花岔乡、定远镇、永登县城关镇、苦水镇、平安镇、中连川乡、靖远路街道、彭家坪镇、中川镇、榆中县城关镇、广武门街道、渭源路街道、金沟乡、韦营乡、矿区街道
较低值区（20）	0.06~0.10	清水驿乡、小康营乡、陈坪街道、东岗街道、沙井驿街道、四季青街道、连搭乡、秦川镇、高崖镇、甘草店镇、银滩路街道、东岗西路街道、龙泉乡、火车站街道、焦家湾街道、孔家崖街道、黄峪乡、达川乡、培黎街道、刘家堡街道
低值区（25）	0.01~0.05	嘉峪关路街道、雁南街道、西湖街道、敦煌路街道、铁路东村街道、铁路西村街道、安宁堡街道、草场街道、安宁西路街道、白银路街道、高新区街道、晏家坪街道、海石湾镇、建兰路街道、酒泉路街道、西园街道、龚家湾街道、皋兰路街道、西站街道、张掖路街道、团结新村街道、秀川街道、土门墩街道、临夏路街道、雁北街道

度最差）的有 25 个评价单元，占兰州市国土面积 1%，占总评价单元数的 23%，全部集中在兰州城市建成区，包括城关区 13 个街道，七里河区 9 个街道，安宁区 2 个街道，红古区海石湾镇。兰州市中心城区的生态环境优化与整治力度相对较低是一个十分突出的现象。

　　从空间关联性来看，兰州市乡镇（街道）生态环境响应 Moran's I 指数为 0.54，Z 为 18.52，P 为 0.0000，小于 0.01，说明兰州市乡镇（街道）生态环境响应指数呈现出明显的空间自相关性特征，即相邻生态环境响应指数高（或者低）的街道（乡镇）表现出相对集聚的空间分布格局。如图 3.13 所示，局部自相关分析表明（表 3.8），有 66 个乡镇（占兰州市国土面积的 87%，占总评价单元数的 59%）的生态环境响应指数不存在局部自相关性，分布无规律；有 4 个单元（占兰州市国土面积的 6%）的生态环境响应指数呈 H-H 分布，意味着自身与邻近单元的值都比较高；有 32 个单元（占兰州市国土面积的 1%）的生态环境响应指数呈 L-L 分布，意味着自身与邻近单元的值都比较低，主要分布在兰州市主城区的城关、七里河和安宁三个区；有 9 个单元（占兰州市国土面积的 5%）的生态环境响应指数呈 H-L 型分布，主要分布在城关、榆中等地；其邻近单元的值高于自身值；生态环境响应指数呈 L-H 分布只有西固区达川乡，其邻近单元的值高于自身值。总体看来，兰州城市中心区生态环境响应强度低于周边县域的空间格局十分明显。

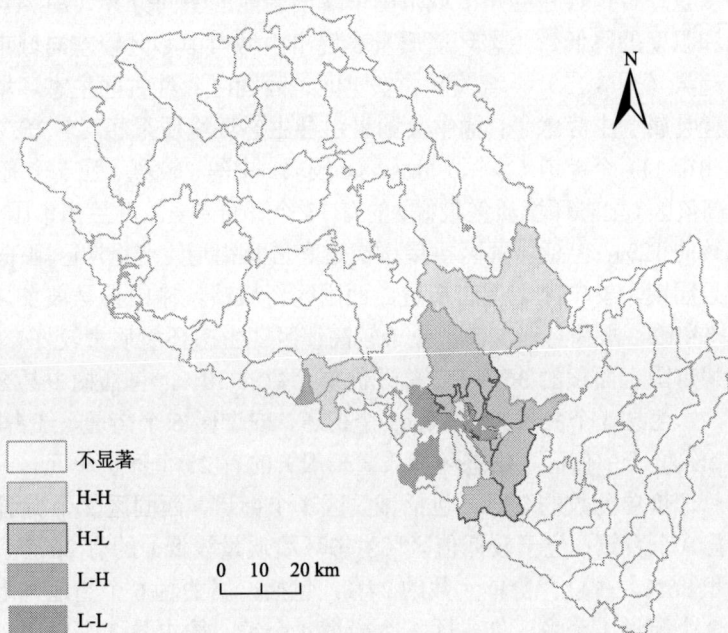

图 3.13　兰州市生态环境响应指数空间关联

表 3.8　兰州市生态环境响应 Moran 散点图对应单元

L-H	H-H
—	西固区：新城镇、河口乡
	皋兰县：石洞镇、水阜乡

L-L	H-L
城关区：东岗西路街道、火车站街道、焦家湾街道、嘉峪关路街道、雁南街道、铁路东村街道、铁路西村街道、草场街街道、白银路街道、高新区街道、酒泉路街道、皋兰路街道、张掖路街道、团结新村街道、临夏路街道、雁北街道	城关区：盐场路街道、拱星墩街道、五泉街道、青白石街道、伏龙坪街道
七里河区：黄峪乡、西湖街道、敦煌路街道、晏家坪街道、建兰路街道、西园街道、龚家湾街道、西站街道、秀川街道、土门墩街道	安宁区：十里店街道
	七里河区：阿干镇
安宁区：银滩路街道、孔家崖街道、培黎街道、刘家堡街道、安宁堡街道、安宁西路街道	榆中县：和平镇
	皋兰县：忠和镇

四、生态环境质量综合指数

生态环境质量综合指数在兰州市域范围呈现出明显的空间分异（图3.14），随着人类活动聚集度和强度的降低，生态环境质量表现出由城市中心区较差向城市外围区较好的过渡和替换趋势（图3.15）。城关区、安宁区、西固区、红古区生态环境质量较低；七里河区和永登县属于中等水平；榆中县和皋兰县生态环境质量相对较好。按照 Jenk 自然断裂法将兰州市 111 个街道（乡镇）分为弱、较弱、中等、较强、强 5 个等级（图3.16、表3.9），位于高值区（生态环境质量最好）的有 13 个评价单元，占兰州市国土面积15%，占总评价单元数的 12%，包括城关区拱星墩街道和五泉街道，七里河区阿干镇、八里镇、彭家坪镇、西果园镇，安宁区十里店街道，西固区新城镇，榆中县马坡乡，皋兰县什川镇、石洞镇、忠和镇，永登县连城镇；位于较高值区（生态环境质量较好）的有 33 个评价单元，占兰州市国土面积的 36%，占总评价单元数的 30%，包括榆中县 8 个乡镇，永登县 3 个乡镇，皋兰县 4 个乡镇，城关区 3 个街道，安宁区 6 个街道，红古区 3 个街道，西固区 4 个乡镇；位于中值区（生态环境质量一般）的有 25 个评价单元，占兰州市国土面积 36%，占总评价单元数的 23%，包括城关区 3 个街道，西固区 2 个街道，永登县 10 个乡镇，榆中县 9 个乡镇；位于较低值区（生态环境质量较低）的有 26 个评价单元，占兰州市国土面积 36%，占总评价单元数的 24%，包括：城关区 6 个街道，七里河区 6 个街道，西固区 2 个街道 1 个乡，红古区 1 个街道 4 个镇，榆中县 2 个乡镇，永登县 4 个镇；位于低值区（生态环境质量最差）的有 14 个评价单元，占兰州市国土面积不到 1%，占总评价单元数的 13%，全部集中在兰州城市建成区，包括城关区 11 个街道和七里河区 3 个街道。兴隆山—马街山和连城—奖俊埠岭地区因是兰州市主要的天然林和次生林生态系统分布区，生态环境质量总体较好。

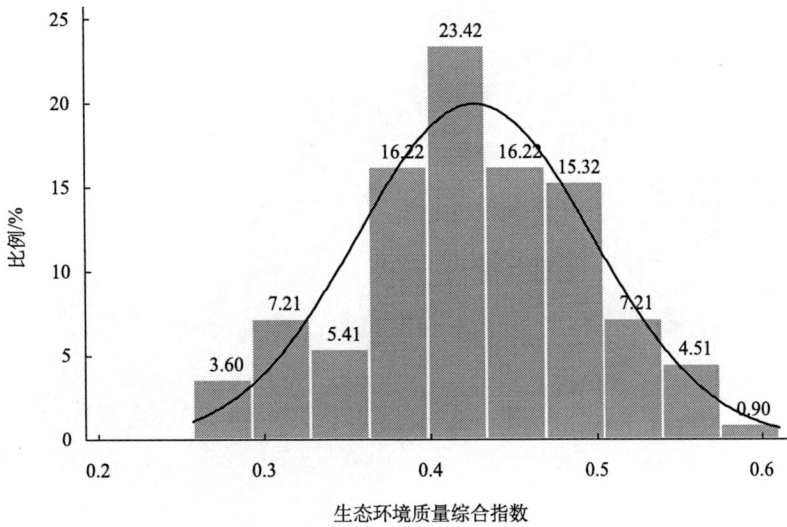

图 3.14 兰州市街道（乡镇）生态环境质量综合指数频率分布直方图

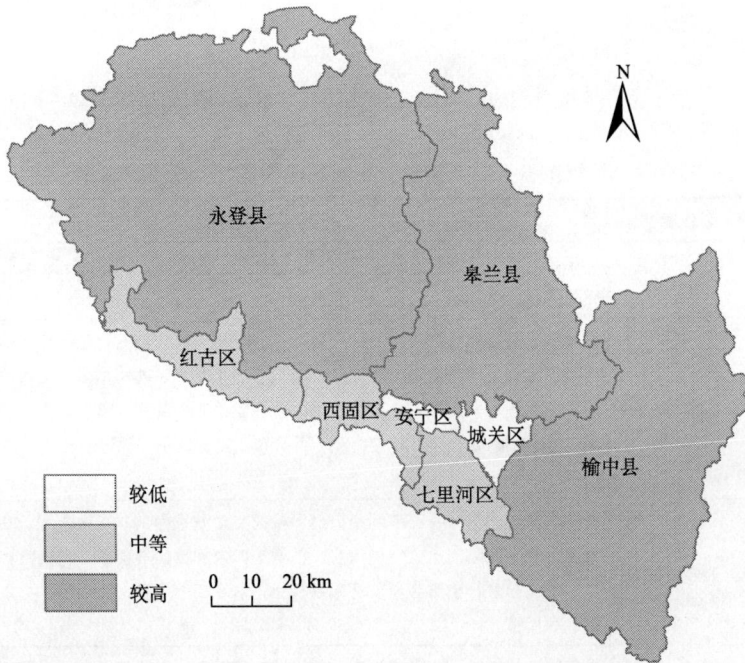

图 3.15 兰州市县区生态环境质量综合指数空间格局

从生态环境质量的空间关联性来看，兰州市乡镇（街道）生态环境质量 Moran's I 指数为 0.44，Z 为 15.04，P 为 0.0000，小于 0.01，说明兰州市乡镇（街道）生态环境质量综合指数呈现出一定的空间自相关性特征，即相邻生态环境质量综合指数高（或者低）的街道（乡镇）表现出相对集聚的空间分布格局。如图 3.17 所示，局部自相关分析表明（表 3.10），有 76 个乡镇（占兰州市国土面积的 97%，占总评价单元数的 68%）的生

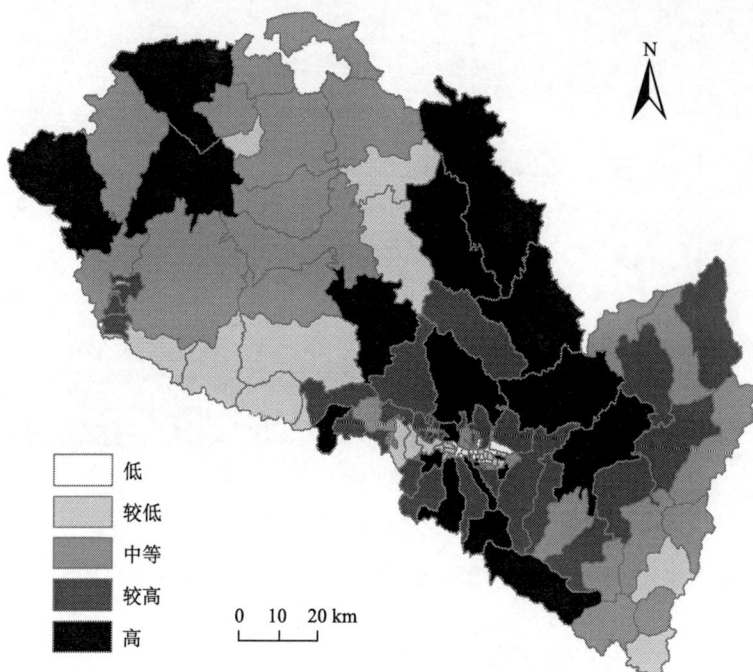

图 3.16　兰州市街道（乡镇）生态环境质量综合指数空间格局

表 3.9　兰州市各乡镇（街道）生态环境质量综合指数分类表

类型区	划分标准	分类结果
高值区（13）	0.51~0.61	阿干镇、十里店街道、拱星墩街道、马坡乡、八里镇、新城镇、五泉街道、彭家坪镇、西果园镇、什川镇、石洞镇、连城镇、忠和镇
较高值区（33）	0.44~0.50	魏岭乡、盐场路街道、沙井驿街道、伏龙坪街道、青白石街道、金崖镇、黑石镇、银滩路街道、安宁堡街道、和平镇、柳泉乡、水阜乡、园子岔乡、黄峪乡、榆中县城关镇、西岔镇、东川镇、孔家崖街道、哈岘乡、下窑街道、华龙街道、贡井乡、定远镇、河口乡、刘家堡街道、培黎街道、九合镇、夏官营镇、通远乡、武胜驿镇、窑街街道、树屏镇、金沟乡
中值区（25）	0.40~0.43	西柳沟街道、新营乡、靖远路街道、柳树乡、龙泉寺镇、东岗街道、临洮街街道、民乐乡、安宁西路街道、中连川乡、红城镇、大同镇、韦营乡、河桥镇、青城镇、连搭乡、清水驿乡、小康营乡、坪城乡、上花岔乡、七山乡、上川镇、中堡镇、火车站街道、高崖镇
较低值区（26）	0.34~0.39	平安镇、红古乡、焦家湾街道、中川镇、花庄镇、广武门街道、秀川街道、永登县城关镇、四季青街道、矿区街道、达川乡、甘草店镇、苦水镇、陈坪街道、龙泉乡、龚家湾街道、秦川镇、东岗西路街道、敦煌路街道、嘉峪关街道、渭源路街道、土门墩街道、晏家坪街道、高新区街道、海石湾镇、西站街道
低值区（14）	0.25~0.33	草场街街道、雁南街道、西湖街道、建兰路街道、西园街道、铁路东村街道、雁北街道、铁路西村街道、团结新村街道、白银路街道、皋兰路街道、酒泉路街道、临夏路街道、张掖路街道

态环境质量综合指数不存在局部自相关性，分布无规律；只有榆中县马坡乡和皋兰县石洞镇表现出 H-H 分布，意味着自身与邻近单元的值都比较高；有 24 个单元（占兰州市国土面积的 8%）的生态环境质量综合指数呈 L-L 分布，意味着自身与邻近单元的值都比较低，主要分布在兰州城市中心区（城关区和七里河区）；有 12 个单元（占兰州市国土面积的 17%）的生态环境质量综合指数呈 H-L 型分布，意味着自身值较高，但临近单元的值较低，形成空间反差。

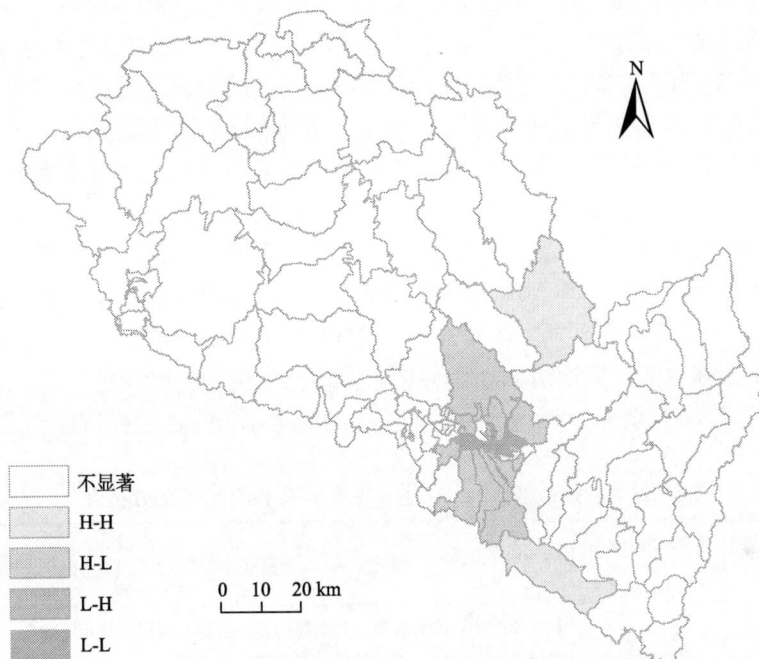

图 3.17 兰州市生态环境质量综合指数空间关联

表 3.10 兰州市生态环境质量综合指数 Moran 散点图对应单元

L-H	H-H
一	榆中县：马坡乡
	皋兰县：石洞镇
L-L	H-L
城关区：广武门街道、东岗西路街道、嘉峪关路街道、渭源路街道、高新区街道、草场街街道、雁南街道、铁路东村街道、雁北街道、铁路西村街道、团结新村街道、白银路街道、皋兰路街道、酒泉路街道、临夏路街道、张掖路街道	城关区：拱星墩街、五泉街道、盐场路街道、伏龙坪街道、青白石街道
七里河区：龚家湾街道、敦煌路街道、土门墩街道、晏家坪街道、西站街道、西湖街道、建兰路街道、西园街道	七里河区：阿干镇、八里镇、彭家坪镇、西果园镇、魏岭乡

五、PSR 协调度分析

PSR 协调度反映生态环境系统内部压力、状态、响应各子系统相互协调程度的大小，根据经验，值越接近 1.732，表明协调度越高，反之则越低。兰州市 PSR 协调度平均值为 1.28，距离经验最优质差 0.45，反映出兰州市生态环境协调度总体水平不高。按照生态系统 PSR 协调度得分距离经验最优值的远近，将所有评价单元划分为高度协调、中度协调和低度协调三类区域。将就各县区情况来看（图 3.18），榆中县和皋兰县相对协调，城关区和红古区协调度最低，安宁区、七里河区、西固区、永登县生态环境 PSR 协调度处于中度协调。乡镇层次来看（图 3.19、表 3.11），高度协调区主要分布在兰州市北拓计划实施的青什片区和兰州市南界马衔山地区，以及连城自然保护区，占兰州市国土面积的 16%，占街道（乡镇）总数的 14%，包括城关区拱星墩街道、五泉街道、盐场路街道、青白石街道、伏龙坪街道，七里河区阿干镇、八里镇、西果园镇、彭家坪镇，西固区新城镇，榆中县马坡乡，皋兰县忠和镇、什川镇、石洞镇，永登县连城镇；低度协调区主要分布在城市中心商业和人口集中区、湟河谷地及秦王川城镇发展区，占兰州市国土面积的 9%，占街道（乡镇）总数的 27%，包括城关区 12 个街道，七里河区 8 个街道，西固区达川乡，红古区矿区街道和 3 个乡镇，永登县城关镇、秦川镇、苦水镇，榆中县甘草店镇和龙泉乡；其余近 60% 的街道（乡镇）为中度协调区，占兰州市国土面积的 75%。

表 3.11　兰州市各乡镇（街道）生态环境 PSR 协调度分类表

类型区	划分标准 （$Z=1.732-X_i$）	分类结果
高度协调区（15）	$Z<0.4$	拱星墩街道、五泉街道、盐场路街道、青白石街道、伏龙坪街道、、阿干镇、八里镇、西果园镇、彭家坪镇、新城镇、马坡乡、忠和镇、什川镇、石洞镇、连城镇
中度协调区（66）	$0.4\leqslant Z<0.50$	魏岭乡、金崖镇、柳泉乡、和平镇、东川镇、沙井驿街道、黑石镇、榆中县城关镇、园子岔乡、银滩路街道、水阜乡、西岔镇、靖远路街道、临洮街道、定远镇、哈岘乡、贡井乡、安宁堡街道、九合镇、黄峪乡、孔家崖街道、武胜驿镇、华龙街道、夏官营镇、树屏镇、培黎街道、通远乡、东岗街道、西柳沟街道、下窑街道、金沟乡、河口乡、新营乡、刘家堡街道、柳树乡、广武门街道、窑街道、龙泉寺镇、渭源路街道、河桥镇、中连川乡、安宁西路街道、民乐乡、韦营乡、大同镇、火车站街道、清水驿乡、连搭乡、红城镇、小康营乡、坪城乡、青城镇、七山乡、东岗西路街道、上川镇、焦家湾街道、陈坪街道、上花岔乡、四季青街道、花庄镇、中川镇、中堡镇、高崖镇、嘉峪关路街道、敦煌路街道、晏家坪街道
低度协调区（30）	$Z\geqslant 0.5$	红古乡、龚家湾街道、永登县城关镇、甘草店镇、平安镇、龙泉乡、晏家坪街道、秦川镇、高新区街道、苦水镇、秀川街道、雁南街道、草场街道、西湖街道、达川乡、铁路东村街道、西站街道、白银路街道、西园街道、铁路西村街道、土门墩街道、建兰路街道、矿区街道、皋兰路街道、团结新村街道、酒泉路街道、雁北街道、海石湾镇、临夏路街道、张掖路街道

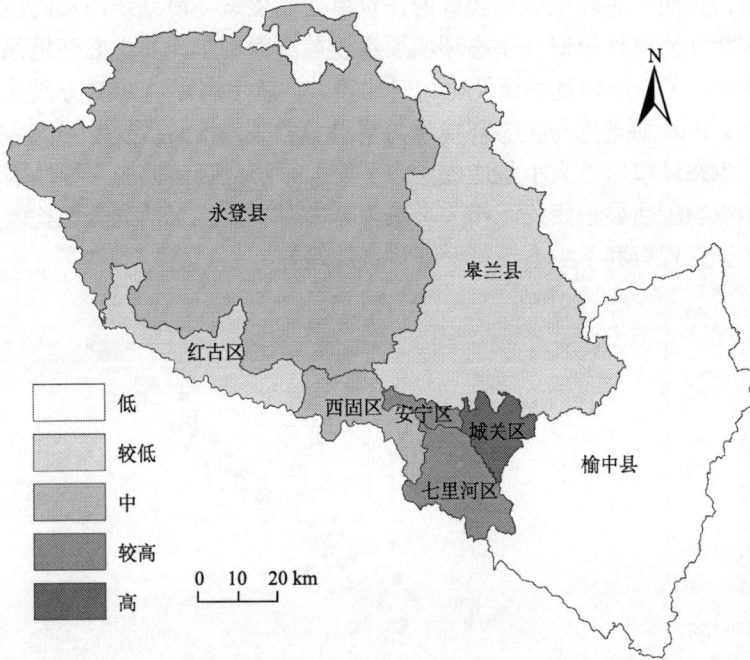

图 3.18 兰州市区县生态环境 PSR 协调度

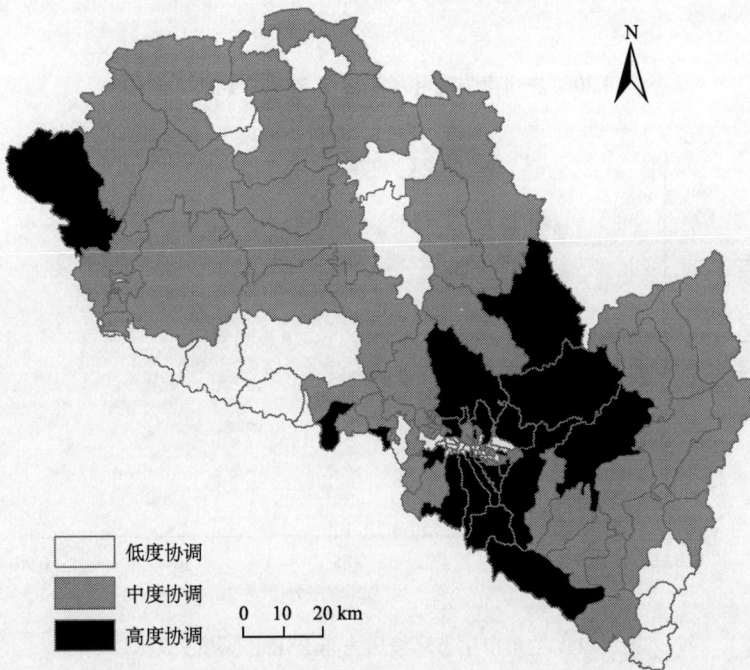

图 3.19 兰州市街道（乡镇）生态环境 PSR 协调度

　　PSR 协调度与生态环境质量明显正相关（图 3.20），相关系数高达 0.96 并通过 1% 的显著性检验，说明生态环境质量较好的评价单元其生态环境系统内部的压力、状态、响应各子系统相互协调性较好，生态环境质量较差的评价单元其生态环境系统内部的压力、状态、响应各子系统相互协调性也相对比较差。就生态环境 PSR 系统内部而言（图 3.20~图 3.22），PSR 协调度与生态环境压力明显负相关，相关系数为-0.52 并通过 1%的显著性检验，生态环境压力大小是造成生态环境总系统是否协调的主导性因素；PSR 协调度与生态环境响应明显正相关，相关系数为 0.77 并通过 1%的显著性检验，说明生态修复和环境保护工程有利于生态环境系统协调性趋好。

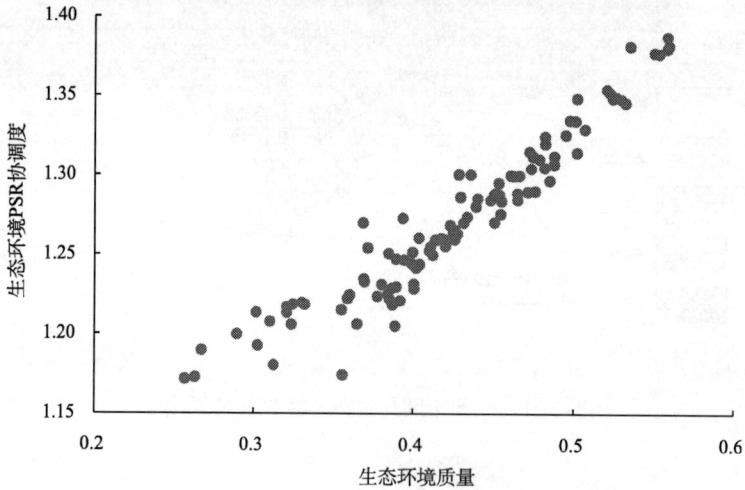

图 3.20　兰州市生态环境质量与 PSR 协调度关系图

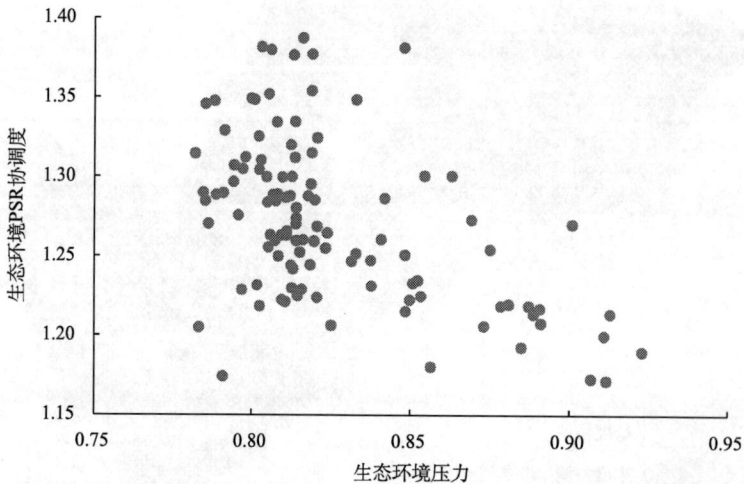

图 3.21　兰州市生态环境压力与 PSR 协调度关系图

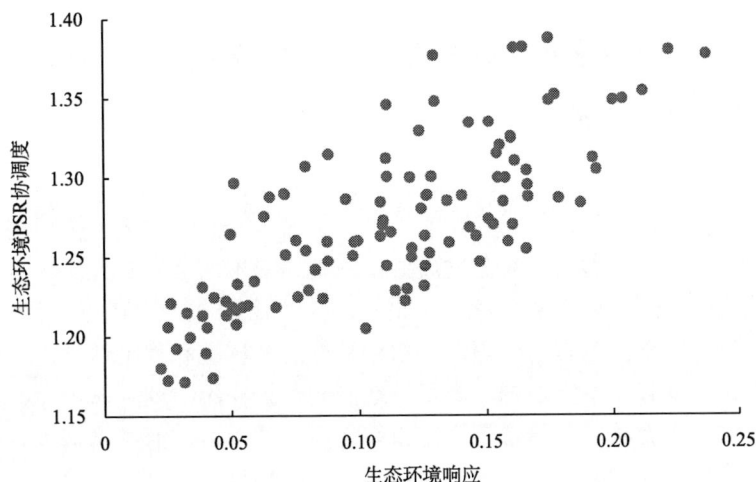

图 3.22　兰州市生态环境响应与 PSR 协调度关系图

第四节　结论与对策

（一）兰州城市建成区生态环境质量整体较低，PSR 系统协调度较差，需加大城市绿岛建设与景观美化力度

兰州市目前的核心城区，包括城关区中部、七里河区北部、安宁区南部、西固区东北部。主要的生态建设用地类型为城镇型和土地开发整理型，前者主要指城市绿地系统建设，后者主要是指对不适宜建设区进行土地复垦等生态建设，以修复当地的生态系统功能，即发展建设用地和园林地相结合的城市"绿岛"。其中，大型公园绿地应向城郊森林、自然森林转化；广场绿地的植物选择上，应兼顾植物的观赏价值和环保价值，合理配置速生树种与慢生树种，有意识地突出植被的季相特征；居民区绿地可采用花园型、草坪型、棚架型和庭院型等方式，推广立体种植（墙面绿化、屋顶绿化、阳台绿化等）以增加绿化率及绿视率。另外，考虑保留特殊区域的特色农田和果林，把它们发展成生态农林花卉观光区或辟为生态农业旅游区。加强区域湿地资源保护与开发，使其发挥生态保护功能，建成高标准黄河风情线为主体的园林绿化长廊，营造高质量的景观环境。另外，兰州市所处的黄河河谷川台盆地两岸阶地发育，较明显的有 1～5 级阶地，适于城市建设的二、三级阶地的开发已几近饱和。因此，要扩大城市绿地面积，只有上山（向山坡上发展）或下水（向低阶地或河漫滩延伸）。兰州河心滩及两岸边滩较为发育，大部分在与河争地的过程中和河岸连在一起，被改造成了市区建设用地（最典型的是雁滩），进一步开发的潜力很小。而兰州市的生态、休闲、园林等用地在南北两山有很大的发展空间，因此加强南北两山的绿化建设是兰州市城市景观规划的重中之重。

（二）兰州城市拓展区生态环境质量相对较好，PSR 系统协调度较好，重点建设多层次生态廊道

拓展区主要分布在什川盆地、平安花庄川地、庄浪河川盆地、榆中断陷盆地、河口东川盆地、皋兰县城及三川口、秦王川盆地、连海盆地及青城盆地。需要在规划时加大对城镇型生态用地的建设力度，充分发展城市绿地，以形成良好的人居环境，即发展区内部进行"绿岛"及"绿屏"模式建设。此外，各发展区的农田保护区可进行农田生态林网建设，在设计时除注意布局合理性、树种林分的多样性和稳定性外，农田防护林中主林带应与主风向垂直，不垂直则不能很好地起到防护作用。就兰州市而言，因兰州市主风向为东，农田生态林网主林带应设置为南北向，并以合适的网格宽度分布，构成生态"绿帐"，为农田保护区提供保护并优化区域生态环境。同时，各建成区内部、建成区与主城区之间、各建成区之间需通过"绿桥"模式沟通，即建设生态廊道和交通干道绿化带。兰州市主要的过境河流是以黄河为主轴的复合型水系，通过境内的主要河流有黄河及一级支流湟水、庄浪河、苑川河和二级支流大通河。在进行廊道规划设计时应对其加以保护和利用，同时要建设好沿河风光带，尽可能不破坏河流的自然属性、生物多样的生境组合，不影响河流廊道应有的生态功能和人们的感知与体验的空间；兰州市境内石质山地是祁连山东延的余脉，分布在市境的南北两侧，在建设穿境各种城市交通线时，不宜垂直开挖，破坏自然山体，应绕道或凿道，保护好山脉廊道；道路廊道和交通干道景观绿化带在建设时，考虑市区街道拥挤与普遍狭窄的状况，可采取复层种植方法。

（三）兰州生态涵养区生态环境质量整体较好，PSR 系统协调度高，加快建成兰州城市生态屏障

生态涵养区主要分布在榆中县南部的兴隆山—马衔山、永登县西北部的连城—奖俊埠岭、七里河区南部阿甘镇一带，这些地区年均温较高、土质好且降水多、受人为干扰小，适宜发展天然林，这部分地区占全市总面积的 16.5%。根据兰州市生态市建设指标中森林覆盖率指标为 15% 来看，若在这些地区建设天然林，基本能达到目标，但需要对兰州市耕地、草地、林地的结构作一定的调整，在宜林地区采取退耕还林政策，增加森林用地面积，一些水分条件稍好的荒草地也可开垦栽植耐旱树种。针对兰州市南北两山可采取"绿屏""绿桥""封育防护"等模式进行综合建设：近城区山地的发展目标以森林公园建设为载体，构建城市绿色生态屏障；南部地区靠近兴隆山、马衔山天然林区，土壤肥沃、降水多，可利用天然森林的边缘效应，对农村土地利用结构进行调整，全面实施退耕还林（草）工程，增加天然森林面积，并尽量减少人为扰动，进行封育管护；北部地区土壤贫瘠，降水稀少，根据区域特点，重点通过建设绿色通道、交通绿化带、"封育管护"、"退耕还林（草）"等环境友好型模式，逐步恢复其自然灌草植被，提高水土保持能力，改善生态环境。

第四章 兰州市基本公共服务均等化评价

保障和改善民生是我国当前及今后一段时间社会事业建设的重点，关系到全面建成小康社会目标的实现，其最终目标是达到基本公共服务均等化。党的十八大报告明确提出了基本公共服务均等化总体实现的目标。着力推进基本公共服务均等化，努力实现惠及全体人民的基本公共服务均等化目标，是人们共享现代化成果的重要举措，是改善民生、统筹城乡发展、构建和谐社会的重要任务。十八届五中全会关于"十三五"建议提出，推进以人为核心的新型城镇化，提高城市规划、建设、管理水平；深化户籍制度改革，促进有能力在城镇稳定就业和生活的农业转移人口举家进城落户，并与城镇居民有同等权利和义务；实施居住证制度，努力实现基本公共服务常住人口全覆盖；促进城乡公共资源均衡配置，健全农村基础设施投入长效机制，把社会事业发展重点放在农村和接纳农业转移人口较多的城镇，推动城镇公共服务向农村延伸。

城市公共服务设施是城市社会性服务业依托载体，是由政府直接或间接供给，服务于社会大众的教育、医疗、文体等城市社会性基础设施。城市公共服务设施具有强正外部效应特征，其供给及空间分布事关城市居民生活质量和社会公平，成为引导不同阶层社会群体空间竞争和冲突的重要因素，是国内外城市科学相关研究中的一个重要领域。基本公共服务范围，一般包括保障基本民生需求的教育、就业、社会保障、医疗卫生、计划生育、住房保障、文化体育等领域的公共服务，广义上还包括与人民生活环境紧密关联的交通、通信、公用设施、环境保护等领域的公共服务，以及保障安全需要的公共安全、消费安全和国防安全等领域的公共服务。本章以兰州市为例，选择基础教育、基础医疗、公共交通三个方面，综合评价兰州市基本公共服务水平及均等化程度，以期为促进兰州市域基本公共服务均等化、提供城市发展综合支撑能力提供科学基础。

第一节 兰州市基本公共服务设施分布现状

一、兰州市基础教育资源配置情况

兰州市地处西部，属于经济欠发达地区，教育质量及资源分配存在着严重的不均衡。为了推进基础教育均衡发展，兰州市政府制定并实施"兰州教育满意行动计划（2008~2014年）"、"兰州市中长期教育改革和发展规划纲要（2011~2020年）"。根据要求，兰州市坚持"一个中心带动、两个统筹发展、三个协调互动、五个整体提升"的教育发展总体原则，坚持优先发展、改革创新、提高质量、促进公平，推进义务教育均衡发展。2014年，全市普通高中招生2.31万人，初中学校招生3.46万人，普通小学招生3.54万人，特殊教育招生0.0036万人，幼儿园在园幼儿7.34万人。各类学校主要沿居民点和交通线布局（图4.1~图4.3），其中幼儿园281所，小学697所，初中127所，高中92所（表4.1），基础教育均等化具备了初步基础。

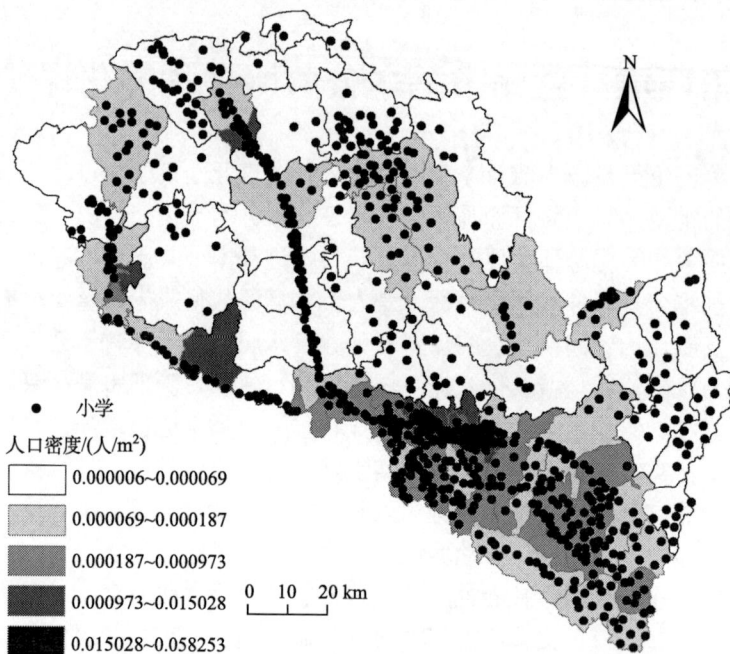

图 4.1 兰州市各县区小学空间分布

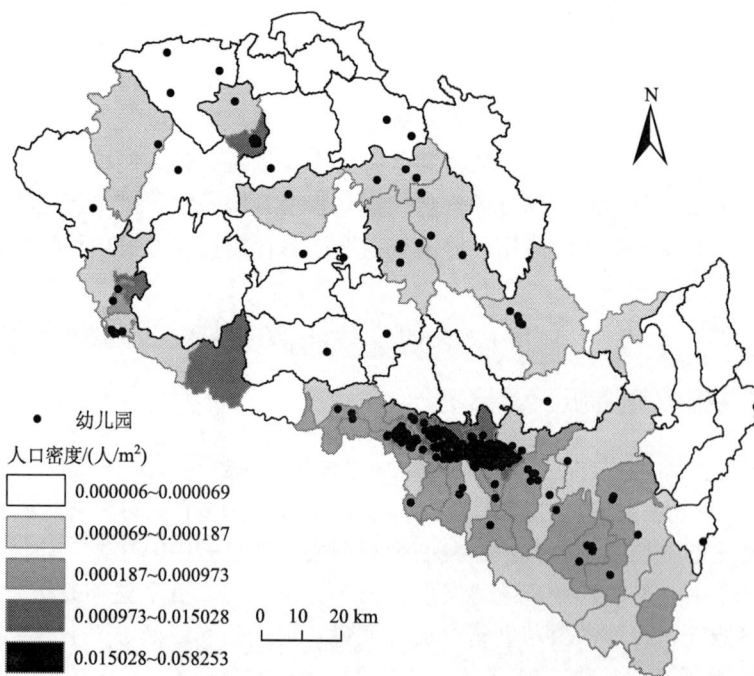

图 4.2 兰州市各县区幼儿园空间分布

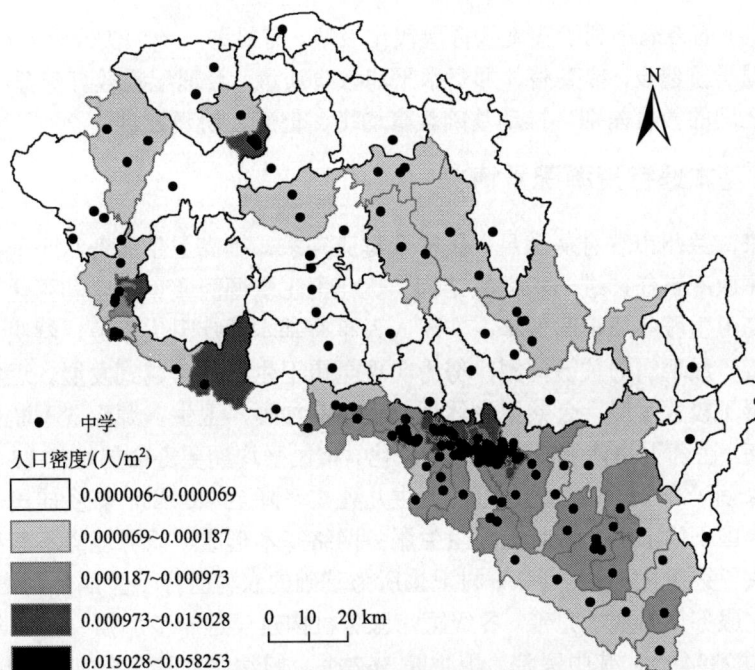

图 4.3　兰州市各县区中学空间分布

表 4.1　兰州市各类教育招生和在校生情况（2014 年）　（单位：万人）

指标	招生数	在校生数	毕业生数
研究生教育	0.99	2.91	0.86
普通高等教育	8.94	31.63	8.26
中等职业教育	2.08	6.96	2.73
普通高中	2.31	7.29	2.57
初中学校	3.46	10.54	3.38
普通小学	3.54	20.35	3.48
幼儿园		7.34	

　　虽然近年来兰州市政府对中小学建设的重视程度及资金投入不断加大，但仍存在许多问题，主要表现在：一是一些学校生源规模过小，办学效益低下，校舍资源浪费；二是由于人口流动的加剧，学校的生源状况越来越不平衡，办学规模差距越来越大，"袖珍学校"和"大校大班"的问题极不协调地同时存在，整个教育资源配置显得余缺不均；三是随着撤乡并镇、街道区划调整和行政机构的精简，原有的学校布点暴露出办学主体不明、办学职责不清的问题，导致部分地区学生就学不便；四是街道区划调整后使得一些学校对街道的服务区覆盖面积、服务人口太小太少甚至无法界定；五是块块分割体制带来了教师队伍结构的不合理性，从数量上看，城镇过多、农村不足，小学过多、初高中不足；从质量看，整个师资队伍尚不适应推进素质教育的要求；六是农村中小学布点

分散、规模过小的格局不利于实施教育现代化战略。需要进一步加快改善学校办学条件，加强城镇薄弱学校建设，提高整体师资水平和教育质量，合理配置教育资源，缩小城乡、区域和校际之间的教育差别，推动基础教育均衡、健康、协调发展。

二、兰州市基本医疗资源配置情况

长期以来，兰州市政府从满足人民群众健康需求、提高卫生服务水平入手，立足兰州实际，强化政府责任，进一步调整结构、优化卫生资源配置、健全和强化卫生服务网络，全面提高卫生服务质量和效率，实现人人享有基本医疗卫生服务，解决人民群众最关心、最直接、最现实的关键问题，努力实现全市卫生事业跨越式发展。近年来，全市卫生事业取得了较大发展，公共卫生体系建设不断加强，卫生资源配置不断优化，服务水平显著提高，医药卫生体制改革进一步深化。市民平均期望寿命男性达 73 岁、女性达75 岁；孕产妇死亡率降至 25.4/10 万，新生儿死亡率降至 7.04‰，城乡居民平均期望寿命总体高于全国平均水平。城乡医疗卫生服务网络基本形成，服务能力不断提高。以县级医院为龙头、乡镇卫生院为骨干、村卫生所为基础的农村医疗卫生服务网络基本建成。城市社区卫生服务体系基本完善，各级医疗服务机构建设进一步加强。2014 年年末全市共有卫生机构 2394 个，其中医院、卫生院 167 个，妇幼保健院（所、站）10 个，专科疾病防治院（所、站）2 个，社区卫生服务中心（站）228 个，医院布局与人口分布契合度较高（图 4.4~图 4.7）。医院、卫生院拥有床位 2.27 万张，卫生技术人员 3.09 万人，其中执业医师和执业助理医师 1.23 万人，注册护士 1.3 万人。社区卫生服务机构覆盖率达 90%以上。群众就医环境的改善和医疗保障水平的提升，实现了促进人民健康与发展卫生事业的双赢。

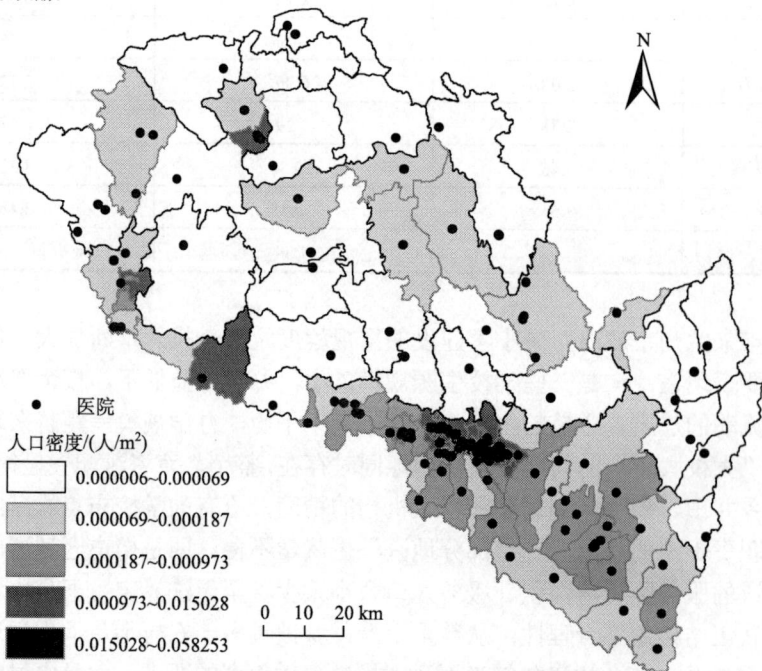

图 4.4　兰州市各县区医院空间分布

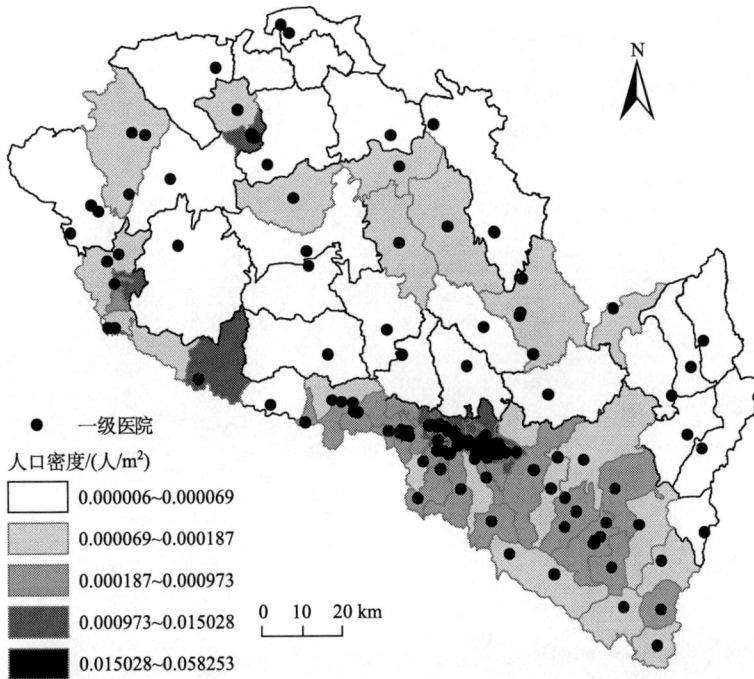

图 4.5　兰州市各县区一级医院空间分布

尽管兰州市医疗事业建设取得了较大成绩，但由于城市财政基础薄弱，城乡跨度大，基础医疗服务还存在以下问题：一是医疗卫生资源配置不合理，存在着高新技术、优秀卫生人才基本都集中在城市大医院，这不仅加重了大医院负担，也增加了患者经济负担，使大医院承担了基层医疗机构的任务，基层医疗机构作用却没有得到完全有效地发挥。二是公共卫生事业投入不足，承担社会公共卫生服务职能的卫生监督机构、防病防疫机构、妇幼保健机构的业务开展所需的经费部分要依靠向社会提供有偿服务来维持，有些妇幼保健机构甚至还处于差额补助状况，乡村两级预防保健人员报酬未得到较好解决，致使预防保健三级网络不完善，影响了正常工作的开展。三是基层卫生人员紧缺。目前，全市 61 所乡镇卫生院已全部完成改、扩、建，面临的是投入使用、产出效益的问题。虽然每年都选派大学生进入，人才培养力度也在逐年加大，但是，由于环境差、待遇低的原因，队伍不稳定，优秀人才的绝对值仍然较低，人才匮乏的局面尚未得到彻底改观。四是城市社区卫生服务机构业务用房问题比较突出，80%以上社区卫生服务机构的业务用房仍然是租赁的，直接影响社区卫生服务机构的生存和长远发展。五是群众健康观念缺乏有效指导，不良生活习惯相关的一些慢性非传染性疾病（高血压、心脑血管病、糖尿病、肿瘤等）发病率仍居高不下，反映出居民健康知识水平还有待提高，说明群众缺乏健康知识和良好生活行为的有效指导。

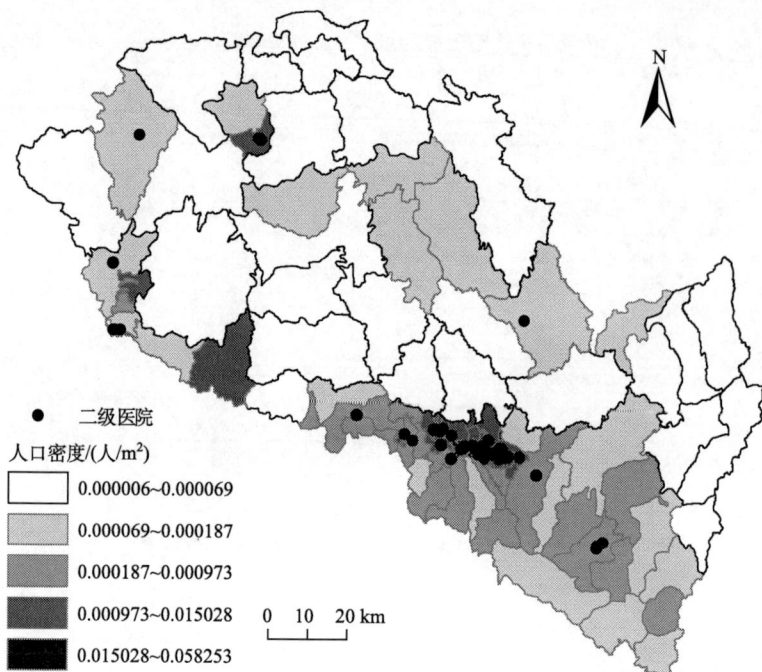

图 4.6 兰州市各县区二级医院空间分布

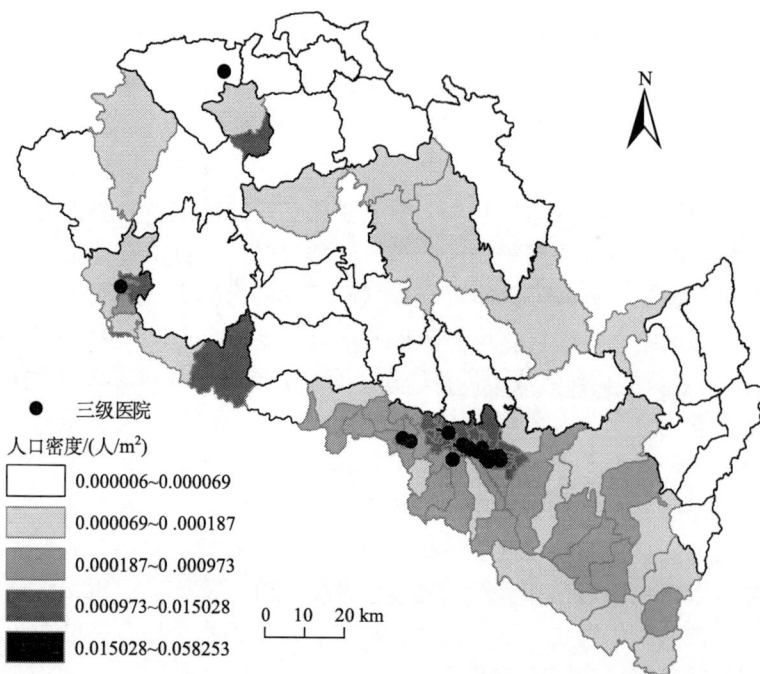

图 4.7 兰州市各县区三级医院空间分布

三、兰州市公共交通资源配置情况

近年来，兰州市围绕提升兰州的国家综合运输枢纽地位和完善城市功能，着力加快铁路、航空、公路、城市公共交通、城市路桥等交通基础设施建设，形成便捷、高效的综合交通网络。

（1）航空。围绕旅游、重要工矿企业和资源基地发展，开展了对兰州中川机场的改造，民航基础条件得到很大改善，以兰州中川机场为核心，敦煌、嘉峪关、庆阳、天水等机场为支撑的航空运输网络基本成型。国航、东航、海航等 10 家航空公司在兰州运营，开通到国内各大城市的航线 40 条左右，兰州民航通达通畅能力不断提升，服务广度向更深层次迈进。

（2）铁路。兰州是我国西北地区最大的铁路枢纽中心，兰州市境内有 4 条铁路干线，东为陇海线、西为兰新和兰青线、北为包兰线、铁路营运里程 356km，兰渝线、宝兰客专线、兰新第二双线、包兰二线、兰合铁路、兰州经中川至张掖城际等铁路相继建成，有 10 个方向的铁路在兰州交汇，成为中心枢纽站。

（3）公路。兰州市境内公路分布较多，有国道 6 条，省道 5 条，县道 22 条，乡道 44 条，总里程 6952km，基本形成以兰州为中心，11 条纵横干线为框架，辐射全省的公路运输网络。兰州作为甘肃高速公路网的中心，与全国高速公路联网，形成公路运输主通道。初具规模的公路网，外联陕、川、青、宁、新、内蒙古等省（区），内通 14 个地州市，并以市区为中心，相连县区乡镇、辐射广大城乡。全市现有农村公路 1477 条，总里程 5855km，其中：县乡公路 66 条、1370.4km，通村公路 1411 条、4484.58km。农村公路油路面（水泥路面）铺装里程已达 2704.2km，占全市农村公路总里程的 46.2%，实现了全市 61 个乡镇全部通四级或四级以上油路；786 个建制村全部通了公路，其中 668 个建制村通了油路或水泥路，占建制村总数的 85%；3945 个自然村中 1854 个通了油路或水泥路，占自然村总数的 47%。已初步形成以县乡公路为骨架的农村公路网络。

（4）市区道路。兰州市区拥有各级道路 409km，占规划道路的 46%。平均路网密度为 2.61km/km^2。其中主干路里程合计 188.49km。近年主要修建了九州、彭家坪、兰州新城区和雁滩等地区的城市道路，目前兰州市区现状拥有各级道路约 440km，约增加 3.5%，占规划道路比例约 49.5%；兰州市区各级道路投资建设稳步增长。西固路—西津路—庆阳路—东岗路（中部通道）、滨河南路、滨河北路是 3 条连接盆地内各组团重要的东西向道路。蜂腰地段总供给能力单向 8 条，供给能力严重不足；市区机动车跨黄河城市道路桥梁 6 座，总供给能力单向 11 条车道，城市对外出入口道路于盆地东西两端集中。

（5）城市公交。作为城镇居民主要出行方式的城市公交发展速度较快，车辆供给水平不断提高，供给线路不断丰富，服务水平不断提高。兰州城市公交现有运营线路 93 条，线路总长度 1076km，线网密度为 1.2km/km^2。车辆配置方面，拥有公交运营车辆共 2130 台（不包括八公司车辆）。停车面积约 171852m^2 左右（不含即将拆迁的西关什字 9866.7 m^2），首末站 112 个，其中所有权属公交的正规站房 54 个，占 48.2%，租用、借用、临时站房 58 个，占 51.8%。公交停靠站点 578 个。以 300m 半径计算，城关、七里河站点覆盖率约为 60.3%，西固、安宁区站点覆盖率约为 35.4%。

（6）存在问题。总体来看，由于航空建设、铁路建设、公路建设、管道建设、水路建设、城市建设不同步导致综合交通运输体系尚未形成有效协调的清晰框架，现有交通基础设施总体规模仍然很小，不能满足经济社会发展对交通运输不断增长的需求。主要表现为：县乡公路整体技术水平相对偏低，结构配置不太合理，油路面铺装率仍需提高；公交线网的覆盖率与目标值尚有一定的差距，特别是城乡结合部和新建区域覆盖率较低；城乡一体化公共交通系统不够发达，路网密度不高，布局不够合理，城际公交发展相对缓慢；公交停车场规模偏小，站场、站点系统还要进一步完善；快速公交占线路比例不高、整体运营速度偏低。

第二节　兰州市基本公共服务均等化评价模型及指标

一、公共服务均等化的科学内涵及理论基础

（一）基本公共服务均等化的科学内涵

基本公共服务是指建立在一定社会共识基础上能满足居民基本需求，一国全体公民不论其种族、收入和地位，都应该普遍享有公平可及的服务，具有非竞争性、非排他性、市场供应不足等特征。公共服务供给是政府职能的核心与实质，政府必须利用公共资源和财政资金为整个社会提供公平可及的服务。随着我国经济实力的增强和执政理念的变化，保障和改善民生成为加快转变经济发展方式的根本出发点和落脚点，推进基本公共服务均等化已成为政府工作的一个重心。推进基本公共服务均等化重在"均等"，难在"标准"，关键要形成完善的转移支付制度。讨论基本公共服务均等化的前提是要明确基本公共服务范围。理论界和政府在操作层面最关心的是何为"基本"，概括起来包括两层含义：第一，基本公共服务是公共服务中最基础、最核心的部分，与公民最关心、最直接、最现实的切身利益密切相关。基本公共服务是指一定阶段上维护本国经济社会稳定、基本的社会正义和凝聚力，保护个人最基本生存权和发展权所必须提供公共服务的最小范围和边界；第二，基本公共服务是政府公共职能的"底线"，由政府负最终责任，具有阶段性。随着经济发展水平和政府保障能力的提高，应逐步扩大。基本公共服务，指建立在一定社会共识基础上，由政府主导提供的，与经济社会发展水平和阶段相适应，旨在保障全体公民生存和发展基本需求的公共服务。享有基本公共服务属于公民的权利，提供基本公共服务是政府的职责。

（二）基本公共服务均等化的理论基础

公共服务均等化实际上是财政分权理论框架下的政府间财政均衡问题。公共服务均等化是公共财政的基本目标之一，是指政府为社会公众提供基本的、在不同阶段具有不同标准的，最终大致均等的公共物品和公共服务。一般来说，导致地区间财政差异的原因有两个，即财政努力的差异和财政能力的差异。前者与地方政府的财政效率及其实施的地方发展政策有紧密的联系，如建立纳税人收入监控体系的地方政府往往能降低纳税

人偷税、漏税的机会，从而提高征税效率；后者与地方经济发展水平及资源禀赋差异相关，在同等的税收努力程度下，贫困地区政府的财政能力大大弱于富裕地区，无法提供水平相同的公共服务。在一个统一的市场环境下，不能因纳税人身处的地区不同而受到政府不同等的"待遇"，否则将会使得生产要素向"待遇"更高的地区流动，从而扭曲资源配置的效果。基于公平与效率的兼顾，财政政策应致力于财政均衡，使每一个处于平等地位的人都得到"平等的财政对待"，即所有具有同等收入的个人得到相同的净财政剩余。然而，"平等的财政对待"是否意味着当两地政府拥有同等财力时，两地居民可以从消费公共服务中获得同等效用呢？其实，个人财政剩余的均等化并不等同于效用的均等化，收入水平、财富积累情况、职业、年龄、性别等因素均会对个人的公共服务需求产生影响，以城市公共交通为例，在个人财政剩余相等的情况下，收入水平更高的居民往往对城市道路的需求更大，对城市公交、地铁等公共交通工具的需求则相对较小，收入水平相对较低的居民则对公共交通工具的依赖更大（安体富和任强，2008）。因此，地方政府需要根据本地区居民的公共消费偏好提供相应的公共服务以提高整体社会福利水平。

二、公共服务均等化评价指标体系及指标计算

根据基本公共服务供给的主体和客体划分，基本公共服务非均等化可分为政府（主体）基本公共服务"供给不均"与公众（客体）对基本公共服务"享受不均"两个方面。在评价指标体系的选择与构建中，我们考虑了"供给不均"与"享受不均"两个方面。此外，本书指标选择坚持以下原则：①强调公共性特征；②便于空间比较，侧重于评价地区之间的不平等；③侧重于公共服务产出的评价。

具体指标构架：从公共服务均等化水平角度出发，以公共服务均等化指数为核心，构建 1 个一级指标，3 个方面指标，24 个基础指标的指标体系（表 4.2）。

表 4.2　兰州市公共服务均等化评价指标

总体层	标准层	指标	指标内涵	计算方法	数据来源	单位
公共服务综合指数	基本教育服务	幼儿园密度	反映居民就读幼儿园的便利性和可选择性。数值越大说明居民就读幼儿园的便利性高和选择机会多	幼儿园数量/区域总面积	基本统计成果、天地图	个/m²
		小学密度	反映居民就读小学的便利性和可选择性。数值越大说明居民就读小学的便利性高和选择机会多	小学数量/区域总面积	基本统计成果	个/m²
		中学密度	反映居民就读中学的便利性和可选择性。数值越大说明居民就读中学的便利性高和选择机会多	中学数量/区域总面积	基本统计成果	个/m²
		每万人幼儿园数	反映幼儿园在一定程度上对人口的承载能力。数值越大，说明幼儿园对人口的承载能力越高	幼儿园数×10000/区域总人口	基本统计成果、天地图数据	个/万人

续表

总体层	标准层	指标	指标内涵	计算方法	数据来源	单位
公共服务综合指数	基本教育服务	每万人小学数	反映小学在一定程度上对人口的承载能力。数值越大，说明小学对人口的承载能力越高	小学数量/区域总人口	基本统计成果	个/万人
		每万人中学数	反映中学在一定程度上对人口的承载能力。数值越大，说明中学对人口的承载能力越高	中学数量×10000/区域总人口	基本统计成果	个/万人
		每千人教师数	反映每位学生被服务的教师数，在一定程度上体现了教育规模的大小人力资源的利用效率	教师数×1000/区域总人口	统计年鉴	个/千人
		师生比	反映老师在一定程度上对人口的承载能力。数值越大，说明老师对人口的承载能力越高	教师数/学生数×100%	统计年鉴	
		教育支出占比	反映教育在财政支出中的地位	教育支出/财政总支出×100%	统计年鉴	
		幼儿园覆盖率	反映居民就读幼儿园的均等性，覆盖率越大，说明均等性越高	以幼儿园为中心，分别统计300m范围内居住小区、1200m范围内行政村数量/居住小区总数、行政村总数×100%	基本统计成果、天地图幼儿园数据	
		小学覆盖率	反映居民就读小学的均等性，覆盖率越大，说明均等性越高	以小学为中心，分别统计500m范围内居住小区、2000m范围内行政村数量/居住小区总数、行政村总数×100%	基本统计成果	
		中学覆盖率	反映居民就读中学的均等性，覆盖率越大，说明均等性越高	以中学为中心，分别统计1000m范围内居住小区、3000m范围内行政村数量/居住小区总数、行政村总数×100%	基本统计成果	
	基本医疗服务	医院密度	反映医院在一定程度上对人口的承载能力。数值越大，说明承载能力越高	医院个数/区域总面积	基本统计成果、第六次人口普查数据	个数/m²
		每万人病床数	反映居民就医的便利性和可选择性。数值越大说明居民就医的便利性高和选择机会多	病床数×10000/区域总人口	基本统计成果	个/万人
		每万人医生数	反映医院技术人员投入水平。数值越大说明技术人员投入水平越高	技术人员数×10000/区域总人口	统计年鉴、第六次人口普查数据	个/万人

续表

总体层	标准层	指标	指标内涵	计算方法	数据来源	单位
公共服务综合指数	基本医疗服务	每万人医院数	反映卫生机构可接纳住院病人的总体情况	医院数×10000/区域总人口	统计年鉴、第六次人口普查数据	个/万人
		医疗占比	反映公共卫生在财政支出中的地位	医疗支出/财政支出×100%	统计年鉴	
		医院覆盖率	反映居民就医的均等性,数值越大,说明就医均等性越高	以医院为中心,分别统计1000m范围内居住小区、3000m范围内行政村数量/居住小区总数、行政村总数×100%	基本统计数据	
	基本交通服务	公路密度	衡量一个地区道路数量和路网便捷程度。数值越大,说明该地区路网便捷程度越高	公路总里程/区域总面积	基本统计成果	m/m²
		城乡道路密度	表示单位面积上城市道路和乡村道路的总长度,反映地区内部道路的发展情况。数值越大,说明地区内部道路越密集	城乡道路总长度/区域总面积	基本统计成果	m/m²
		乡村道路硬化率	反映农村道路建设情况,数值越大说明农村道路建设水平越高	乡村硬化路总长度/乡村道路总长度×100%	基本统计成果	
		铁路拥有量	反映统计单元内可以利用铁路资源的机会,反映区域的铁路影响程度。数量越多,说明可利用的资源多	统计单元内拥有铁路的数量		个
		高速路拥有量	反映统计单元内可以利用高速公路资源的机会,反映区域的高速公路影响程度。数量越多,说明可利用的资源多	统计单元内拥有高速公路的数量	基本统计成果	个
		国道拥有量	反映统计单元内可以利用国道资源的机会,反映区域的国道影响程度。数量越多,说明可利用的资源多	统计单元内拥有国道的数量	基本统计成果	个

三、数据的标准化处理

为统一各指标的单位和量纲,本书采用极差法对数据标准化处理。本书所有指标都是正向指标,其标准化计算公式为

$$正向指标\ P_{it} = \frac{X_{it} - \min(X_i)}{\max(X_i) - \min(X_i)} \tag{4.1}$$

式中，P_{it} 为第 i 项指标在第 t 时间的标准化值；X_{it} 为第 i 项指标在第 t 时间的实际值；max（X_i）和 min（X_i）分别为第 i 项指标序列的最大值和最小值。

四、确定权重

本书采用熵值法确定各指标的权重，具体计算过程从略，权重计算结果如表 4.3 所示。

表 4.3　兰州市公共服务均等化评价指标权重

总体层	标准层	指标	权重	信息熵	冗余度
公共服务综合指数	基本教育服务	幼儿园密度	0.088	0.749	0.251
		小学密度	0.075	0.785	0.215
		中学密度	0.105	0.699	0.301
		每万人幼儿园数	0.048	0.863	0.137
		每万人小学数	0.040	0.885	0.115
		每万人中学数	0.029	0.917	0.083
		每千人教师数	0.023	0.935	0.065
		师生比	0.032	0.909	0.091
		教育支出占比	0.013	0.962	0.038
		幼儿园覆盖率	0.037	0.895	0.105
		小学覆盖率	0.007	0.981	0.019
		中学覆盖率	0.012	0.966	0.034
	基本医疗服务	医院密度	0.114	0.673	0.327
		每万人病床数	0.031	0.912	0.088
		每万人医生数	0.033	0.905	0.095
		每万人医院数	0.037	0.894	0.106
		医疗占比	0.011	0.968	0.032
		医院覆盖率	0.008	0.976	0.024
	基本交通服务	公路密度	0.021	0.941	0.059
		城乡道路密度	0.037	0.894	0.106
		乡村道路硬化率	0.017	0.951	0.049
		铁路拥有量	0.050	0.857	0.143
		高速路拥有量	0.085	0.756	0.244
		国道拥有量	0.050	0.857	0.143

五、计算公共服务综合指数

公共服务综合指数是基本教育服务、基本医疗服务、基本交通服务 3 个子系统评价指数的加权平均数。计算公式为

$$D = \sum_{i=1}^{n} Y_i \sum_{i=1}^{n} W_{ij} P_{ij} \qquad (4.2)$$

式中，D 为公共服务综合指数；Y_i 为第 i 子系统的权重；W_{ij} 为第 i 子系统第 j 指标的权重；P_{ij} 为第 i 子系统第 j 项指标的评价值。D 越接近 1，表示公共服务水平越高；同理，各子系统得分越高，表明该项公共服务的产出水平越高，供给能力越强；反之，表明该项公共服务的产出水平越低，供给能力越弱。

六、计算公共服务均等化指数

本书的侧重点是衡量不同评价单元的公共服务均等化程度。反映均等化程度的统计指标很多，如变异系数（coefficient of variation）、泰尔指数（theil index）和基尼系数（gini coefficient）。本书采用变异系数来反映兰州市公共服务均等化程度，利用变异系数的基本原理[式（4.3）]构建评价单元间公共服务均等化指数：

$$E_i = \frac{s_i}{\overline{y}_i} \qquad (4.3)$$

式中，E_i 为公共服务均等化指数；s_i 为各评价单元公共服务指数的样本标准差；$\overline{y}_i$ 为各评价单元公共服务指数的平均值。公共服务均等化指数 E_i 是一个逆指标，E_i 越大，则表示评价单元之间公共服务越不均等，反之则代表评价单元之间公共服务越均等。

第三节　兰州市公共服务综合水平评价结果

一、兰州市基本公共服务水平总体情况

国际经验表明，人均 GDP 从 1000 美元向 3000 美元的过渡时期，正是一个国家或地区公共服务需求快速扩张的时期。2014 年兰州市以常住人口计算的人均 GDP 已达 8516.91 美元（在甘肃省内仅次于嘉峪关市和酒泉市，位列第三；2014 年美元兑人民币平均汇率为 6.1428），城市化水平达到 78.34%，但是兰州城乡尤其是乡村地区的基本公共服务设施供能力与经济发展水平和城镇化水平很不相称，矛盾较大。

总体而言，兰州市基本公共服务指数呈显著的正偏态分布（图 4.8），约 57% 的街道/乡镇处于较低值区和低值区。兰州市街道、建制镇、乡的基本公共服务水平指数平均值分别为 0.19、0.17、0.16（表 4.4），街道的基本公共服务水平显著高于建制镇和乡，建制镇的基本公共服务水平高于乡，但二者差距并不大。从基础教育服务水平来看，兰州市街道、建制镇、乡的基础教育服务指数平均值分别为 0.18、0.14、0.13，表明基础教育服务水平在城市型社区与农村型社区之间存在巨大差异，但建制镇与乡之间差别不大；从基本医疗服务水平看，兰州市街道、建制镇、乡的基本医疗服务指数平均值分别为 0.12、0.12、0.10，

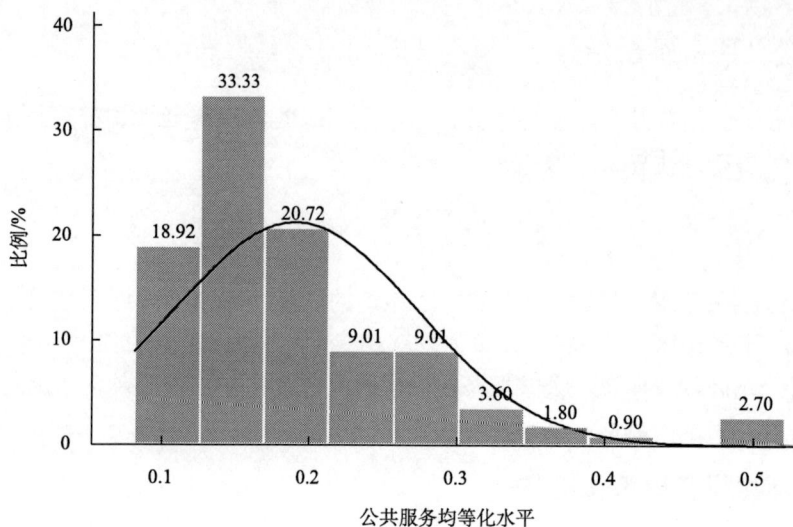

图 4.8 兰州市街道（乡镇）公共服务均等化水平频率分布直方图

表 4.4 公共服务指数描述性统计表

区县	类别	数目	基本公共服务水平指数				
			均值	标准差	中位数	最小值	最大值
城关区	街道	25	0.262	0.116	0.238	0.116	0.521
七里河区	街道	9	0.244	0.069	0.242	0.138	0.347
	建制镇	4	0.136	0.037	0.135	0.094	0.181
	乡	2	0.138	0.001	0.138	0.137	0.138
西固区	街道	4	0.204	0.046	0.200	0.152	0.264
	建制镇	2	0.171	0.025	0.171	0.153	0.189
	乡	4	0.182	0.018	0.188	0.157	0.196
安宁区	街道	8	0.155	0.051	0.131	0.118	0.264
红古区	街道	4	0.185	0.015	0.180	0.174	0.208
	建制镇	3	0.233	0.076	0.198	0.181	0.320
	乡	1	0.200				
永登县	建制镇	13	0.152	0.048	0.159	0.089	0.276
	乡	5	0.128	0.041	0.127	0.082	0.179
皋兰县	建制镇	6	0.178	0.047	0.158	0.135	0.255
	乡	1	0.165				
榆中县	建制镇	8	0.173	0.048	0.177	0.095	0.236
	乡	12	0.132	0.027	0.135	0.094	0.165

城市建成区的医疗服务水平与建制镇基本持平，而乡一级的医疗服务水平明显落后；公共交通方面，兰州市街道、建制镇、乡的公共交通服务指数平均值分别为0.25、0.24、0.21，街道优于乡镇，建制镇和街道之间水平接近，乡一级的公共交通服务能力明显不足。

兰州市基本公共服务指数在区县之间存在明显差异（图4.9）。城关区与西固区因人口密度大、建设历史长，基本公共服务设施配置较为齐全，覆盖度和可达性较高，基本公共服务指数最高，分别为0.63和0.52；七里河区、安宁区、红古区的基本公共服务指数分别为0.45、0.40、0.36，处于中等水平；永登县、皋兰县和榆中县的基本公共服务指数非常接近（0.23左右），基本公共服务能力低于市区（图4.10~图4.13）。从街道层次来看（图4.14），城关区、七里河区、西固区、安宁区、红古区的公共服务指数分别为0.26、0.24、0.20、0.16、0.19，城关区和七里河区较为接近，西固区和红古区较为接近，安宁区最低；从建制镇层次来看，七里河区、西固区、红古区、永登县、皋兰县、榆中县的公共服务指数分别为0.14、0.17、0.23、0.15、0.18、0.17，红古区花庄镇、永登县树屏镇和皋兰县忠和镇的公共服务水平较高，永登县苦水镇、河桥镇、连城镇上川镇和秦川镇，七里河区八里镇和彭家坪镇，榆中县高崖镇和青城镇的公共服务水平较低；从乡的层次来看，七里河区、西固区、红古区、永登县、皋兰县、榆中县的公共服务指数分别为0.14、0.18、0.2、0.12、0.16、0.13，榆中县新营乡和永登县遥远乡最低，红古区红古乡和西固区柳泉乡、达川乡和河口乡相对较高，七里河区、永登县、榆中县各乡的公共服务均等化水平较低。

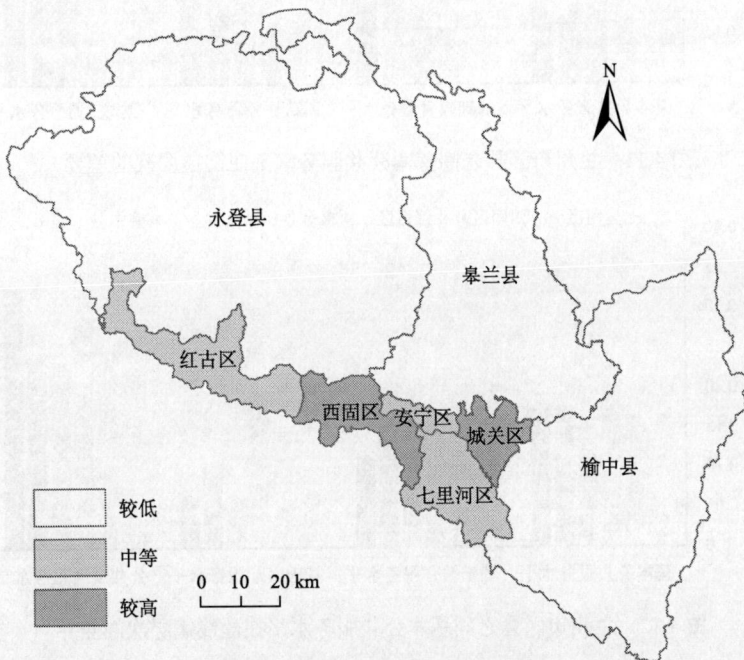

图4.9 兰州市基础公共服务水平空间分异（区县）

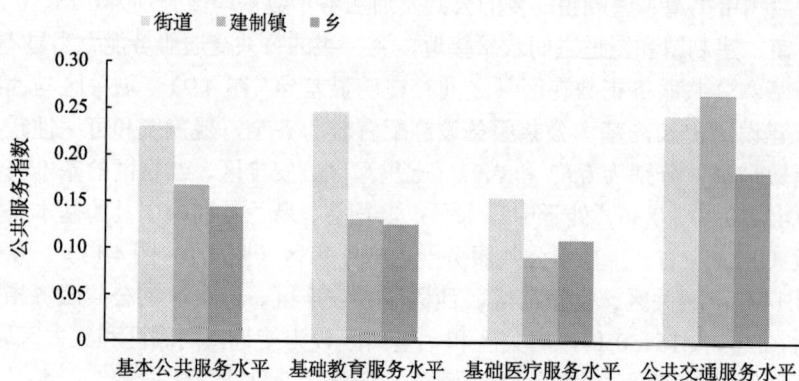

图 4.10　基本公共服务水平在街道、建制镇、乡之间的差异

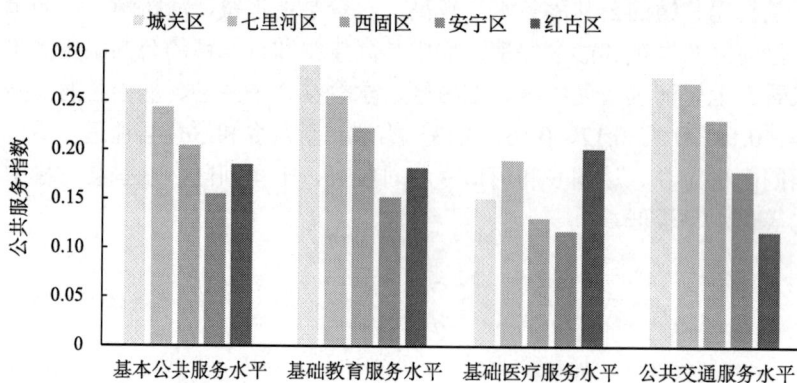

图 4.11　兰州市区县之间基本公共服务水平在街道层次的差异

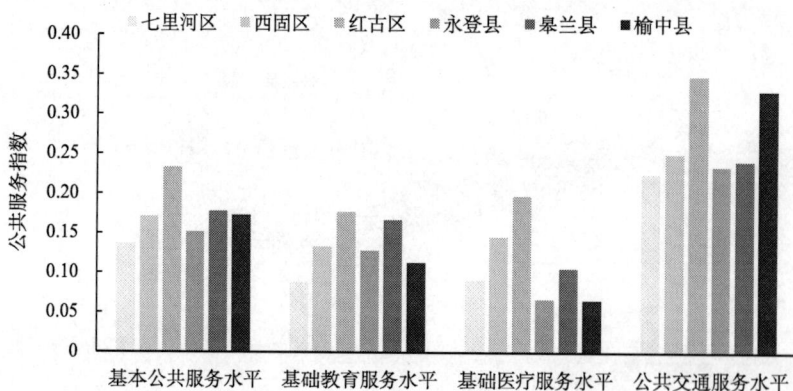

图 4.12　兰州市区县之间基本公共服务水平在建制镇层次的差异

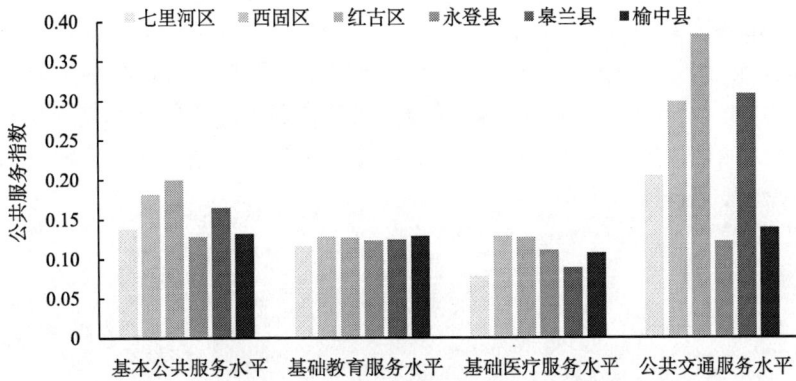

图 4.13 兰州市区县之间基本公共服务水平在乡一级的差异

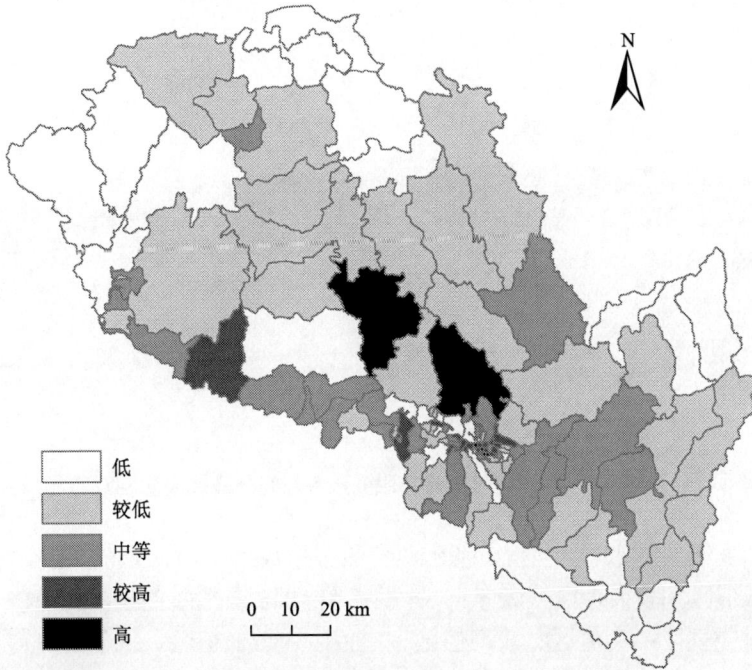

图 4.14 兰州市基本公共服务指数空间分异（街道/乡镇）

二、兰州市基础教育服务水平评价结果

基础教育通常是指中小学教育，受教育的对象是广大青少年儿童。基础教育特点是它的基础性和普及性。联合国教科文组织曾对基础教育作过一个定义性的论证认为，基础教育是向每个人提供并为一切人所共有的最低限度的知识、观点、社会准则和经验，其目的是使每个人都能发挥自己的潜力、创造性和批判精神，以实现自我的抱负和幸福，并成为一个有益的公民和生产者，对所属的社会发展贡献力量。基础教育服务指数是衡量城乡各类教育设施的建设水平、覆盖范围和保障能力，其大小与城镇建设历史长短、城市政府投入，以及人口密度分布有关。评价结果表明，城关区的基础教育服务指数为

0.31，在兰州市各区县中最高；西固区仅次于城关区，为 0.26；七里河区排第三位，为 0.19；安宁区、红古区、永登县、皋兰县和榆中县的基础教育服务指数分别为 0.19、0.18、0.16、0.16、0.13。相对而言，城关区、西固区的教育资源均等化指标属于较高水平，七里河区、安宁区和红古区属于中等水平，永登县、皋兰县、榆中县处于较低水平，区县之间有一定差异（图 4.15）。

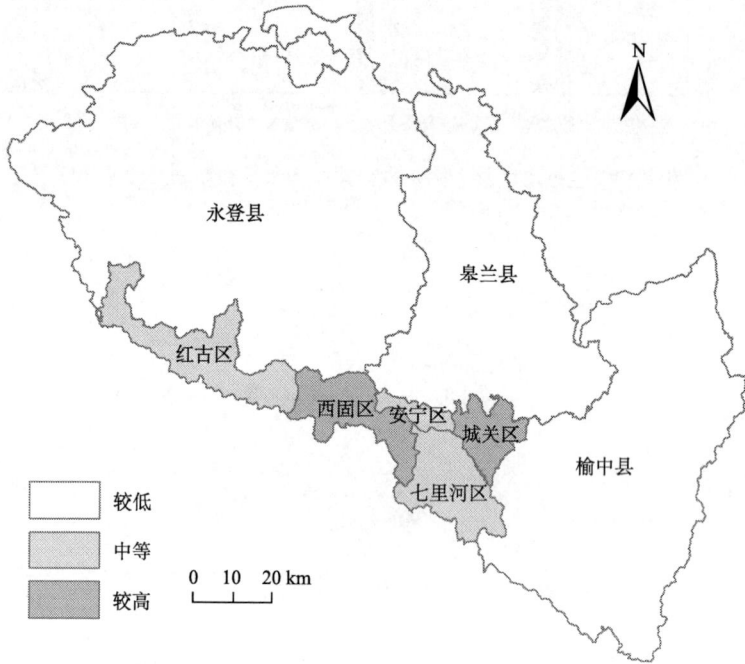

图 4.15　兰州市基础教育服务水平空间分异（区县）

从街道和乡镇层次来看，兰州市基础教育服务指数呈正偏态分布（图 4.16），近 61% 的样本进入低值区和较低值区（表 4.5）。根据 JENKS 自然断裂法，将经济发展质量指数划分为 5 种类型区：高值区、较高值区、中值区、较低值区、低值区，得到兰州市乡镇（街道）基础教育服务指数空间分布格局图（图 4.17）。其中，高值区一共 5 个街道，基础教育服务指数均值为 0.55，最大值为城关区酒泉路街道（0.67），最小值为城关区张掖路街道（0.47），主要分布在兰州城市中心区，占兰州市国土面积的 0.04%，占总评价单元数的 4.50%，包括城关区酒泉路街道、临夏路街道、铁路东村街道、铁路西村街道、张掖路街道。

较高值区有 13 个评价单元（表 4.6），基础教育服务指数均值为 0.55，最大值为七里河区西园街道（0.40），最小值为七里河区晏家坪街道（0.27），主要分布在城关区、七里河区和安宁区的城市中心区外缘，占兰州市国土面积的 0.45%，占总评价单元数的 11.71%，包括城关区 7 个街道，七里河区 5 个街道，西固区四季青街道。

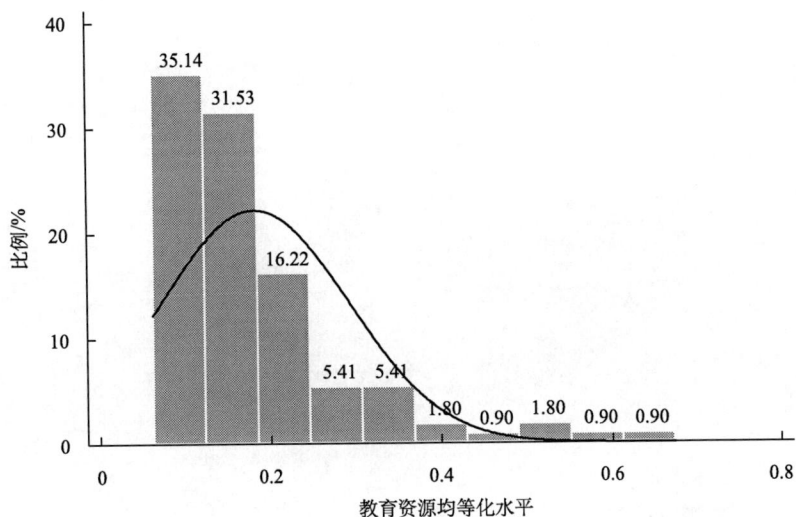

图 4.16 兰州市街道（乡镇）教育资源均等化水平频率分布直方图

表 4.5 兰州市基础教育服务指数描述性统计表

区县	类别	数目	基础教育服务水平指数				
			均值	标准差	中位数	最小值	最大值
城关区	街道	25	0.287	0.161	0.244	0.063	0.674
七里河区	街道	9	0.255	0.091	0.273	0.132	0.398
	建制镇	4	0.088	0.000	0.094	0.066	0.098
	乡	2	0.116	0.029	0.116	0.096	0.137
西固区	街道	4	0.223	0.058	0.204	0.179	0.306
	建制镇	2	0.133	0.023	0.133	0.117	0.148
	乡	4	0.128	0.046	0.130	0.077	0.176
安宁区	街道	8	0.152	0.088	0.119	0.062	0.326
红古区	街道	4	0.182	0.039	0.183	0.145	0.217
	建制镇	3	0.177	0.035	0.181	0.141	0.210
	乡	1	0.127				
永登县	建制镇	13	0.128	0.016	0.129	0.112	0.173
	乡	5	0.123	0.049	0.100	0.097	0.210
皋兰县	建制镇	6	0.167	0.032	0.171	0.117	0.208
	乡	1	0.124				
榆中县	建制镇	8	0.113	0.010	0.109	0.104	0.136
	乡	12	0.129	0.028	0.122	0.102	0.189

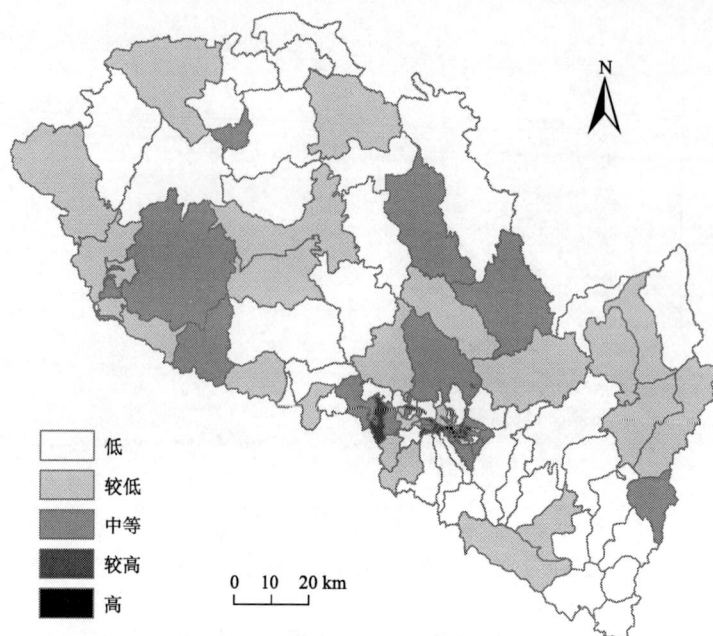

图 4.17 兰州市基础教育服务指数空间分异（街道/乡镇）

表 4.6 兰州市各乡镇（街道）基础教育服务指数分类表

类型区	划分标准	分类结果						
高值区（5）	0.45~0.68	城关区：酒泉路街道、临夏路街道、铁路东村街道、铁路西村街道、张掖路街道						
较高值区（13）	0.26~0.45	城关区：渭河路街道、皋兰路街道、团结新村街道、白银路街道、雁南街道、东岗西路街道						
		七里河区：西果园镇、龚家湾街道、西湖街道、建兰路街道晏家坪街道						
		安宁区：安宁西路街道						
		西固区：四季青街道						
中值区（25）	0.20~0.27	城关区：雁北街道、五泉街道、广武门街道、嘉峪关路街道、东岗街道、伏龙坪街道、拱星墩街道						
		七里河区：敦煌路街道、西站街道						
		安宁区：银滩路街道、培黎街道						
		西固区：陈坪街道、西柳沟街道、临洮街街道、柳泉乡						
		红古区：下窑街道、矿区街道、花庄镇、海石湾镇						
		永登县：七山乡、永登县城关镇						
		皋兰县：石洞镇、西岔镇、忠和镇						
		永登县：韦营乡						
较低值区（29）	0.13~0.20	城关区：草场街道、高新区街道、火车站街道、靖远路街道						
		七里河区：黄峪乡、土门墩街道、秀川街道						
		安宁区：刘家堡街道						
		西固区：金沟乡、新城镇						
		红古区：窑街道、华龙街道、平安镇、红古乡						
		永登县：连城镇、河桥镇、红城镇、上川镇、武胜驿镇、龙泉寺镇						
		皋兰县：什川镇、九和镇、水阜乡						
		榆中县：中连川乡、贡井乡、哈岘乡、榆中县城关镇、马坡乡、上花岔乡						

类型区	划分标准	分类结果
低值区（39）	0.02~0.12	城关区：青白石街道、焦家湾街道、盐场路街道
		七里河区：西果园镇、魏岭乡、彭家坪镇、八里镇、阿干镇
		安宁区：十里店街道、孔家崖街道、沙井驿街道、安宁堡街道
		西固：东川镇、达川乡、河口乡
		皋兰县：黑石镇
		永登县：树屏镇、中堡镇、苦水镇、大同镇、秦川镇、中川镇、柳树乡、民乐乡、坪城乡、遥远乡
		榆中县：龙泉乡、金崖镇、夏官营镇、甘草店镇、青城镇、定远镇、小康营镇、和平镇、园子岔乡、清水驿乡、高崖镇、连塔乡、新营乡

中值区有 25 个评价单元，基础教育服务指数均值为 0.20，最大值为城关区雁北街道（0.25），最小值为皋兰县忠和镇（0.17），主要分布在兰州城市向外扩展区，占兰州市国土面积的 17.22%，占总评价单元数的 22.52%，包括城关区 7 个街道，七里河区 2 个街道，安宁区 2 个街道，西固区 3 个街道 1 个乡，红古区 2 个街道 2 个镇，永登县七山乡、永登县城镇，皋兰县 3 个镇，榆中县韦营乡。

较低值区有 29 个评价单元，基础教育服务指数均值为 0.14，最大值为皋兰县什川镇（0.17），最小值为皋兰县水阜乡（0.12），主要分布在兰州城市外围县区，占兰州市国土面积的 34.82%，占总评价单元数的 26.13%，包括城关区 4 个街道，七里河区 2 个街道 1 个乡，安宁区刘家堡街道，西固区金沟乡、金城镇，红古区 2 个街道 1 镇 1 乡，永登县 6 个镇，皋兰县 2 镇 1 乡，榆中县 1 镇 5 乡。

低值区有 39 个评价单元，基础教育服务指数均值为 0.10，最大值为永登县树屏镇（0.12），最小值为安宁区安宁堡街道（0.06），主要分布在兰州城市外围经济发展条件和综合区位条件较差的地区，占兰州市国土面积的 47.47%，占总评价单元数的 35.14%，包括城关区 3 个街道，七里河区 4 镇 1 乡，安宁区 4 个街道，西固区 2 乡 1 镇，皋兰县黑石镇，永登县 6 镇 4 乡，榆中县 7 镇 6 乡。

各区县评价单元在不同值区的分布也有明显差异（图 4.18），城关区有 20% 的街道进入高值区，24% 的街道进入较高值区，中值区有 28%，较低值区 16%，青白石街道、焦家湾街道和盐场路街道是城关区基础教育服务的低洼区；七里河区有 33% 的街道进入较高值区和低值区，中值区有 13%，较低值区有 20%，七里河区西果园镇、魏岭乡、彭家坪镇、八里镇和阿干镇是基础教育服务提升的重点；安宁区各有 12.5% 的街道进入较高值区和较低值区，中值区占 25%，有 50% 的评价单元在低值区；西固区有 10% 的街道进入较高值区，40% 的街道属于中值区，20% 的街道在较低值区，另有 30% 的评价单元在低值区；红古区各有 50% 的评价单元在中值区和较低值区；永登县 11% 的乡镇在中值区，33% 的乡镇属于较低值区，56% 的乡镇进入低值区；皋兰县在中值区和较低值区分别有 43% 的乡镇，14% 的乡镇属于低值区；榆中县在中值区有 5% 的乡镇，30% 的乡镇属于较低值区，50% 的乡镇属于低值区，教育资源十分短缺。

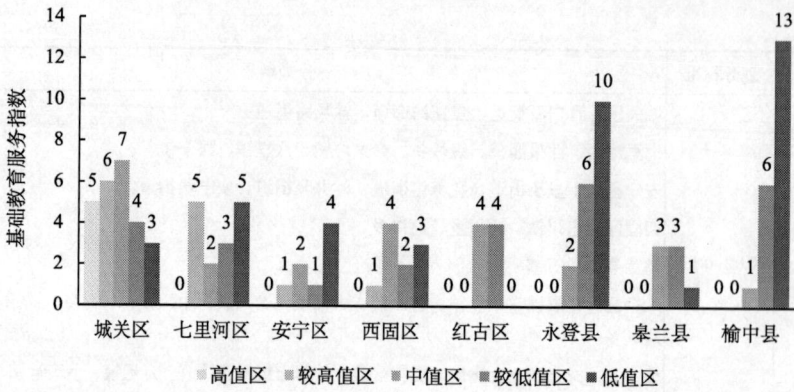

图 4.18　各县区评价单元在基础教育服务水平不同值区的分布

三、兰州市基本医疗服务水平评价结果

基本医疗服务指数衡量医疗服务设施的建设水平、覆盖范围和保障能力，其大小与人口密度分布有关。城关区的基本医疗服务指数最高，为 0.16；西固区为 0.15，七里河区的基本医疗服务指数紧跟西固区之后排第三位，为 0.14；安宁区、红古区、永登县、榆中县的基本医疗服务指数分别为 0.13、0.11、0.03、0.03，皋兰县的基本医疗服务指数在兰州市县区中明显落后，仅为 0.02。相对而言，城关区、西固区、七里河区的基本医疗服务水平属于较高水平，安宁区、红古区属于中等水平，永登县、榆中县和皋兰县处于较低水平，区县之间有一定差异（图 4.19）。

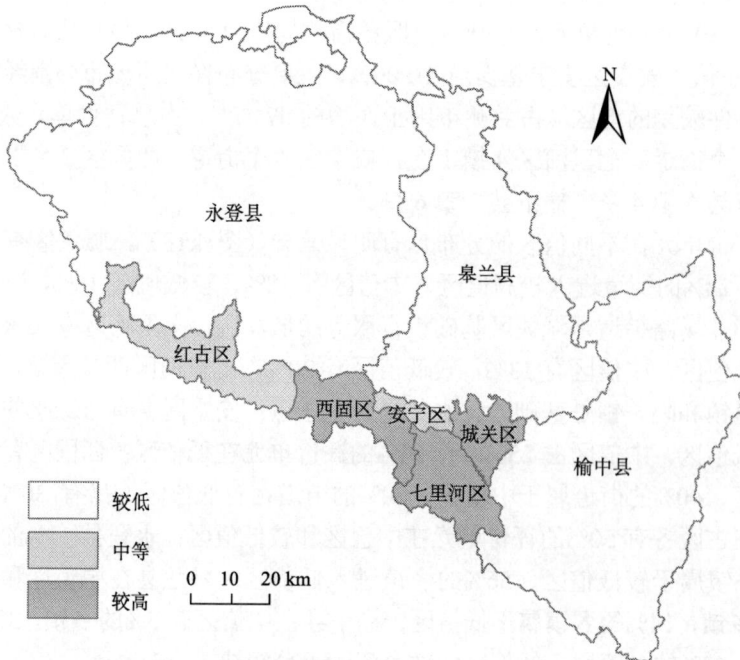

图 4.19　兰州市基本医疗服务指数空间分异（区县）

从街道和乡镇层次来看，基本医疗服务指数呈正偏态分布（图4.20），近65%的样本进入低值区和较低值区。根据 JENKS 自然断裂法，将经济发展质量指数划分为5种类型区：高值区、较高值区、中值区、较低值区、低值区，得到兰州市乡镇（街道）基本医疗服务均等化指数空间分布格局图（图4.21、表4.7、表4.8）。其中，高值区一共2个街道，基本医疗服务指数均值为 0.58，最大值为城关区临夏路街道（0.59），最小值为城关区铁路西村街道（0.58），主要分布在黄河谷地兰州城市建成区，占兰州市国土面积的0.02%，占总评价单元数的1.8%，包括城关区临夏路街道和铁路西村街道。

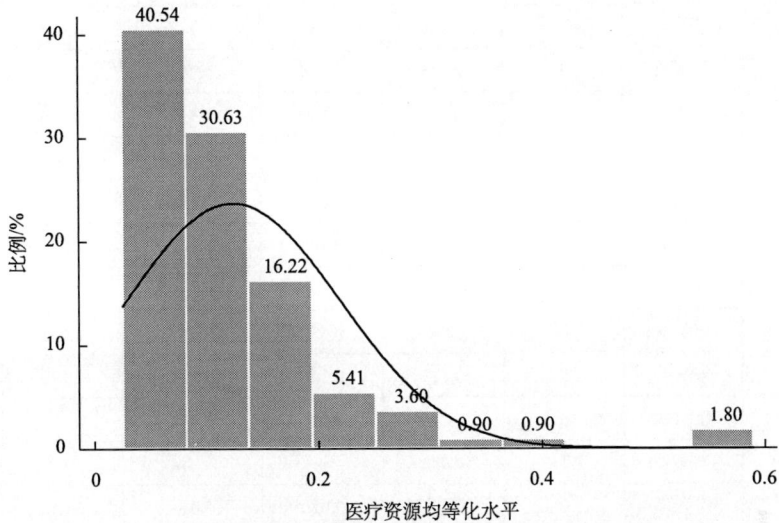

图 4.20 兰州市街道（乡镇）医疗资源均等化水平频率分布直方图

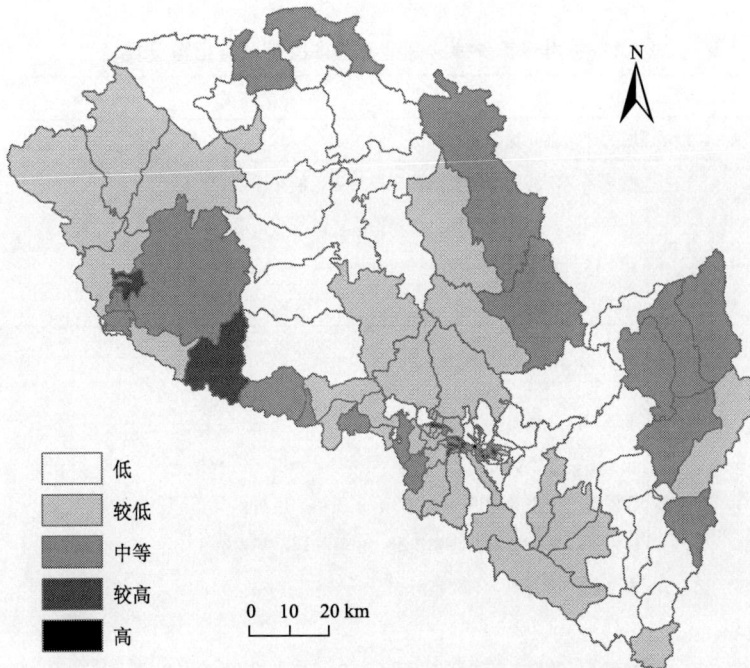

图 4.21 兰州市基本医疗服务指数空间分异（街道/乡镇）

表 4.7 兰州市基本医疗服务指数描述性统计表

区县	类别	数目	基本医疗服务水平指数				
			均值	标准差	中位数	最小值	最大值
城关区	街道	25	0.151	0.154	0.096	0.025	0.590
七里河区	街道	9	0.190	0.085	0.183	0.083	0.338
	建制镇	4	0.091	0.012	0.091	0.079	0.104
	乡	2	0.077	0.051	0.077	0.041	0.113
西固区	街道	4	0.131	0.061	0.117	0.073	0.217
	建制镇	2	0.146	0.029	0.146	0.126	0.166
	乡	4	0.129	0.030	0.127	0.095	0.168
安宁区	街道	8	0.118	0.062	0.087	0.072	0.239
红古区	街道	4	0.202	0.070	0.177	0.152	0.304
	建制镇	3	0.197	0.179	0.132	0.060	0.400
	乡	1	0.127				
永登县	建制镇	13	0.067	0.025	0.055	0.048	0.119
	乡	5	0.111	0.046	0.107	0.170	0.556
皋兰县	建制镇	6	0.106	0.045	0.081	0.071	0.167
	乡	1	0.088				
榆中县	建制镇	8	0.066	0.020	0.056	0.049	0.101
	乡	12	0.107	0.049	0.103	0.046	0.213

表 4.8 兰州市各乡镇（街道）基本医疗服务指数分类表

类型区	划分标准	分类结果
高值区（2）	0.40~0.60	城关区：临夏路街道、铁路西村街道
较高值区（10）	0.22~0.40	城关区：渭源路街道、铁路东村街道、酒泉路街道 七里河区：建兰路街道、西站街道、龚家湾街道、西湖街道 安宁区：安宁西路街道 红古区：花庄镇、窑街街道
中值区（27）	0.13~0.22	城关区：皋兰路街道、白银路街道、张掖路街道、团结新村街道、五泉街道、东岗西路街道、雁南街道 七里河区：西园街道、敦煌路街道 安宁区：培黎街道 西固区：四季青街道、金沟乡、东川镇、达川乡 红古区：华龙街道、下窑街道、矿区街道、平安镇 皋兰县：黑石镇、石洞镇 永登县：七山乡、坪城乡 榆中县：哈岘乡、韦营乡、上花岔乡、贡井乡、园子岔乡

续表

类型区	划分标准	分类结果
较低值区（36）	0.08~0.13	城关区：嘉峪关路街道、拱星墩街道 七里河区：黄峪乡、秀川街道、彭家坪街道、八里镇、土门墩街道、西果园镇、晏家坪街道、阿干镇 安宁区：刘家堡街道、十里店街道、孔家崖街道、银滩路街道 西固区：新城镇、柳泉乡、陈坪街道、西柳沟街道、河口乡 红古区：红古乡 永登县：河桥镇、永登县城关镇、民乐乡、连城镇、遥远乡、树屏镇 皋兰县：水阜乡、西岔镇、九和镇、忠和镇 榆中县：中连川乡、榆中县城关镇、马坡乡、定远县、连塔乡、龙泉乡
低值区（36）	0.02~0.08	城关区：草场街道、靖远路街道、伏龙坪街道、东岗街道、盐场路街道、广武门街道、焦家湾街道、雁北街道、火车站街道、高新区街道、青白石街道 七里河区：魏岭乡 安宁区：沙井驿街道、安宁堡街道 西固区：临洮街街道 红古区：海石湾镇 皋兰县：什川镇 永登县：龙泉寺镇、中堡镇、柳树乡、上川镇、秦川镇、中川镇、红城镇、大同镇、苦水镇、武胜驿镇 榆中县：和平镇、夏官营镇、甘草店镇、高崖镇、青城镇、清水驿乡、新营乡、金崖镇、小康营乡

较高值区有 10 个评价单元，基本医疗服务指数均值为 0.28，最大值为红古区花庄镇（0.40），最小值为七里河区西湖街道（0.22），主要分布在城关区、七里河区和安宁区的城市中心区外缘，占兰州市国土面积的 1.95%，占总评价单元数的 9%，包括城关区 3个街道，七里河区 5 个街道，安宁区安宁西路街道，红古区花庄镇和窑街道。

中值区有 27 个评价单元，基本医疗服务指数均值为 0.16，最大值为西固区四季青街道（0.22），最小值为西固区达川乡（0.13），占兰州市国土面积的 25.20%，占总评价单元数的 24.32%，包括城关区 7 个街道，七里河区 2 个街道，西固区 2 镇 2 乡，安宁区培黎街道，红古区 4 个镇，永登县七山乡和坪城乡，皋兰县黑石镇和石洞镇，榆中县 5 个乡。

较低值区有 36 个评价单元，基本医疗服务指数均值为 0.10，最大值为红古区红古乡（0.13），最小值为皋兰县忠和镇（0.08），主要分布在兰州城市外围县区，占兰州市国土面积的 33.77%，占总评价单元数的 32.43%，包括城关 2 个街道，七里河区 3 个街道 4镇 1 乡，西固区 2 个街道 1 镇 2 乡，安宁区 4 个街道，红古区红古乡，永登县 4 镇 2 乡，皋兰县 3 镇 1 乡，榆中县 2 镇 4 乡。

低值区有 36 个评价单元，基本医疗服务指数均值为 0.05，最大值为安宁区沙井驿街道（0.073），最小值为城关区青白石街道（0.025），主要分布在兰州城市外围经济发展条件和综合区位条件较差的地区，占兰州市国土面积的 39.06%，占总评价单元数的

32.43%，包括城关区 11 个街道，七里河区魏岭乡，安宁区 2 个街道，西固区临洮街街道，红古区海石湾镇，皋兰县什川镇，永登县 9 镇 1 乡，榆中县 6 镇 3 乡。

各区县评价单元在基本医疗服务水平不同值区的分布也有明显差异（图 4.22），城关区有 8%的街道进入高值区，12%的街道进入较高值区，中值区有 28%，较低值区 8%，有 44%的街道处于低值区；七里河区有 27%的街道进入高值区，13%的街道进入中值区，较低值区各有 53%，有 7%的评价单元为低值区，七里河区的魏岭乡为医疗发展的重点；安宁区各有 12.5%的街道进入较高值区和中值区，50%的街道属于较低值区，另有 25%的街道在较低值区；西固区有 40%的街道进入中值区，较低值区占 50%，有 10%的评价单元在低值区；红古区有 25%的评价单元在较高值区，50%的评价单元在中值区，较低值区和低值区各占 12.5%；永登县 11%的乡镇在中值区，33%的乡镇属于较低值区，56%的乡镇进入低值区；皋兰县有 29%的乡镇进入中值区，57%的乡镇属于较低值区，14%的乡镇在低值区；榆中县在中值区有 25%的乡镇，30%的乡镇属于较低值区，45%的乡镇属于低值区。

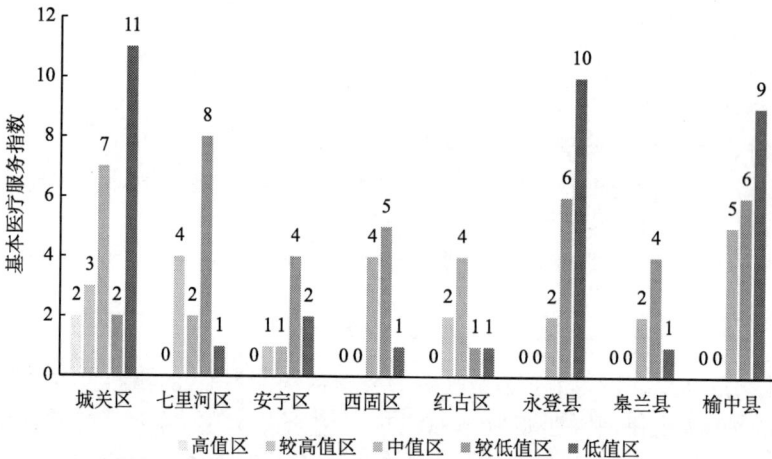

图 4.22　各县区评价单元在基本医疗服务指数不同值区的分布

四、兰州市公共交通服务水平评价结果

城市公共交通是在城市及其郊区范围内，为方便公众出行，用客运工具进行的旅客运输。城市公共交通是城市交通的重要组成部分，对城市政治经济、文化教育、科学技术等方面的发展影响极大，也是城市建设的一个重要方面。公共交通服务指数衡量城乡交通服务设施的建设水平、覆盖范围和保障能力。比较而言，城关区的公共交通服务水平最高，指数为 0.16；七里河区为 0.12，仅次于城关区；西固区排第三位，为 0.11；安宁区、榆中县、红古区的公共交通服务指数分别为 0.08、0.08、0.07；皋兰县和永登县的交通资源布局相对不合理，公共交通服务指数均为 0.04。相对而言，城关区、七里河区、西固区的公共交通服务能力属于较高水平，安宁区、榆中县和红古区属于中等水平，皋兰县和永登县处于较低水平，区县之间有一定差异（图 4.23）。

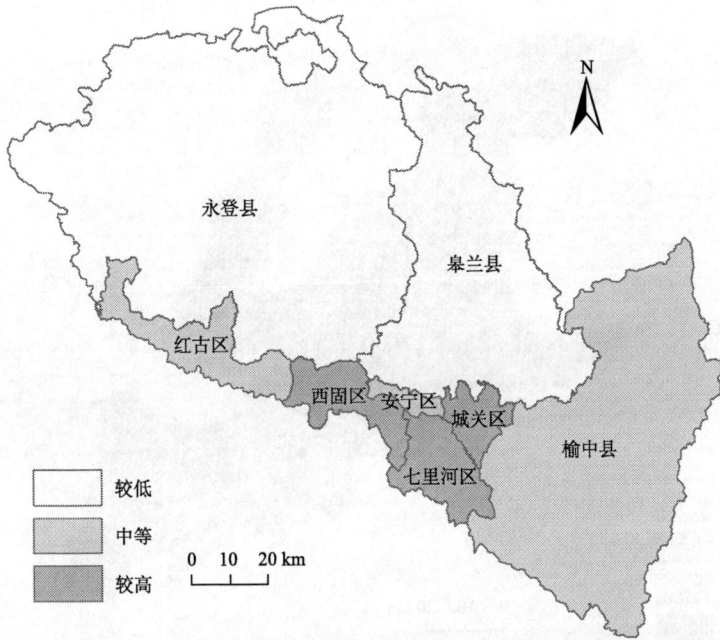

图 4.23 兰州市公共交通服务指数空间分异（区县）

从街道和乡镇层次来看，兰州市公共交通服务指数呈正态分布（图 4.24），近 39% 的样本进入低值区和较低值区。根据 JENKS 自然断裂法，将经济发展质量指数划分为 5 种类型区：高值区、较高值区、中值区、较低值区、低值区，得到兰州市乡镇（街道）公共交通服务指数空间分布格局图（图 4.25、表 4.9、表 4.10）。其中，高值区一共 16 个街道，公共服务交通指数均值为 0.43，最大值为皋兰县中和镇（0.52），最小值为西固区达川乡（0.38），主要分布在黄河谷地兰州城市建成区，占兰州市国土面积的 13.93%，占总评价单元数的 14.41%，包括城关区 4 个街道、七里河区 2 个街道、西固区 2 个乡、红古区 1 乡 1 镇、皋兰县 1 镇、永登县 1 个镇、榆中县 4 个镇。

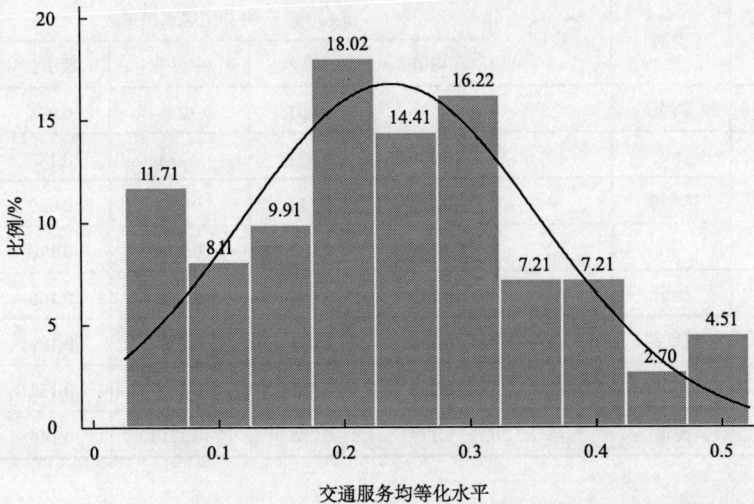

图 4.24 兰州市街道（乡镇）交通服务均等化水平频率直方分布图

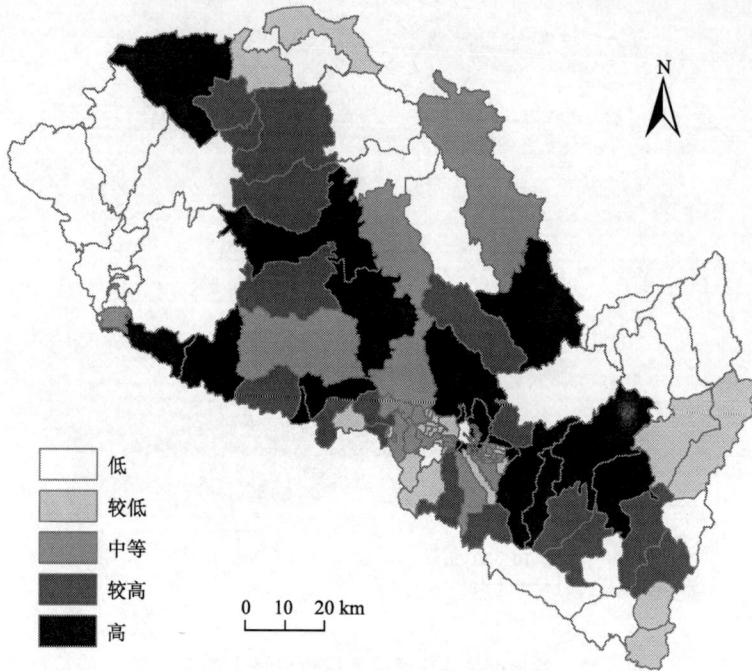

图 4.25　兰州市公共交通服务指数空间分异（街道/乡镇）

　　较高值区有 26 个评价单元，公共交通服务指数均值为 0.31，最大值为七里河区西果园镇（0.36），最小值为七里河区阿干镇（0.28），占兰州市国土面积的 27.1%，占总评价单元数的 23.42%，包括城关区 5 个街道，七里河区 1 个街道、2 个建制镇，红古区 2 个建制镇，西固区西柳沟街道、新城镇和柳泉乡，永登县 6 镇和 1 乡，皋兰县水阜乡和石洞镇，榆中县 2 镇 2 乡。

表 4.9　兰州市公共交通服务指数描述性统计表

区县	类别	数目	公共交通水平指数				
			均值	标准差	中位数	最小值	最大值
城关区	街道	25	0.276	0.097	0.258	0.098	0.502
七里河区	街道	9	0.270	0.092	0.238	0.180	0.421
	建制镇	4	0.225	0.119	0.232	0.080	0.356
	乡	2	0.205	0.050	0.205	0.170	0.240
西固区	街道	4	0.232	0.059	0.228	0.166	0.306
	建制镇	2	0.250	0.071	0.250	0.199	0.300
	乡	4	0.298	0.115	0.336	0.138	0.382
安宁区	街道	8	0.179	0.028	0.171	0.144	0.230

续表

区县	类别	数目	公共交通水平指数				
			均值	标准差	中位数	最小值	最大值
红古区	街道	4	0.118	0.060	0.096	0.075	0.206
	建制镇	3	0.348	0.035	0.349	0.312	0.382
	乡	1	0.383				
永登县	建制镇	13	0.234	0.145	0.306	0.046	0.514
	乡	5	0.122	0.117	0.066	0.027	0.313
皋兰县	建制镇	6	0.241	0.166	0.232	0.053	0.522
	乡	1	0.308				
榆中县	建制镇	8	0.330	0.133	0.353	0.107	0.489
	乡	12	0.139	0.090	0.120	0.026	0.326

表 4.10 兰州市各乡镇（街道）公共交通服务指数分类表

类型区	划分标准	分类结果
高值区（16）	0.37~0.55	城关区：盐场路街道、广武门街道、延北街道、东岗街道 七里河区：西湖街道、西园街道 西固区：河口乡、达川乡 红古区：红古区、花庄镇 永登县：树屏镇 皋兰县：忠和镇 榆中县：和平镇、定远镇、金崖镇、夏官营镇
较高值区（26）	0.27~0.37	城关区：青白石街道、白银路街道、张掖路街道、临夏路街道、酒泉路街道 七里河区：西果园镇、晏家坪街道、阿干镇 西固区：西柳沟街道、新城镇、柳泉乡 红古区：海石湾镇、平安镇 永登县：中堡镇、永登县城关镇、大同镇、柳树乡、龙泉寺镇、红城镇、武胜驿镇 皋兰县：水阜乡、石洞镇 榆中县：清水驿乡、甘草店镇、榆中县城关镇、连塔乡
中值区（26）	0.20~0.27	城关区：皋兰路街道、雁南街道、火车站街道、嘉峪关路街道、铁路东村街道、铁路西村街道、五泉街道、渭源路街道、焦家湾街道、草场街道、东岗西路街道、伏龙坪街道 七里河区：敦煌路街道、魏岭乡、秀川街道、建兰路街道、西站街道 安宁区：安宁堡街道、沙井驿街道 西固区：陈坪街道、四季青街道 红古区：华龙街道 皋兰县：九和镇、黑石镇 永登县：中川镇、苦水镇

类型区	划分标准	分类结果
较低值区（21）	0.13~0.20	城关区：团结新村街道、高新区街道、拱星墩街道 七里河区：八里镇、土门墩街道、龚家湾街道、黄峪乡 安宁区：银滩路街道、孔家崖街道、培黎街道、刘家堡街道、十里店街道、安宁西路街道 西固区：东川镇、临洮街街道、金沟乡 永登县：坪城乡 榆中县：高崖镇、龙泉乡、中连川乡、贡井乡
低值区（22）	0.02~0.12	城关区：靖远路街道 七里河区：彭家坪镇 红古区：窑街街道、矿区街道、下窑街道 皋兰县：什川镇、西岔镇 永登县：七山乡、秦川镇、民乐乡、连城镇、河桥镇、上川镇、遥远乡 榆中县：韦营乡、小康营乡、新营乡、青城镇、哈岘乡、马坡乡、上花岔乡、园子岔乡

中值区有 26 个评价单元，公共交通服务指数均值为 0.23，最大值为城关区皋兰路街道（0.27），最小值为城关区伏龙坪街道（0.20），占兰州市国土面积的 13.44%，占总评价单元数的 23.42%，包括城关区 12 个街道、七里河区 4 个街道 1 个乡、西固区 2 个街道、安宁区 2 个街道、红古区华龙街道、永登县中川镇和苦水镇、皋兰县九合镇和黑石镇。

较低值区有 21 个评价单元，公共交通服务指数均值为 0.15，最大值为西固区东川镇（0.20），最小值为西固区金沟乡（0.14），主要分布在兰州城市外围县区，占兰州市国土面积的 8.84%，占总评价单元数的 18.92%，包括城关 3 个街道，七里河区 1 个街道、2 个建制镇和 1 个乡，西固区 1 个街道、1 个建制镇和 1 个乡，安宁区 6 个街道，永登县坪城乡，榆中县 3 个乡 1 个建制镇。

低值区有 22 个评价单元，公共交通服务指数均值为 0.07，最大值为榆中县韦营乡（0.12），最小值为榆中县园子岔乡（0.03），主要分布在兰州城市外围经济发展条件和综合区位条件较差的地区，占兰州市国土面积的 36.682%，占总评价单元数的 19.82%，包括城关区靖远路街道、七里河区彭家坪镇、红古区 3 个街道、皋兰县 2 个镇、永登县 4 镇 3 乡、榆中县 1 镇 7 乡。

各区县评价单元在不同值区的分布也有明显差异（图 4.26），城关区有 16% 的街道进入高值区，20% 的街道进入较高值区，中值区有 48%，较低值区 12%，低值区 4%，靖远路街道是城关区城市交通资源的低洼区；七里河区有 13% 的街道进入高值区，较高值区有 20%，中值区有 33%，13% 的评价单元为较低值区，7% 的评价单元为低值区，七里河区彭家坪镇为交通发展的重点；西固区各有 20% 的评价单元进入高值区和中值区，较高值区和较低值区各占 30%；安宁区有 25% 的街道进入中值区，75% 的街道属于较低值区；红古区各有 25% 的评价单元在高值区和较高值区，中值区占 12.55%，剩余 37.5% 都在低值区；永登县各有 6% 的乡镇在高值区和较低值区，较高值区和低值区各占 39%，

11%的乡镇进入中值区；皋兰县在较高值区、中值区和低值区分别有 29%的乡镇，其余的都进入高值区；榆中县高值区、较高值区和较低值区个有 20%的乡镇，40%的乡镇属于低值区，交通发展严重滞后。

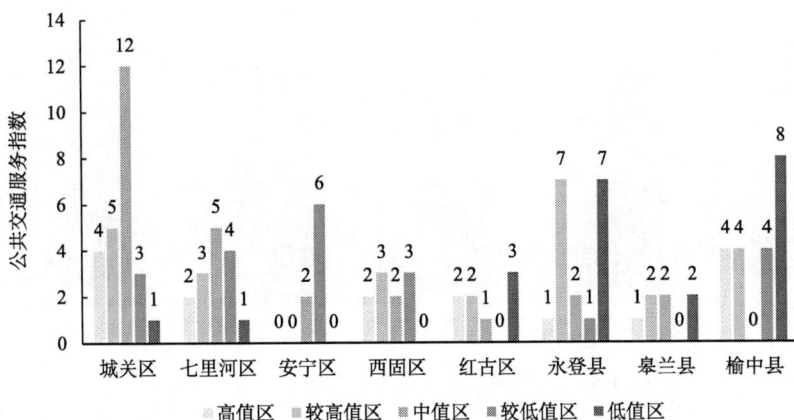

图 4.26 各县区评价单元在公共交通服务指数不同值区的分布

第四节 兰州市公共服务均等化程度评价

基本公共服务均等化，指全体公民都能公平地获得大致均等的基本公共服务，其核心是机会均等，而不是简单的平均化和无差异化。本书中，我们首先测算了各评价单元的基本公共服务水平指数，在此基础上通过计算变异系数来衡量基本公共服务水平在空间上的差异性和不均等性。

一、区县之间的公共服务均等化比较

兰州市下辖五个市辖区和三个市辖县，城市化区域与乡村型区域交错，经济发展水平和人口分布存在极大的不均质性。各个区县政府自身财力的差异，以及它们受到上级政府的财力倾斜和支持幅度的差异，共同影响到区县一级政府提供公共服务产品的能力，从而造成基本公共服务在供给方面的不均等；从公共服务享受的角度看，由于居民点距离不同公共辐射设施远近的不同，造成不同群体对公共服务享用感知程度的差异。评价结果表明（图 4.27），兰州市区县之间的基本公共服务存在较大的不均等性，变异系数达到 0.39。其中，基本医疗服务的不均等性最为严重，变异系数超过 0.60，基本医疗服务水平最高的城关区超过最低的皋兰县近 8 倍；其次是公共交通服务水平的不均等性，变异系数接近 0.50，最高值与最低值之间相差 4 倍；基础教育服务水平的不均等性程度相对较低，反映出各地政府都将教育作为社会事业建设的重点予以加强，但由于结构性原因，基础教育服务水平的变异系数也接近 0.30，最高值与最低值之间相差超过 2 倍。

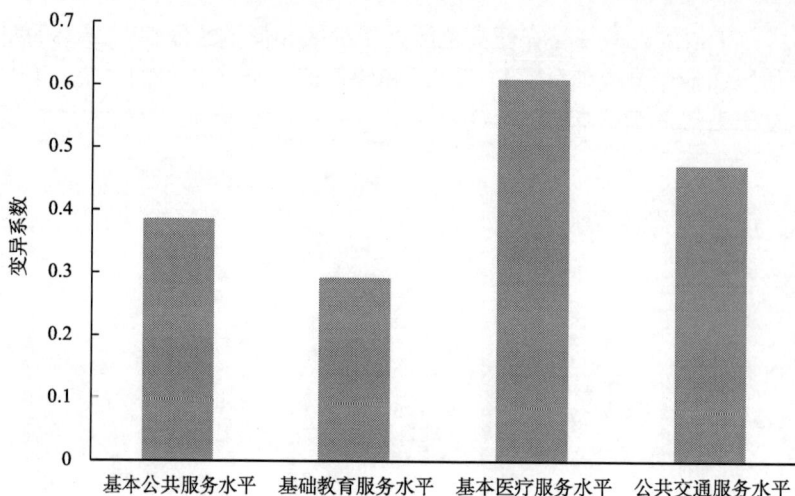

图 4.27　兰州市区县之间公共服务水平变异系数

二、街道之间的公共服务均等化比较

街道作为我国最底层最基本的城市化行政区，是城市化各类建设的基本承载区，各类公共服务设施相对比较完善，而且与居民点分布有较高的契合度。但是，不同公共服务设施的布局有其覆盖和辐射范围，其服务能力存在明显的距离衰减效应，因此造成相邻街道公共服务设施分布高峰区与低洼区交错并存的局面，从而导致兰州市域街道之间公共服务水平存在严重的不均等性。变异系数计算结果表明（图 4.28），兰州市街道之间公共服务水平差异系数达到 0.42，是区县、街道、建制镇、乡等四个行政区中差异最大的。其中，基本医疗服务的不均等性最为严重，变异系数超过 0.75，基本医疗服务水平最高的城关区临夏路街道超过最低的青白石街道 23 倍；其次是基础教育服务水平的不

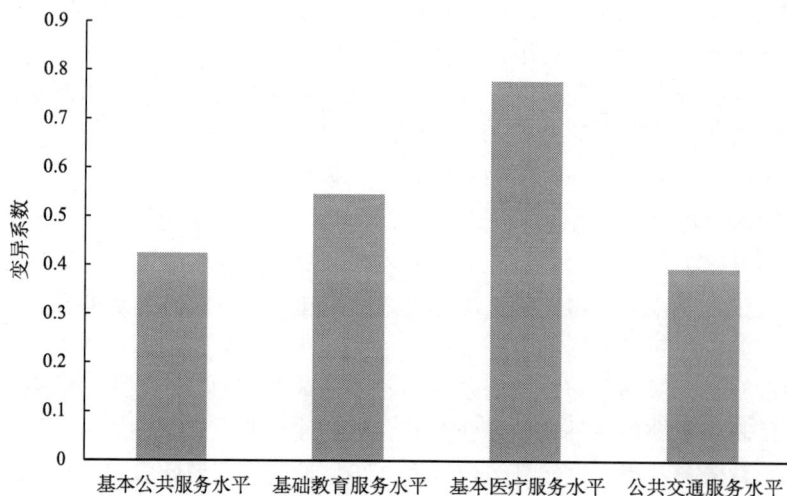

图 4.28　兰州市街道层面公共服务水平变异系数

均等性，变异系数为 0.55，最高值城关区酒泉路街道与最低值安宁区安宁堡街道之间相差 10 倍；公共交通服务水平的不均等性程度相对较低，主要是近年来以市区为重点加强城市公交系统建设，但由于公交线路和站点布局方面存在不合理之处，以及不同街道距离机场、火车站、高速公路出口的可达性差异，公共交通服务水平的变异系数也接近 0.40，最高值城关区盐场路街道与最低值红古区下窑街道之间相差超过 6 倍。

三、建制镇之间的公共服务均等化比较

建制镇是城市化初期阶段的一种城镇建制。我国 1984 年起新规定的建镇基本条件是：县级政府所在地和非农业人口占全乡总人口 10%以上、其绝对数超过 2000 人的乡政府驻地，并允许各省（市、区）根据实际状况对建镇条件作适当调整；中国学术界认为，设镇（建制镇）的具体标准为：聚居常住人口在 2500 人以上，其中非农业人口不低于 70%。兰州市目前有 36 个建制镇，分布在七里河区、西固区、红古区，以及永登县、皋兰县和榆中县。建制镇的公共服务建设与街道相比，受到的投资倾斜相对要低，但又高于一般的乡。从评价结果来看（图 4.29），建制镇一级的基本公共服务不均等性要低于区县层面和街道层面，变异系数为 0.31。其中，同区县层面和街道层面一致，建制镇层面基本医疗服务的不均等性最为严重，变异系数接近 0.70，基本医疗服务水平最高的红古区花庄镇超过最低的永登县武胜驿镇 8 倍；其次是公共交通服务水平的不均等性，变异系数接近 0.50，最高值与最低值之间相差 11 倍；基础教育服务水平的不均等性程度相对较低，变异系数为 0.25，最高值与最低值之间相差 3 倍。

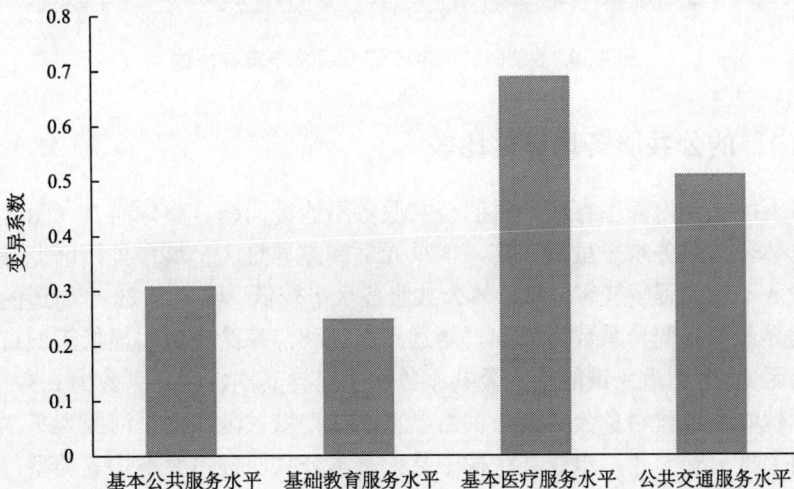

图 4.29　兰州市建制镇层面公共服务水平变异系数

四、乡之间的公共服务均等化比较

在我国现行行政区划框架下，乡是县以下的行政区，是完整的乡村型社区。由于城乡二元体制的长期存在，以及经济发展水平低、人口居住分散等原因，广大乡村地区的

基本公共服务供给严重不足，从而也是我国推进公共服务均等化工作的重点区域。兰州市现有 25 个乡，分布在七里河区、西固区、红古区，以及永登县、皋兰县和榆中县，基本公共服务水平普遍低于街道和建制镇。但是，不同的乡，由于在区位条件、经济结构和人口分布等方面存在差异，基本公共服务水平也存在供给能力和享用程度上的差异。评价结果表明（图 4.30），乡一级基本公共服务水平变异系数为 0.23，低于区县、街道和建制镇等层面。其中，不均等性程度最大的是公共交通服务水平，变异系数达到 0.65，最高值红古区红古乡超过最低值榆中县园子岔乡近 15 倍；其次是基本医疗服务水平的不均等性，变异系数为 0.40，最高值榆中县哈岘乡与最低值七里河区魏岭乡之间相差超过 5 倍；相比而言，基础教育服务水平的差异不大，变异系数为 0.26，最高值与最低值之间相差 2 倍多。

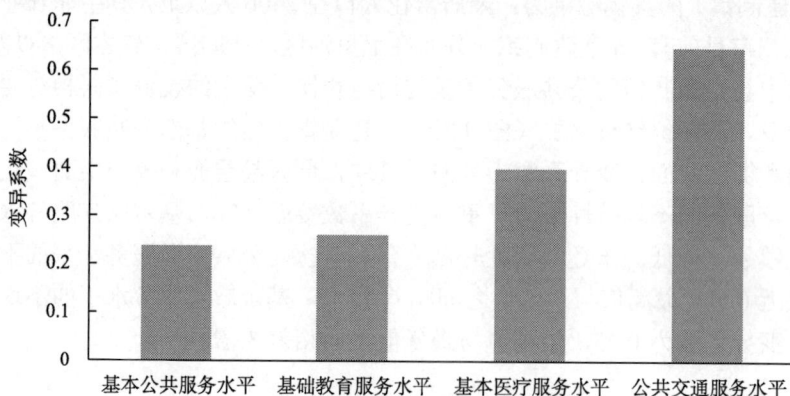

图 4.30　兰州市乡层面公共服务水平变异系数

五、区县内部的公共服务均等化比较

兰州市五区三县内部也存在严重的公共服务不均等问题。整体而言（图 4.31），城市中心区总体公共服务水平虽然较高，但单元之间差异最大；城市外围区尤其是县域范围内公共服务不均等程度较轻，但总体公共服务水平较低。城关区 25 个街道的基本公共服务水平差异最大，变异系数为 0.44，靖远路街道和焦家湾街道明显低于城市中心区街道；七里河区 15 个街道乡镇的基本公共服务水平差异其次，变异系数为 0.39，八里镇、彭家坪镇、魏岭乡、黄峪乡公共服务供给严重不足；城关区和七里河区为基本公共服务严重不均等类型。安宁区、永登县、榆中县为基本公共服务中度不均等类型，其中安宁区 8 个街道的基本公共服务水平变异系数为 0.33，永登县为 0.32，榆中县为 0.28；西固区、红古区、皋兰县为基本公共服务轻度不均等类型，其中西固区内部基本公共服务水平差异最小，变异系数为 0.17，红古区和皋兰县分别为 0.23 和 0.25。

从基础教育服务均等化方面来看（图 4.32），中心城区虽然集中了较多的基础教育资源，但随着城区人口的逐渐增加，人均教育资源分享量趋于减少，而且在空间上严重失衡。随着城区周边农村人口进一步向城区集中，乡村地区人均教育资源分享量逐渐增大。因此，城关区、七里河区、安宁区为基础教育服务严重不均等区域，基础教育服务

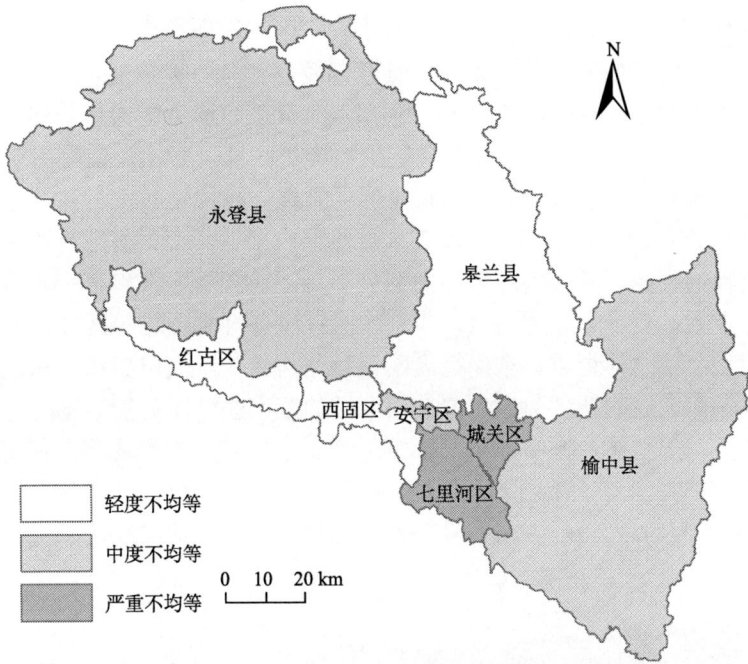

图 4.31　兰州市基本公共服务均等化分类

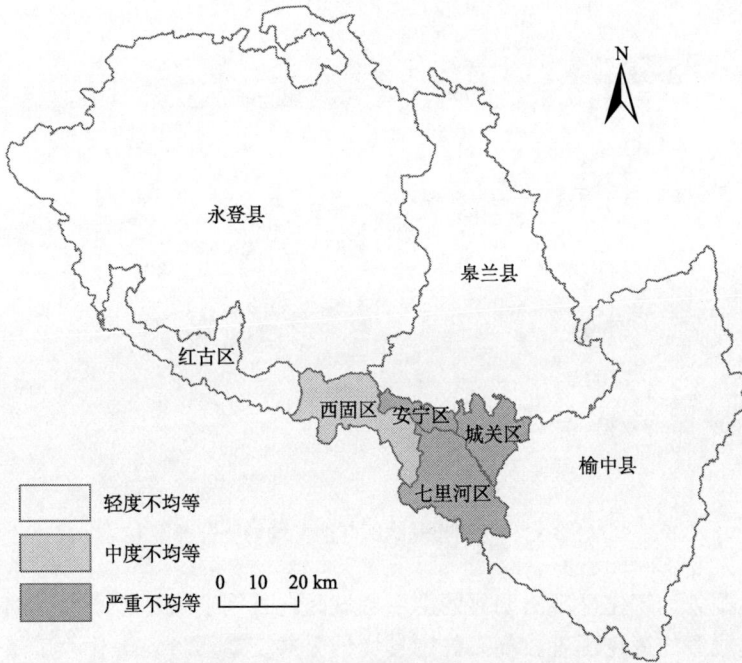

图 4.32　兰州市基础教育服务均等化分类

水平变异系数分别为 0.56、0.55 和 0.58，其中安宁区安宁堡街道、沙井驿街道，城关区盐场路街道、七里河区南部 4 镇和魏岭乡的基础教育资源严重不足。西固区为基本教育服务中等不均等区域，变异系数为 0.39，河口乡基础教育服务能力最为薄弱。红古区、永登县、皋兰县、榆中县为基本教育服务轻度不均等区域，变异系数均在 0.20 左右，但其基础教育服务水平总体较低，需要通过空间配置进一步优化教育资源的服务能力。

　　基本医疗服务方面（图 4.33），城关区虽然集中了兰州市大多数高等级医院，但由于常住人口规模的膨胀，其人均服务能力明显不足，不同街区人口享用基本医疗资源的方便程度差异较大，变异系数超过 1，为基本医疗服务严重不均等区域，其中草场街街道、靖远路街道、伏龙坪街道、东岗街道、盐场路街道、广武门街道、焦家湾街道、雁北街道、火车站街道、高新区街道、青白石街道的基本医疗服务能力不足。七里河区、安宁区、红古区、永登县、榆中县属于基本医疗服务中度不均等区域，其变异系数分别为 0.56、0.53、0.57、0.46、0.49，内部差异显著。西固区和皋兰县为基本医疗服务轻度不均等区域，其变异系数分别为 0.31 和 0.40，西固区内部基本医疗服务不均等程度最低。

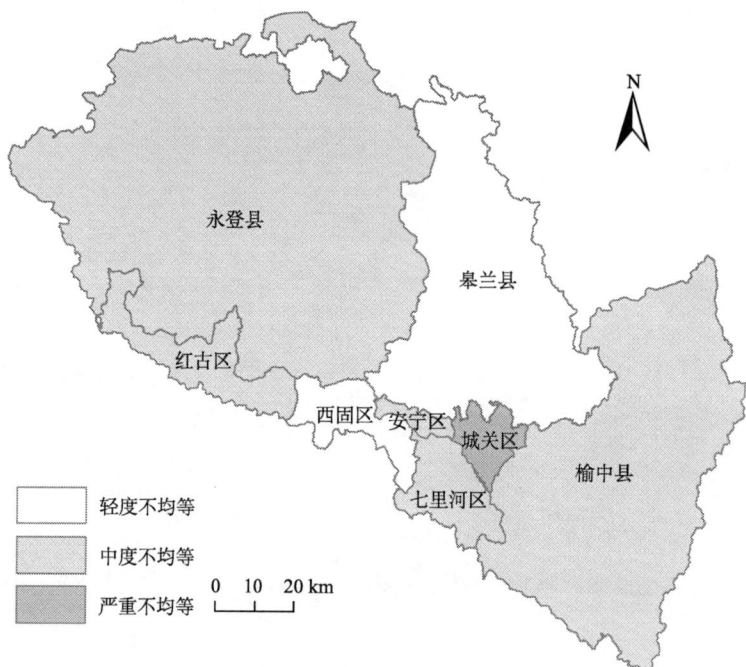

图 4.33　兰州市基本医疗服务均等化分类

　　公共交通服务均等化呈现出明显的由中心城区向外围衰减趋势（图 4.34），中心城区的公共交通服务均等化程度较高，外围县域的公共交通服务均等化程度最低。安宁区由于空间上完整连续，易于构造城市型公共交通网络，其内部公共交通服务不均等程度较低，变异系数为 0.15，属于轻度不均等类型。城关区、七里河区、西固区作为兰州市主城区，是城市交通的重点建设区，交通投资额度大，建设历史长，站点、线路、交通工具等公共交通基础体系相对完备，内部差异不大，公共交通服务水平变异系数分别为

0.35、0.37、0.32，属于中度不均等区域。红古区、永登县、皋兰县、榆中县由于地域面积较大，人口聚集度低，人流、物流规模相对较小，公共交通建设相对滞后，加之区位差异的影响，其内部公共交通服务水平也差异较大，其变异系数分别为 0.57、0.71、0.61、0.66，属于公共交通服务严重不均等区域，其中永登县内部不均等程度最高。

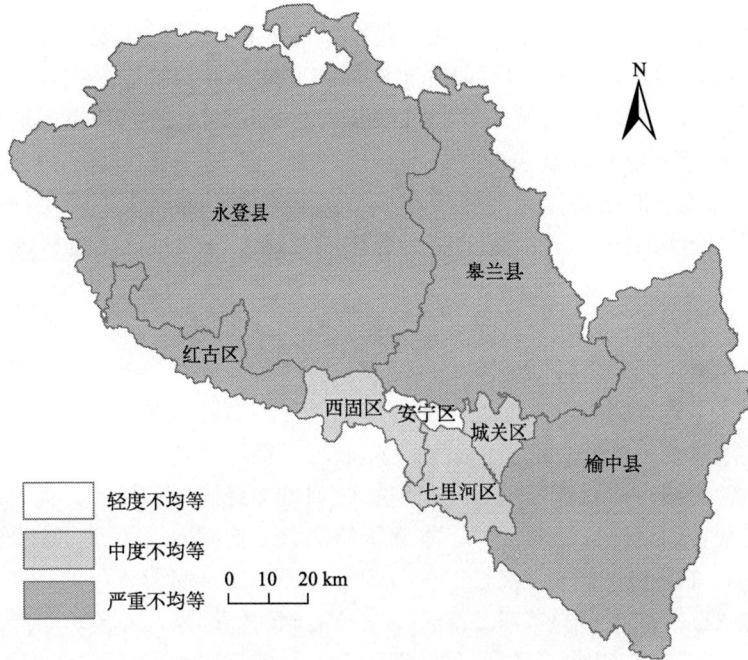

图 4.34　兰州市公共交通服务均等化分类

第五章 兰州市区域发展潜力评价

加快经济的快速、持续、健康发展，是区域和城市实现由低收入社会向中高级收入社会转变的根本动力，GDP 的空间分布格局和空间分异特征也是区域和城市最基础的地理国情。资本、劳动力、技术等经济增长要素在空间上的流动形成的聚集与分散趋势深刻地影响着区域和城市未来经济增长的潜力。资源环境保障能力、交通区位的改变和国家重大政策的出台也会对区域和城市的未来竞争力产生不确定的影响。科学研判区域和城市的未来增长潜力对于制定合理的区域经济政策，增强区域经济竞争力具有重要意义。

兰州是甘肃省省会，西北地区重要的工业基地和综合交通枢纽，西部地区重要的中心城市之一，丝绸之路经济带的重要节点城市。在"一带一路"战略和新型城镇化背景下，兰州市确立了建设成为国家向西开放的战略平台，西部区域发展的重要引擎，西北地区的科学发展示范区，历史悠久的黄河文化名城，经济繁荣、社会和谐、设施完善、生态良好的现代化城市的总体发展目标。挖掘兰州城市经济增长潜力，促进城市经济快速、健康发展是实现这一目标的关键。本章从拉动力、支撑力、保障力 3 个维度，选取31 个指标，运用 TOPSIS 方法，综合评价兰州市的经济发展潜力，目的是准确把握城市经济的特征与特点，探寻影响兰州经济长期增长的制约性因素，实现城市经济协调、健康、持续增长与发展，以及效率与福利最大化。

第一节 兰州市经济发展现状与问题

一、经济保持快速增长，但城市综合实力依然较小

兰州位于我国东部地区、蒙新高原和青藏高原三大自然区的交汇处，历史上地处农耕文化和游牧文化的分界线，丝绸之路上的重要驿站，既是历史上中原汉文化与西域少数民族的游牧文化之间的经济贸易交汇之地，也一直承担"捍御秦雍，联络西域，襟带万里，挫制强敌"的军事重镇的角色。新中国成立后，兰州为甘肃省会，兰州军区驻地，成为西北地区的交通枢纽和政治、经济、文化的中心。兰州是"一五"期间国家确定重点建设的 12 个工业中心城市之一，也是黄河上游重要的工业城市，已经成为全国重要的石油化工、有色冶金、能源电力工业基地。改革开放以来，兰州经济总量进入高速增长期。1981~1990 年，兰州市 GDP 年均增长 8.06%；1991~2000 年，年均增长 8.85%。2001年以来（图 5.1），兰州市 GDP 基本保持两位数增长，尤其是近年来我国总体经济面临下行压力的环境下，兰州市 GDP 也保持了 10%以上的增长速度。到 2014 年，全市实现生产总值 1913.5 亿元，增长 10.4%，占全省比例 28%；第一产业增加值完成 53.6 亿元，增长 6.3%；第二产业增加值完成 829.2 亿元，增长 9.1%；第三产业增加值完成 1030.7亿元，增长 11.8%；固定资产投资完成 1610.7 亿元，增长 22.3%；社会消费品零售总额

完成 944.9 亿元，增长 12.7%；公共财政预算收入达到 152.33 亿元，增长 22.36%；进出口总额实现 45.6 亿美元，增长 12.2%；城镇居民人均可支配收入达到 23030 元，增长 10.9%；农民人均纯收入达到 8067 元，增长 13.4%。

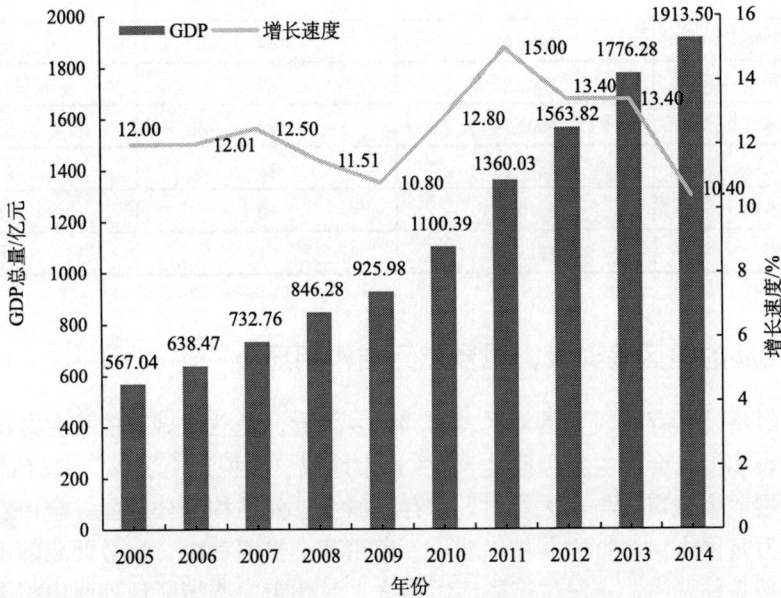

图 5.1　近 10 年来兰州市 GDP 总量与增长速度

　　随着西部大开发战略的深入推进和"一带一路"战略的全面实施，兰州市的区域中心城市地位得到极大提升。兰州是"丝绸之路经济带"上的核心节点城市，全国 12 个主干交通枢纽之一，东、中部地区和西南地区联系大西北的桥头堡，也是连通新疆、青海、西藏、内蒙古、宁夏等民族地区和边疆地区的中心和纽带。但是兰州的总体经济实力无论从在全国还是西部地区依然较弱，难以支撑其作为区域性中心城市的职能定位。兰州市 2014 年 GDP 为 1913.5 亿元，在全国主要城市中排名第 99 位。在西部地区主要城市中（表 5.1），成都市 10056.09 亿元排第 1 位（全国第 8 位），西安市 5474.77 亿元排第 2 位（全国第 26 位），南宁市 3148.30 亿元（全国第 60 位），乌鲁木齐市 2510.00 亿元排 10 位（全国第 90 位），兰州市居于第 11 位，城市竞争力缺乏，以至于区域中心城市的影响力和辐射效应相对较低。

表 5.1　西部地区主要城市 GDP 排行（2014 年）

城市	GDP/亿元	全国城市排名	西部城市排名
成都	10056.09	8	1
西安	5474.77	26	2
鄂尔多斯	4162.18	38	3

城市	GDP/亿元	全国城市排名	西部城市排名
包头	3636.31	42	4
南宁	3148.30	60	5
呼和浩特	2894.05	64	6
贵阳	2942.27	67	7
榆林	3005.74	72	8
遵义	1874.36	88	9
乌鲁木齐	2510.00	90	10
兰州	1913.50	99	11

二、经济发展的地区差异大，城乡二元结构明显

兰州市经济发展存在较大的地区差异和城乡差异，是兰州城市的社会经济长期可持续发展和建设和谐社会的主要障碍之一。兰州市地域总面积1.31万km²，农村面积近90%，经济社会发展"大城市"与"大农村"并存，城乡二元结构十分明显。全市农村贫困面大，尚有20万贫困人口，特别是榆中北山、南山和七里河后山、永登西北部山区"四大贫困片"自然条件恶劣，农民生产生活困难大。兰州市中心城区地处两山相夹的河谷川地带，拓展城市空间难度大，中心城区与周边乡村交通联系较弱，以城带乡受到较大局限。此外，城乡产业关联较差，城市对农村地区发展的辐射带动作用不强。从经济总量和人均经济总量看，城关区、西固区和七里河区远远领先于外围的永登县、皋兰县和榆中县（图5.2）。

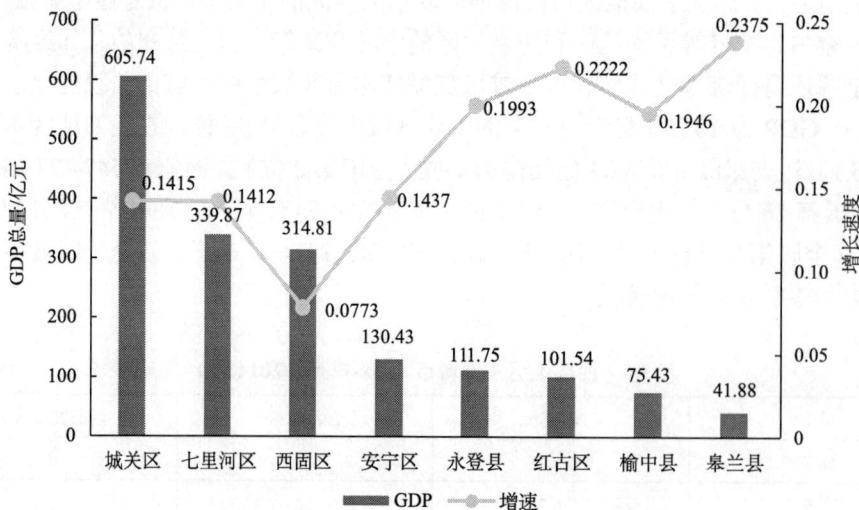

图 5.2　兰州市各县区 GDP 及增长速度

其中城关区 GDP 最高，2013 年达到 606.74 亿元，占全市 GDP 的 35%；七里河区339.87 亿元，占全市 GDP 的 20%；西固区 314.81 亿元，占全市 GDP 的 18%；安宁区130.43 亿元，占全市 GDP 的 8%。城关、七里河、西固、安宁四区 GDP 总量占全市的81%。榆中、皋兰 GDP 总量都在 100 亿元以下，最低的皋兰县仅为 41.88 亿元。产业结构的区县和城乡分异明显（图 5.3），中心城区的四个区农业比例较低，都在 1% 以内，而榆中、皋兰、永登第一产业比例都在 10% 以上，其中榆中县接近 20%。市区经济以二、三产业为主，城关区的第三产业比例已经超过了 80%。西固区则是工业占绝对主导，第二产业比例达到 72.22%，而第三产业较不发达，仅为 26.64（图 5.4）。人均 GDP 也在

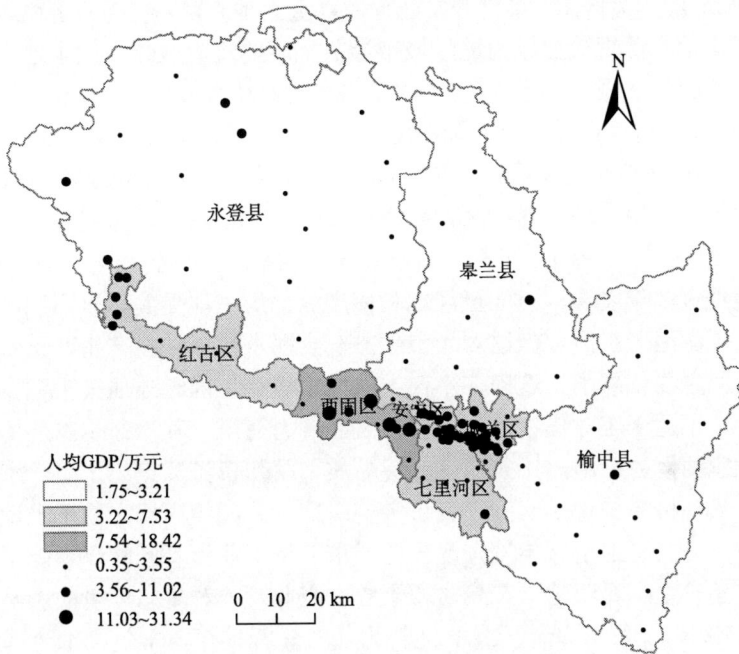

图 5.3　兰州市人均 GDP 空间分布

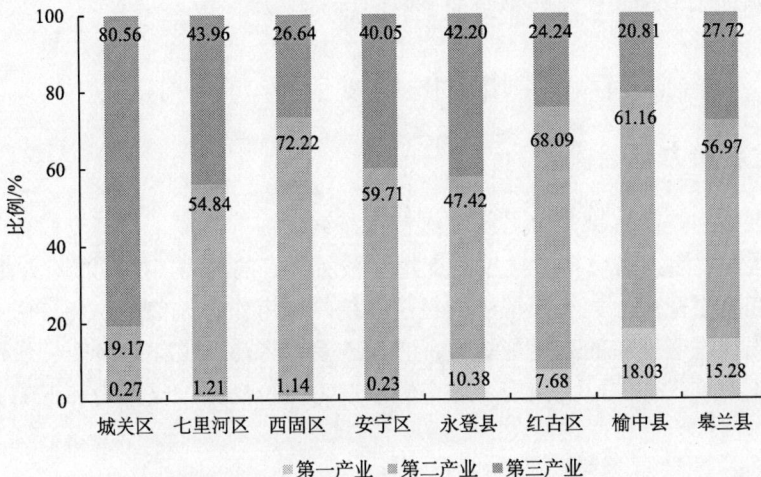

图 5.4　兰州市各区县三次产业结构（2013 年）

空间上形成了明显反差，其中西固区最高，达到 18.41 万元，榆中县最低，为 1.75 万元。中心城区人均 GDP 平均为 8.29 万元，县域经济人均 GDP 平均为 2.56 万元，城乡差距超过 3 倍。城乡居民收入比（农村居民人均纯收入/城镇居民人均可支配收入）为 0.56，城乡居民消费支出比（农村居民人均消费支出/城镇居民人均消费支出）达 0.57。

三、经济发展面临用地不足和生态环境承载力小的制约

兰州市的经济发展空间受市区两山夹一河的地理条件限制，就市域土地空间资源来看，兰州全市山地占总面积的 65%左右，半山地占 20%左右，河川（盆）地约占 15%。近郊四区 160km² 的规划区内，可供开发建设的存量土地不足。较高的土地成本严重影响城市的发展，土地资源短缺已成为制约城市当前发展的最大瓶颈。由于地形限制，兰州城市形态为狭长的带状城市，经过多年发展，城市现状南北最宽 17.5km、最窄不足 1km，而东西长约 35km，这使得城市空间紧凑度较低，影响城市运行效率。2000 年以来伴随着城市东扩，以及和平地区的发展，城市建成区长度将从市区的 35km 延展到 40km 左右，而按照远景的东扩设想，城市建成区长度将增长为 60km 左右，必将导致城市紧凑度下降，城市运行效率降低。空间不足导致城市安全和生态环境受到影响。首先是城市安全，西固石化基地经过多年发展，空间已经饱和，产业提级扩能受到严重限制，目前已经计划向河口南等上游地区扩展，但这对城市生态安全和水源保护将产生严重威胁。九州开发区的发展空间主要依靠削山造地，不仅土地成本较高，同时地质灾害频发，此外开发区位于山沟内，不适于工业集中布局发展，发展潜力有限。其次是生态环境，空间资源短缺导致产业空间侵占绿地，影响城市环境品质。兰州市虽然提出了"一水、两山、三绿廊"的城市景观格局构想，明确了城市主要绿地、公园的布局。由于土地资源短缺，在城市发展中，公共绿地正逐步被蚕食。兰州市以重工业为基础的高耗能工业结构与推进节能减排和建设生态文明的国家战略相矛盾，产业发展对生态环境的影响大，节能减排压力大。2013 年，兰州市单位 GDP 能耗为 2.725t 标准煤，不仅高于全国的 1.097t 标准煤，也高于甘肃省的 2.013t 标准煤。兰州城市经济面临着推进节能减排、实现产业升级、减少资源能源消耗和生态环境负面影响的巨大压力。

第二节　兰州市区域发展潜力评价方法

一、区域发展潜力基础模型

区域发展潜力是指区域复合系统在维持可持续发展的前提下，其支撑体系所具有的潜在能力，即发展潜力是可持续发展的支撑体系所具有的潜力（徐瑛和陈秀山，2009）。城市经济是在有限空间上大规模集中的经济系统。城市作为人口、厂商、资源、文化、信息等在有限地理空间中的高度聚集地，它在政治、经济、文化等各个领域承担并发挥着物质与意识双重载体的巨大作用。城市经济潜力由拉动力、支撑力和保障力共同组成（图 5.5）。

（一）空间聚集是经济潜力开发的根本拉动力

经济发展是一个累积因果循环过程。一旦某个区域的经济增长实现起飞并达到一定规模之后，就会形成一种良性循环，所有区域内的经济活动参与者都将享有与创新、技术进步和有利增长环境相联系的外在经济效益，还产生种种更大的外在性和动态规模经济。因此，地区经济的历史基础和现有实力是区域经济潜力开发的重要基础。区域是一个空间概念，要素与经济活动主体在区域空间上的聚集是区域和城市产生的根本原因，聚集是推动区域经济发展的根本力量，聚集经济是区域经济的本质特征。根据新经济地理学理论，聚集效应是区域经济增长的内在机制，主要通过分工与专业化、规模经济、外部经济和市场效应等方面发挥作用，通过流入效应、流出效应、乘数效应形成内生增长机制。

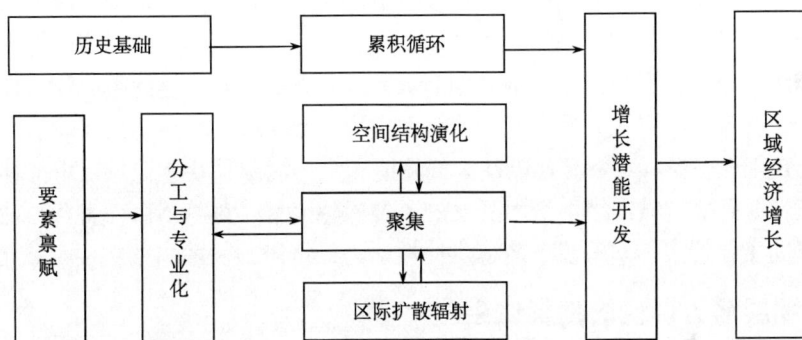

图 5.5　区域经济潜力开发的动力机制

（二）交通区位是经济潜力开发的主要支撑力

地理环境、交通条件、区位特征对地区经济发展有重要影响，是区域发展潜力的主要支撑力。地理环境作为生产力发展所必不可少的自然条件，在不同时期和不同地区往往会对经济发展产生不同的影响。亚当·斯密早在《国富论》中就强调了地理环境是影响地区经济发展的重要因素，指出一个"第一性的地理"（first nature geography）对劳动生产率和经济发展的影响。传统的经济地理学文献也对地理区位这一第一性的地理在地区经济发展中的重要性进行了大量的理论和实证研究。交通基础设施对经济增长有明显的推动作用。交通基础设施作为社会先行资本，为工业化发展奠定了基础，方便了要素的集中，促进了劳动分工和商品的区域间交换，交通基础设施的发展成为实现经济起飞的前提条件。交通基础设施具有网络性和外部性的特征，其网络性将城市之间、城市与区域之间、区域之间连接成一个整体，有利于确保各种生产要素和商品在网络中的流通，加强地区间经济联系；其外部性在于改变其所在地区的可达性和吸引力，从而提升该地区的区位优势，进而改变企业和居民的区位选择模式，以及要素流动方向，促进经济的空间集聚和扩散。

（三）水土资源是经济潜力开发的重要保障力

城市生态系统是一个高度开放的复杂人工生态系统和耗散结构系统，不仅城市内部有各种各样的物质能量交换，城市之间、城乡之间、城市与外部区域之间都有各种各样的物质能量交换。城市是人口和社会经济要素高度密集的地区，其生态系统受人类作用影响程度最大，具有明显的复杂性、脆弱性和动态性。资源环境要素是城市经济发展的重要限制性因素和硬约束条件。经济潜力的开发必须充分考虑到人口社会经济系统同资源环境系统之间的相互作用关系，以及资源环境系统对人口经济系统的保障能力。城市生产活动所需要的粮食、原料、能源、矿产资源等物质和能量绝大部分需要通过贸易从外界输入，城市物质代谢所产生的废物也依赖于外部生态系统的吸收分解与消纳功能。真正对城市中生存的人类至关重要而又无法依靠外界输入的自然资源和自然条件是土地资源、水资源和环境容量。土地资源具有区域不可调配性，对人口和经济承载力有着决定性的影响；水资源虽然是可区域调配的资源，但也在一定的区域和时段受到极大的制约。大气环境和水环境是具有一定稳定效应的巨大系统，由于环境系统的组成物质在数量上具有一定的比例关系，在空间上具有一定的分布规律，所以对人类活动的保障能力存在一定限度。因此，土地资源、水资源，以及大气环境和水环境四种要素对城市可持续发展具有一定的约束性，是决定城市经济潜力开发的重要保障因素。对兰州市而言，土地资源是城市空间发展的主要约束，本书以土地可供给性作为经济潜力保障力的主要衡量指标。

二、经济发展潜力评价的指标体系

经济发展潜力评价的指标体系见表 5.2。

表 5.2　经济发展潜力指数内涵、计算方法和数据来源表

测量维度	指标	指标内涵	计算方法	数据来源	单位
经济发展拉动力	经济密度	反映区域内单位面积上经济活动的效率和土地利用的密集程度。密度值越大表示经济活动和密集程度越高，反之则越低	区域 GDP/区域总面积	基本统计成果、地方统计年鉴	万元/m²
	人均 GDP	从生产角度，综合地反映区域经济发展水平和经济实力。是衡量各区域人民生活水平的一个标准。体现区域经济发展增长潜力。数值越大，说明经济增长速度越快，反之则越慢	区域 GDP/区域总人口	地方统计年鉴、普查数据	万元/人
	非农产值比例	反映当地产业结构升级换代的趋势，代表了地区经济发展综合水平。城乡关系的发展过程也是二、三产业比例上升，而第一产业比例相对下降的过程，因此该指标值越大，说明工业和第三产业越发达城乡差距越小，城乡经济统筹程度越高	（第二产业产值+第三产业产值）/地区生产总值×100%	地方统计年鉴	
	人口城市化率	反映一个地区的城市化水平，是经济社会现代化水平的主要指标之一。该指标值大，表明农村居民与城镇居民生活质量差距越小，城市化率越高	非农户籍人口数/户籍人口总数×100%	地方统计年鉴	

续表

测量维度	指标	指标内涵	计算方法	数据来源	单位
经济发展拉动力	城乡居民收入比	农村居民人均纯收入与城镇居民的比较，反映了城乡居民的收入差距。该指标值大，表明农村居民与城镇居民收入的差距越小	农村居民人均纯收入/城镇居民人均可支配收入×100%	地方统计年鉴、第六次人口普查数据	
	城乡居民消费支出比	人均消费支出是居民生活质量的重要指标，农村居民人均消费支出与城镇居民的人均消费支出比值越大，说明城乡居民生活质量越接近	农村居民人均消费支出/城镇居民人均消费支出×100%	地方统计年鉴	
交通区位支撑力	加权地貌类型面积占比	反映区域内的地形地貌，包括平原、山地、丘陵和台地的构成	分别计算各类型地貌类型面积占比，并对其进行加权计算	基本统计成果	
	地形起伏度	是区域内的最高高程与最低高程的差，反映区域地形的起伏情况。数值越大，说明区域的地形起伏越大，反之则越小	最高高程−最低高程	基本统计成果	m
	经济联系强度	城镇之间的经济联系强度，其值越大，城镇之间的相互作用越明显	经济联系强度为 $R_{ij}=\dfrac{\sqrt{P_iG_i}\times\sqrt{P_jG_j}}{D_{ij}^2}$ 其中，i 为区域内核心地区；j 为区域内其他地区；G 为地区生产总值；P 为地区常住人口总数；D 为 j 到 i 的最短交通距离		
	经济联系隶属度	反映核心城市对周围地区的辐射能力，也能反映周围地区对核心城市辐射能力的接受程度。值越大，说明 j 地区受核心地区的经济影响越大；反之则越小	经济联系隶属度为 j 地区经济联系强度占所有地区经济联系强度总和的比例 $F_{ij}=R_{ij}\Big/\sum_{j=1}^{n}R_{ij}$	地方统计年鉴、第六次人口普查数据、基本统计数据	
	铁路网络密度	表示区域内单位面积上铁路长度。其值越大表明道路越密集，对区域发展的支撑能力越强，未来发展潜力越高，反之则越弱，越低	铁路总长度/区域总面积	基本统计成果	m/m²
	公路网络密度	表示区域内单位面积的公路长度，其值越大表明公路越密集，对区域发展的支撑能力越强，未来发展潜力越高	公路总长度/区域总面积	基本统计成果	m/m²
	城市道路网络密度	表示区域内单位面积上城市道路长度，反映城市内部道路的发展情况。其值越大表明道路越密集，对区域发展的支撑能力越强，未来发展潜力越高	城市道路总长度/区域总面积	基本统计成果	m/m²
	乡村道路网络密度	表示区域内单位面积上乡村道路长度，反映乡村道路的疏密情况。其值越大表明道路越密集，对区域发展的支撑能力越强，未来发展潜力越高	乡村道路总长度/区域总面积	基本统计成果	m/ m²
	拥有铁路数量	表示统计单元内部可以利用铁路资源的机会。数量越多，说明可利用铁路资源越多，反之则越小	统计该统计单元内铁路数量	基本统计成果	

续表

测量维度	指标	指标内涵	计算方法	数据来源	单位
交通区位支撑力	拥有高速公路数量	反映统计单元内部可以利用高速公路资源的机会。反映区域的高速公路影响程度。数量越多，说明可利用高速公路资源越多，反之则越小	统计该统计单元内拥有高速公路数量	基本统计成果	
	拥有国道数量	任意空间单元可以拥有国道资源的机会。反映区域的国道影响程度。数量越多，说明可利用国道资源越多，反之则越小	统计该统计单元内拥有国道数量	基本统计成果	
土地资源保障力	高速公路不同缓冲区范围内宜建荒漠裸露地面积	反映区域内高速公路周围可用于建设的后备土地资源丰富情况。面积越大，说明可用于建设的土地资源越丰富，反之则越匮乏	通过坡度分析、叠置分析、面积量算、缓冲区分析方法，分别计算高速公路3km、10km 缓冲区范围内宜建荒漠裸露地面积	普查数据、基本统计成果	m²
	铁路不同缓冲区范围内宜建荒漠裸露地面积	反映区域内铁路周围可用于建设的后备土地资源丰富情况。面积越大，说明可用于建设的后背土地资源越丰富，反之则越匮乏	通过坡度分析、叠置分析、面积量算、缓冲区分析方法，分别计算铁路3km、10km 缓冲区范围内宜建荒漠裸露地面积	普查数据、基本统计成果	m²
	不同坡度宜建荒漠裸露地面积	通过不同的坡度，反映可用于不同建设类型的荒漠裸露地情况。面积越大，可用于建设类型的荒漠裸露地越丰富，反之则越匮乏	通过坡度分析、叠置分析、面积量算、缓冲区分析方法，分别计算坡度为[0°~5°)、[5°~8°)、[8°~10°)、[10°~15°)、[15°~25°)、[25°~)缓冲区范围内宜建荒漠裸露地面积	普查数据、基本统计成果	m²
	废弃房屋建筑区面积	从整体反映区域内可利用的废弃房屋建筑区情况。面积越大，可利用的废弃房屋建筑区资源越丰富，反之则越匮乏	直接获取	基本统计成果	m²
	多层房屋建筑占比	反映多层房屋建筑物在区域中的覆盖情况	多层房屋建筑面积（多层房屋建筑区面积+多层独立房屋建筑面积)/区域房屋建筑区总面积×100%	基本统计成果	
	低矮房屋建筑占比	反映低矮房屋建筑物在区域中的覆盖情况	低矮房屋建筑面积（低矮房屋建筑区+低矮独立房屋建筑)/区域房屋建筑区总面积×100%	基本统计成果	
	高密度房屋建筑占比	反映高密度房屋建筑在区域中的覆盖情况。	高密度房屋建筑面积（高密度多层及以上房屋建筑区面积+高密度低矮房屋建筑区面积)/区域房屋建筑区总面积×100%	基本统计成果	

续表

测量维度	指标	指标内涵	计算方法	数据来源	单位
土地资源保障力	废弃房屋建筑区占比	反映废弃房屋建筑区在区域中的覆盖情况	废弃房屋建筑区面积/区域房屋建筑区总面积×100%	基本统计成果	
	建设用地开发率	反映建设用地的开发程度和潜在开发能力。百分比越大，说明建设用地的开发程度越大，反之则越小	建设用地面积（房屋建筑区面积+构筑物面积+人工堆掘地面积+道路面积）/ 区域总面积×100%	基本统计成果、第六次人口普查数据	
	人均建设用地面积	通过人均来反映区域内建设用地面积充足情况。数值越大，说明建设用地资源越多，越充足，反之则越少，越不足	建设用地面积（房屋建筑区面积+构筑物面积+人工堆掘地面积+道路面积）/区域常住人口总数	基本统计成果、第六次人口普查数据	m²/人
	人均耕地面积	表征区域内耕地资源保障情况。数值越大，说明每万人拥有耕地资源越丰富，反之则越匮乏	耕地面积/区域常住人口数	基本统计成果、第六次人口普查数据	m²/人
	人均园地面积	表征区域内园地资源保障情况。数值越大，说明每万人拥有园地资源越丰富，反之则越匮乏	园地面积/区域常住人口数	基本统计成果、第六次人口普查数据	m²/人
	人均林地面积	表征区域内林地资源保障情况。数值越大，说明每万人拥有林地资源越丰富，反之则越匮乏	林地面积/区域常住人口数	基本统计成果、第六次人口普查数据	m²/人
	人均草地面积	表征区域内草地资源保障情况。数值越大，说明每万人拥有草地资源越丰富，反之则越匮乏	草地面积/区域常住人口数	基本统计成果、第六次人口普查数据	m²/人

三、区域经济潜力评价方法——TOPSIS 方法

TOPSIS 法（逼近理想解排序法）是系统工程中有限方案对目标决策分析的一种常用方法，基本思想是，最优的方案应与正理想方案的距离最小，与负理想方案的差距最大。TOPSIS 方法可对多个具有可度量属性的被评价对象进行排序，基本步骤如下：

（1）用向量规范化的方法求得规范决策矩阵 $Z = \{z_{ij}\}$。

（2）赋予向量矩阵权重 $w = (w_1, w_2, \cdots, w_n)^{\mathrm{T}}$，则构成加权规范阵 $X = \{x_{ij}\}$。其中，$x_{ij} = x_j \times z_{ij}, i = 1, 2, \cdots, m; j = 1, 2, \cdots, n$。

（3）确定正理想解 x^+ 和负理想解 x^-，则，$x^+ = \max_i (x_{ij}); x^- = \min_i (x_{ij})$。

（4）计算各方案到正理想解和负理想解的距离 S_i^+ 和 S_i^-，再计算各方案到正理想解的相对接近度 S_i（即综合评价指数）。S_i 取值为 0~1，该值越接近 1，表示该方案越接近于最优水平；反之，该值越接近 0，表示该方案越接近最劣水平。

$$S_i^+ = \sqrt{\sum_{j=1}^{n}\left(x_{ij} - x_j^+\right)^2} \quad (i = 1, 2, \cdots, m)$$

$$S_i^- = \sqrt{\sum_{j=1}^{n}\left(x_{ij} - x_j^-\right)^2} \quad (i = 1, 2, \cdots, m)$$

$$S_i = \frac{S_i^-}{S_i^+ + S_i^-} \quad (i = 1, 2, \cdots, m)$$

其中，向量权重矩阵采用熵技术支持下的 AHP 法确定（过程从略），结果见表 5.3。

表 5.3 经济发展潜力指标权重、熵值、冗余度

总体层	标准层	指标层	指标性质	熵值	冗余度	权重
经济发展潜力	经济发展拉动力	经济密度	正向	0.75	0.25	0.04
		人均 GDP	正向	0.88	0.12	0.02
		非农产值比例	正向	0.98	0.02	0.00
		人口城市化率	正向	0.90	0.10	0.02
		城乡居民收入比	正向	0.94	0.06	0.01
		城乡居民消费支出比	正向	0.93	0.07	0.01
	交通区位支撑力	加权地貌类型面积占比	正向	0.94	0.06	0.01
		地形起伏度	逆向	0.98	0.02	0.00
		经济联系强度	正向	0.76	0.24	0.04
		经济联系隶属度	正向	0.76	0.24	0.04
		铁路网络密度	正向	0.73	0.27	0.05
		公路网络密度	正向	0.90	0.10	0.02
		城市道路网络密度	正向	0.79	0.21	0.04
		乡村道路网络密度	正向	0.92	0.08	0.01
		拥有铁路数量	正向	0.86	0.14	0.02
		拥有高速公路数量	正向	0.76	0.24	0.04
		拥有国道数量	正向	0.86	0.14	0.02
	土地资源保障力	高速公路不同缓冲区范围内宜建荒漠裸露地面积	正向	0.52	0.48	0.08
		铁路不同缓冲区范围内宜建荒漠裸露地面积	正向	0.47	0.53	0.09
		不同坡度的宜建荒漠裸露地面积	正向	0.54	0.46	0.08
		废弃房屋面积	正向	0.62	0.38	0.06
		多层房屋建筑占比	逆向	0.84	0.16	0.03
		低矮房屋建筑占比	逆向	0.86	0.14	0.02
		高密度房屋建筑占比	逆向	0.99	0.01	0.00
		废弃房屋建筑占比	逆向	1.00	0.00	0.00

续表

总体层	标准层	指标层	指标性质	熵值	冗余度	权重
经济发展潜力	土地资源保障力	建设用地开发利率	逆向	0.88	0.12	0.02
		人均建设用地面积	正向	0.89	0.11	0.02
		人均耕地面积	正向	0.77	0.23	0.04
		人均园地面积	正向	0.75	0.25	0.04
		人均林地面积	正向	0.70	0.30	0.05
		人均草地面积	正向	0.72	0.28	0.05

第三节 兰州市经济发展潜力分析

一、经济发展拉动力

经济发展拉动力主要指区域单元依靠其经济实力和历史基础而形成空间上的高度聚集，从而使得区域经济发展具有一定的惯性力。一般而言，经济实力强、历史基础好、空间聚集程度高的地区具有较大的经济发展惯性，因而未来发展潜力也较大。就兰州市区县层次来看（图 5.6），西固区因开发历史悠久，大型企业集聚，重化工产业份额较大，对区域经济发展有较强的拉动力，经济拉动力指数值为 0.77，明显高于兰州市其他区县；城关区得分 0.51，居于第二位；七里河区和安宁区得分在 0.47 左右，区域经济拉动力处于伯仲之间；红古区稍低，为 0.41；县域经济实力明显较低，与城区经济形成较大反差，对未来经济增长的拉动力也相应较低，其中永登县得分 0.20，皋兰县得分 0.11，榆中县最低，仅为 0.01。街道和乡镇层次来看，经济增长拉动力指数呈典型的正态分布，54% 左右的样本值落在中值区，样本之间有一定差异（图 5.7）。按照一定的标准将区域经济拉动力指数划分为高、较高、中等、较低、低五个等级（图 5.8、表 5.4），位于高值区的有 8 个评价单元，西固区和城关区各 4 个，占兰州市国土面积的 1%，占评价单元数的 7%；位于较高值区的有 46 个评价单元，占兰州市国土面积的 9%，占评价单元数的 41%，主要集中在兰州市中心城区，其中城关区 20 个街道，西固区四季青街道和河口乡，七里河区 9 个街道和阿干镇，安宁区 6 个街道，红古区 5 个街道，个别经济基础较好的中心镇也进入较高等级，有永登县城关镇和和桥镇，皋兰县石洞镇；位于中值区的有 15 个评价单元，占兰州市国土面积的 11%，占评价单元数的 14%，在空间上开始由兰州市中心城区向外延展，包括城关区青白石街道，七里河区八里镇、彭家坪镇、西果园镇，西固区东川镇、达川乡、柳泉乡，安宁区安宁堡街道和沙井驿街道，永登县连城镇、中堡镇，榆中县城关镇、夏官营镇、和平镇、高崖镇；位于较低值区的有 21 个评价单元，占兰州市国土面积的 46%，占评价单元数的 19%，主要分布在永登盆地及兰州城区边缘地带，包括永登县 12 个乡镇，七里河区魏岭乡，西固区金沟乡，红古区平安镇、花庄镇、红古乡，皋兰县九合镇、黑石镇，榆中县贡井乡和甘草店镇；位于低值区的有 21 个评价单元，占兰州市国土面积的 33%，占评价单元数的 13%，主要分布在榆中盆地及其他经济发展水平较低的乡镇，包括榆中县 14 个乡镇，皋兰县 4 个乡镇，永登县坪城乡和上川镇，七里河区黄峪乡。总体来看，经济发展拉动力的大小与区域经济的历史基础和综合实力紧密相关，兰州城市经济系统内部十分明显的城乡差异格局奠定了未来经济潜力的基本态势。

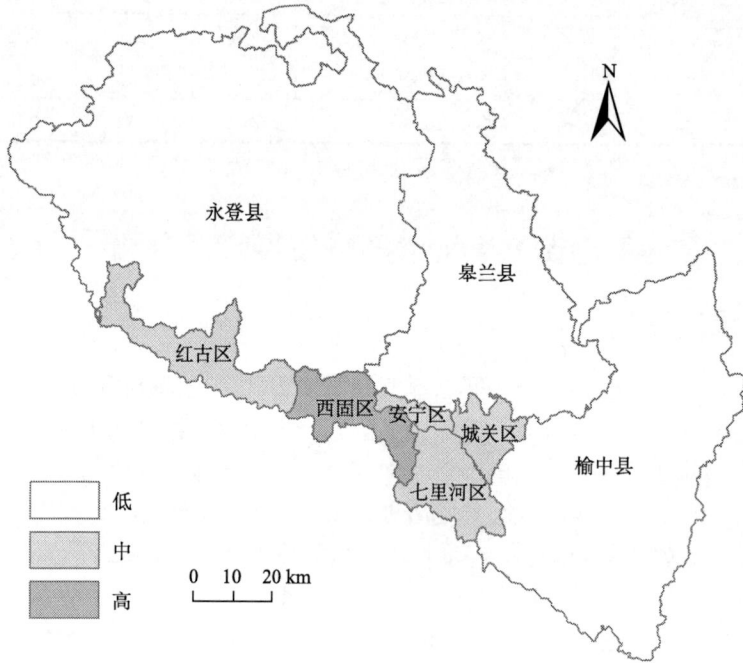

图 5.6　兰州市经济发展拉动力空间格局（区县）

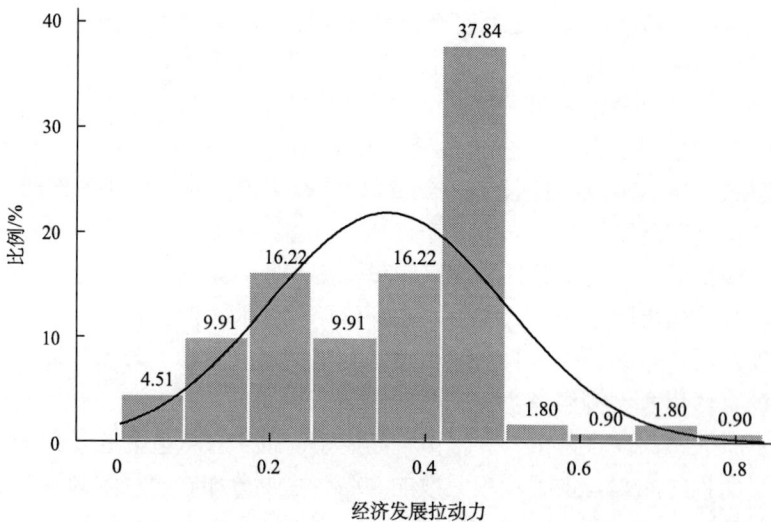

图 5.7　兰州市经济发展拉动力频率分布直方图（街道/乡镇）

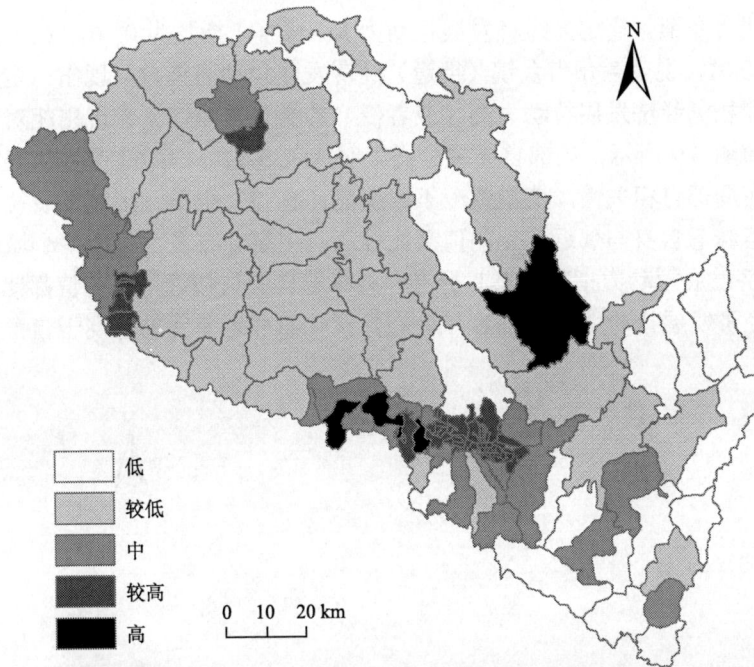

图 5.8 兰州市经济发展拉动力空间格局（街道/乡镇）

表 5.4 兰州市各乡镇（街道）经济发展拉动力分类表

类型区	划分标准	分类结果
高值区（8）	0.50~0.84	临洮街街道、西柳沟街道、陈坪街道、新城镇、酒泉路街道、铁路东村街道、皋兰路街道、铁路西村街道
较高值区（46）	0.40~0.50	下窑街道、建兰路街道、张掖路街道、敦煌路街道、白银路街道、西湖街道、海石湾镇、晏家坪街、临夏路街道、华龙街道、西站街道、龚家湾街道、团结新村街道、渭源路街道、四季青街道、东岗西路街道、西园街道、广武门街道、安宁西路街道、火车站街道、土门墩街道、矿区街道、五泉街道、培黎街道、窑街街道、草场街道、嘉峪关路街道、永登县城关镇、秀川街道、靖远路街道、刘家堡街道、焦家湾街道、雁南街道、东岗街道、孔家崖街道、石洞镇、银滩路街道、拱星墩街道、雁北街道、十里店街道、盐场路街道、阿干镇、高新区街道、伏龙坪街道、河口乡、河桥镇
中值区（15）	0.30~0.40	安宁堡街道、夏官营镇、连城镇、中堡镇、沙井驿街道、八里镇、东川镇、和平镇、榆中县城关镇、彭家坪镇、青白石街道、达川乡、高崖镇、柳泉乡、西果园镇
较低值区（21）	0.20~0.30	红城镇、武胜驿镇、苦水镇、龙泉寺镇、大同镇、通远乡、中川镇、平安镇、七山乡、花庄镇、秦川镇、九合镇、金沟乡、魏岭乡、贡井乡、柳树乡、红古乡、民乐乡、黑石镇、甘草店镇、树屏镇
低值区（21）	0.00~0.20	什川镇、坪城乡、水阜乡、金崖镇、青城镇、上花岔乡、忠和镇、龙泉乡、定远镇、上川镇、西岔镇、马坡乡、新营乡、哈岘乡、园子岔乡、小康营乡、黄峪乡、韦营乡、清水驿乡、连搭乡、中连川乡

计算兰州市乡镇（街道）经济发展拉动力 Moran's I 指数为 0.46，Z 为 15.66，P 为 0.000，小于 0.01，说明兰州市乡镇（街道）经济发展拉动力指数呈现出一定的空间自相关性特征，即相邻经济发展拉动力高（或者低）的街道（乡镇）表现出相对集聚的空间分布格局。如图 5.9 所示，局部自相关分析表明（表 5.5），有 60 个乡镇经济发展拉动力指数不存在局部自相关性，聚集效应不太明显；有 33 个单元区域发展拉动力指数呈 H-H 分布，意味着自身与邻近单元的值都比较高，主要分布在兰州市中心城区；榆中县 13 个乡镇经济发展拉动力指数呈 L-L 分布，意味着自身与邻近单元的值都比较低；其他有 5 个单元经济发展拉动力指数呈 L-H 分布，意味着邻近单元的值高于自身值。

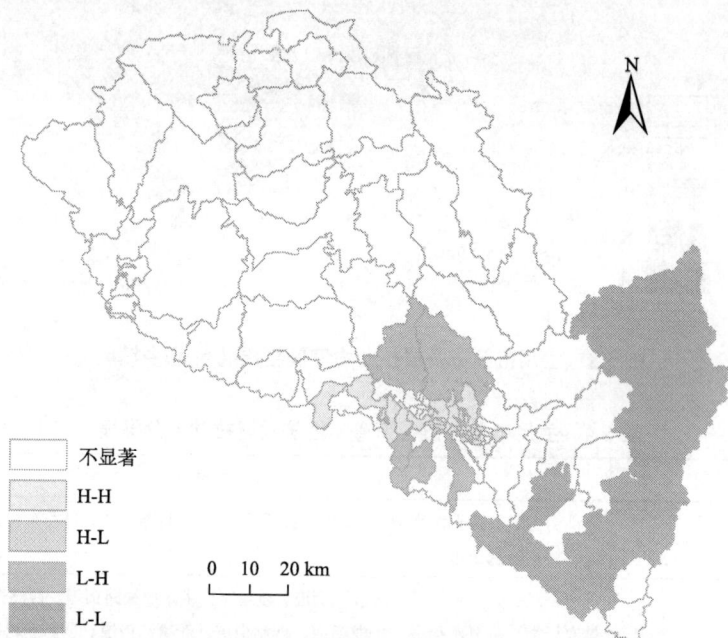

图 5.9　兰州市经济发展拉动力空间关联

表 5.5　兰州市经济发展拉动力 Moran 散点图对应单元

L-H	H-H
七里河区：魏岭乡、黄峪乡 西固区：金沟乡 皋兰县：九合镇、忠和镇	城关区：酒泉路街道、铁路东村街道、皋兰路街道、铁路西村街道、张掖路街道、白银路街道、临夏路街道、团结新村街道、渭源路街道、东岗西路街道、广武门街道、火车站街道、五泉街道、草场街道、嘉峪关路街道、靖远路街道、雁南街道、东岗街道、盐场路街道 七里河区：建兰路街道、敦煌路街道、西湖街道、晏家坪街道、西站街道、龚家湾街道、西园街道、土门墩街道、秀川街道 西固区：临洮街街道、西柳沟街道、陈坪街道、新城镇、四季青街道
L-L	**H-L**
榆中县：贡井乡、甘草店镇、青城镇、上花岔乡、马坡乡、新营乡、哈岘乡、园子岔乡、小康营乡、韦营乡、清水驿乡、连搭乡、中连川乡	—

二、交通区位支撑力

以地形地貌、交通通达性和辐射性为内涵的综合区位条件是构成区域经济发展潜力的重要支撑条件，地形平整、交通区位优良的地区一般具有较大的经济发展潜力。就兰州市目前交通状况来看，312 国道横贯东西，甘川、宝兰等 28 条公路穿境而过；兰州西客站、兰新铁路第二双线、宝兰客运专线的建设将有效改变兰州市主城区交通区位条件；兰州地铁 1 号线是从西向东通过城市蜂腰地段的一条主干轨道交通线路，东西横贯中心城区，串联了城关、七里河、安宁、西固四区的主要功能区块，以及铁路西客站、小西湖、西关十字、东方红广场、东部市场等大型客流集散点，直接连通城市第二中心和城市核心区。因此，城关区与七里河区的交通区位条件显著优于其他县区，安宁区居中，西固区、红古区、永登县、皋兰县、榆中县虽然各具某一方面的交通优势，但综合条件在兰州市域区县中相对处于较低水平。

街道和乡镇层次来看，交通区位支撑力指数呈典型的正偏态分布，70%左右的样本值落在低值区，反映出各评价单元交通区位条件的巨大差异（图 5.10）。按照一定的标准将交通区位支撑力指数划分为高、较高、中等、较低、低五个等级，高值区、较高值区、中值区的单元全部位于城关区和七里河区，大多数乡镇单元都落入低值区和较低值区，这与县区层次的判断完全一致（图 5.11、图 5.12、表 5.6）。其中，高值区有 13 个评价单元，占兰州市国土面积的 0.2%，占总评价单元数的 12%，包括城关区 10 个街道和七里河区 3 个街道；较高值区有 5 个评价单元，占兰州市国土面积的 0.09%，占总评价单元数的 4.5%，包括城关区 3 个街道和七里河区 2 个街道；中值区有 5 个评价单元，占兰州市国土面积的 0.23%，占总评价单元数的 4.5%，包括城关区 3 个街道和七里河区 2 个街道；较低值区有 10 个评价单元，占兰州市国土面积的 5.8%，占总评价单元数的 9%，包括城关区 4 个街道、七里河区 1 个街道、安宁区安宁西路街道和培黎街道、永登县连城镇、榆中县和平镇和定远镇；低值区有 78 个评价单元，占兰州市国土面积的 94%，

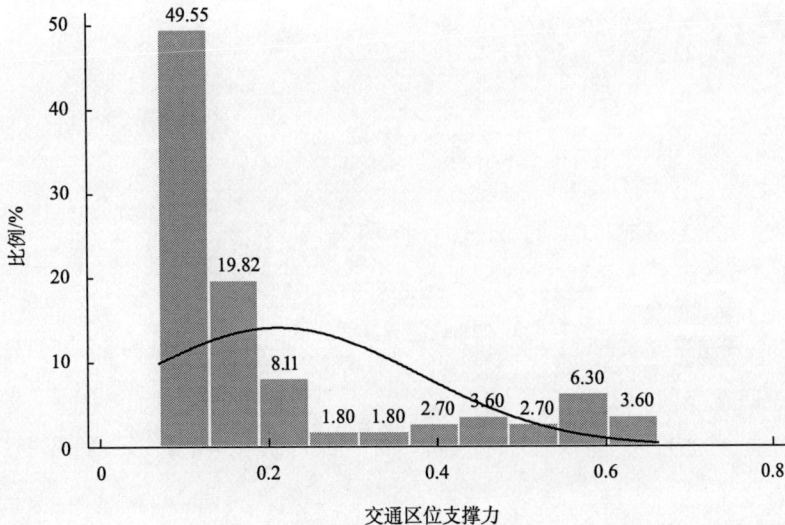

图 5.10　兰州市交通区位支撑力频率分布直方图（街道/乡镇）

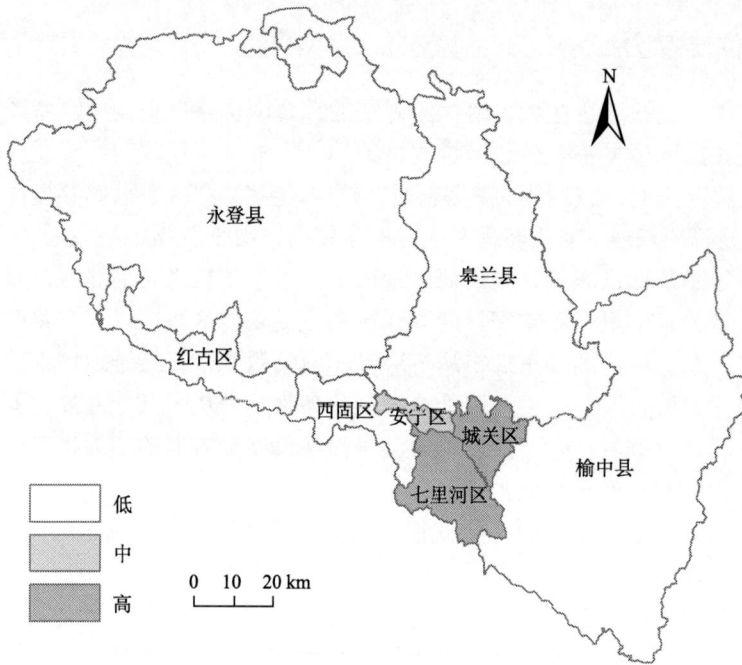

图 5.11　兰州市交通区位支撑力空间格局（区县）

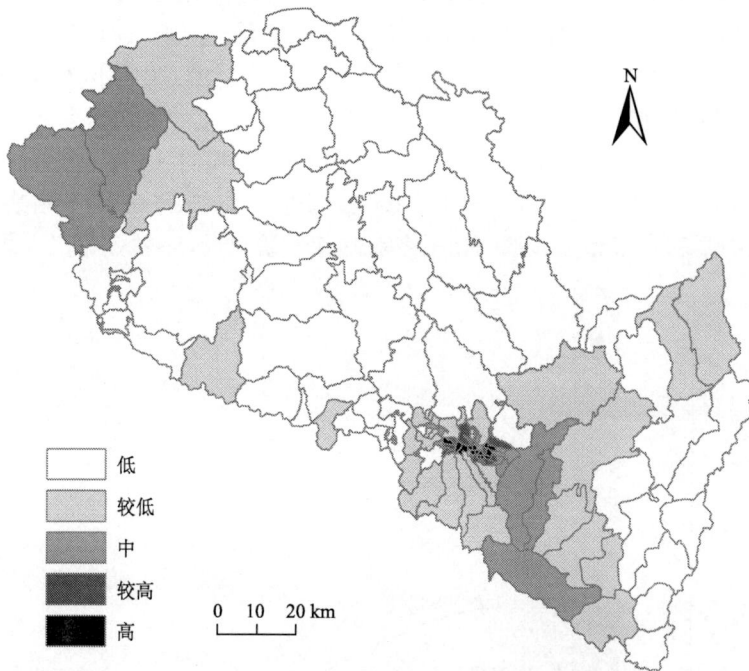

图 5.12　兰州市交通区位支撑力空间格局（街道/乡镇）

占总评价单元数的70%，包括城关区5个街道、七里河区1个街道6个乡镇、西固区4个街道6个乡镇、安宁区6个街道、永登县17个乡镇、皋兰县7个乡镇榆中县18个乡镇。总体来看，兰州市微观地域单元的交通区位条件在空间上极度不均衡，地形因素对区位条件有一定制约但影响不大，交通基础设施的多元化和交通方式的复合型水平决定了某个评价单元整体区位条件，单一化交通方式不能带来区位条件的颠覆性改变。

表5.6　兰州市各乡镇（街道）交通区位支撑力指数分类表

类型区	划分标准	分类结果
高值区（13）	0.40~0.66	皋兰路街道、酒泉路街道、渭源路街道、白银路街道、张掖路街道、铁路西村街道、雁南街道、西湖街道、临夏路街道、西园街道、团结新村街道、敦煌路街道、铁路东村街道
较高值区（5）	0.30~0.40	五泉街道、建兰路街道、东岗西路街道、西站街道、嘉峪关路街道
中值区（5）	0.20~0.30	雁北街道、龚家湾街道、火车站街道、靖远路街道、晏家坪街道
较低值区（10）	0.10~0.20	草场街道、安宁西路街道、培黎街道、广武门街道、土门墩街道、和平镇、拱星墩街道、焦家湾街道、定远镇、连城镇
低值区（78）	0.00~0.10	东岗街道、民乐乡、高新区街道、马坡乡、连搭乡、武胜驿镇、榆中县城关镇、西果园镇、新营乡、秀川街道、黄峪乡、通远乡、八里镇、陈坪街道、阿干镇、魏岭乡、银滩路街道、新城镇、十里店街道、海石湾镇、金沟乡、孔家崖街道、安宁堡街道、小康营乡、金崖镇、盐场路街道、什川镇、上花岔乡、伏龙坪街道、园子岔乡、花庄镇、青城镇、红古乡、忠和镇、石洞镇、四季青街道、河桥镇、大同镇、七山乡、龙泉寺镇、红城镇、华龙街道、达川乡、刘家堡街道、东川镇、夏官营镇、临洮街道、树屏镇、黑石乡、柳泉乡、柳树乡、哈岘乡、水阜乡、永登县城关镇、青白石街道、下窑街道、苦水镇、沙井驿街道、上川镇、九合镇、甘草店镇、河口乡、窑街道、中堡镇、高崖镇、清水驿乡、坪城乡、平安镇、西柳沟街道、龙泉乡、韦营乡、西岔镇、中川镇、中连川乡、彭家坪镇、矿区街道、贡井乡、秦川镇

　　计算兰州市乡镇（街道）交通区位支撑力Moran's I指数为1.21，Z为41.10，P为0.000，小于0.01，说明兰州市乡镇（街道）交通区位支撑力指数呈现出强烈的空间自相关性特征，即相邻交通区位支撑力高（或者低）的街道（乡镇）表现出相对集聚的空间分布格局。如图5.13所示，局部自相关分析表明（表5.7），有79个乡镇（占兰州市国土面积的99%）的交通区位支撑力指数不存在局部自相关性，聚集效应不太明显；有24个单元（占兰州市国土面积的0.5%）的区域发展拉动力指数呈H-H分布，意味着自身与邻近单元的值都比较高，主要分布在兰州市中心城区的城关区和七里河区；其他有8个单元（占兰州市国土面积的0.5%）的交通区位支撑力指数呈L-H分布，意味着邻近单元的值高于自身值。

三、土地资源保障力

　　兰州城市发展受到狭长地形的严重限制，在生态环境和水土资源保障系统中，土地是首要限制因子。土地资源保障力主要反映土地后备资源的丰富度和可开发性，土地资源保障力对区域经济发展潜力有正向支持作用。兰州市城市建成区因开发密度大，土地资源保障能力极低，城市的后备土地主要分布在永登盆地和榆中盆地。从县区层次来看

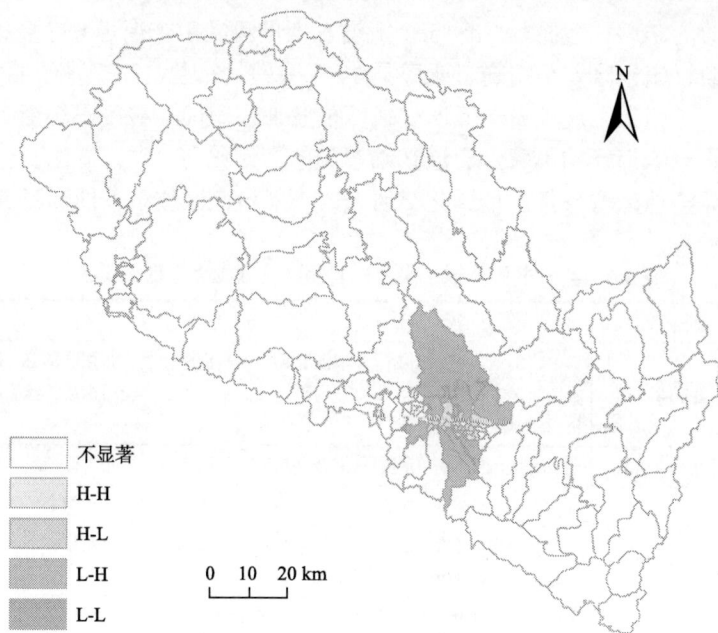

图 5.13　兰州市交通区位支撑力空间关联

表 5.7　兰州市交通区位支撑力 Moran 散点图对应单元

L-H	H-H
城关区：盐场路街道、伏龙坪街道、青白石街道 七里河区：八里镇、魏岭乡、彭家坪镇 安宁区：十里店街道 皋兰县：忠和镇	城关区：皋兰路街道、酒泉路街道、渭源路街道、白银路街道、张掖路街道、铁路西村街道、雁南街道、临夏路街道、团结新村街道、铁路东村街道、五泉街道、东岗西路街道、嘉峪关路街道、雁北街道、火车站街道、靖远路街道、草场街道 七里河区：西湖街道、西园街道、敦煌路街道、建兰路街道、西站街道、龚家湾街道、晏家坪街道
L-L	H-L
—	—

（图 5.14），永登县因拥有秦王川因而土地资源保障力最强，榆中县和皋兰县次之，兰州城市建成区的土地资源保障力最弱。从街道和乡镇层次来看，土地资源保障力指数呈典型的正偏态分布，50% 左右的样本值落在较低值区，反映出各评价单元在经济发展中土地后备潜力的空间不均衡（图 5.15）。

按照一定的标准将土地资源保障力指数划分为高、较高、中等、较低、低五个等级（表 5.8、图 5.16），高值区和较高值区的单元基本分布在永登盆地、榆中盆地，以及兰州城市东扩区，较低值区和低值区的单元主要分布在兰州盆地带状城市扩展区。其中，高值区有 17 个评价单元，占兰州市国土面积的 39%，占总评价单元数的 15%，包括永登县 6 个乡镇，榆中县 6 个乡镇，城关区青白石街道，皋兰县 4 个乡镇；较高值区有 22 个评价单元，占兰州市国土面积的 32%，占总评价单元数的 20%，包括永登县 7 个乡镇，榆中县 8 个乡镇，红古区 3 个乡镇，西固区河口乡和金沟乡，皋兰县水阜乡，安宁区沙井驿街道；中值区 27 个评价单元，占兰州市国土面积的 25%，占总评价单元数的 24%，

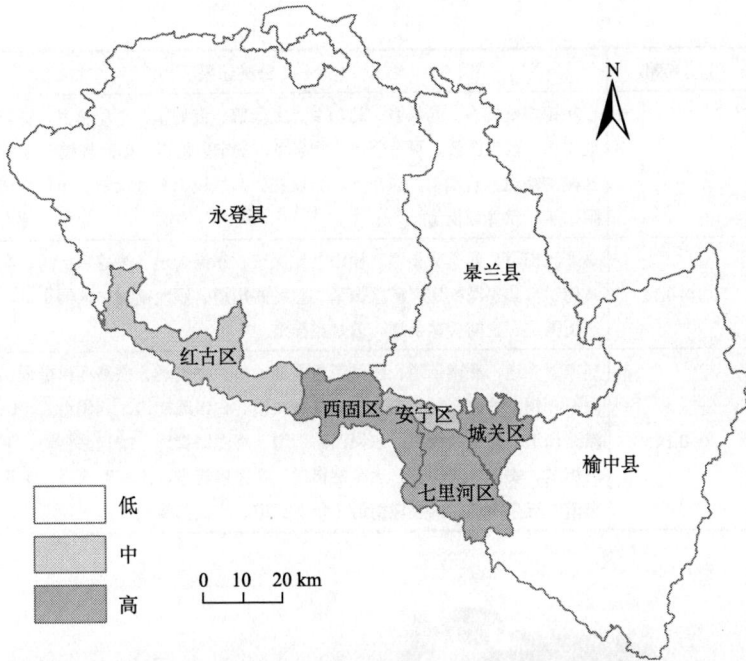

图 5.14 兰州市土地资源保障力空间格局（区县）

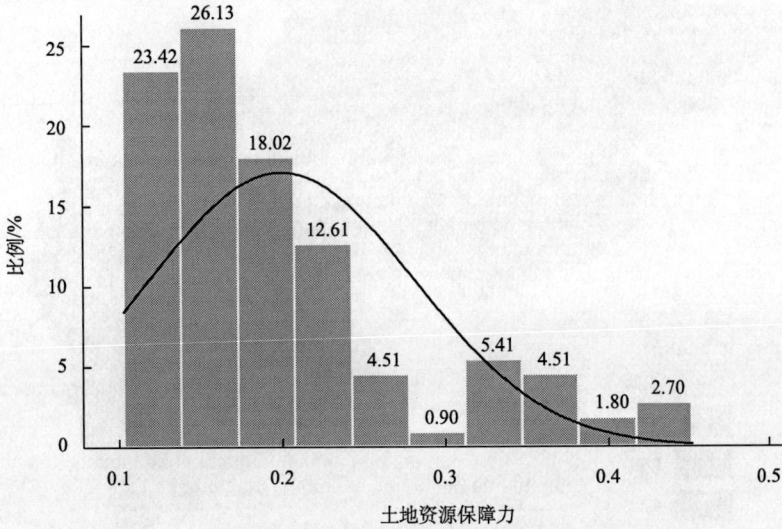

图 5.15 兰州市土地资源保障力频率分布直方图（街道/乡镇）

表 5.8 兰州市各乡镇（街道）土地资源保障力指数分类表

类型区	划分标准	分类结果
高值区（17）	0.30~0.46	苦水镇、中川镇、七山乡、中连川乡、西岔镇、九合镇、哈岘乡、贡井乡、黑石镇、上花岔乡、韦营乡、树屏镇、园子岔乡、上川镇、忠和镇、青白石街道、坪城乡
较高值区（22）	0.20~0.30	水阜乡、通远乡、武胜驿镇、定远镇、平安镇、清水驿乡、甘草店镇、高崖镇、民乐乡、龙泉寺镇、花庄镇、柳树乡、沙井驿街道、龙泉乡、秦川镇、河口乡、中堡镇、新营乡、金崖镇、红古乡、金沟乡、连搭乡

续表

类型区	划分标准	分类结果
中值区（27）	0.16~0.20	什川镇、魏岭乡、马坡乡、达川乡、大同镇、红城镇、小康营乡、黄峪乡、青城镇、连城镇、西果园镇、夏官营镇、柳泉乡、安宁堡街道、彭家坪镇、秀川街道、河桥镇、西柳沟街道、石洞镇、东川镇、新城镇、八里镇、陈坪街道、土门墩街道、和平镇、阿干镇、伏龙坪街道
较低值区（16）	0.14~0.16	龚家湾街道、四季青街道、榆中县城关镇、东岗街道、晏家坪街道、高新区街道、西站街道、焦家湾街道、矿区街道、盐场路街道、雁北街道、西园街道、草场街街道、窑街街道、嘉峪关路街道、敦煌路街道
低值区（29）	0~0.14	刘家堡街道、雁南街道、团结新村街道、皋兰路街道、铁路西村街道、酒泉路街道、海石湾镇、铁路东村街道、永登县城关镇、白银路街道、西湖街道、临洮街道、银滩路街道、建兰路街道、东岗西路街道、渭源路街道、靖远路街道、下窑街道、临夏路街道、安宁西路街道、火车站街道、孔家崖街道、张掖路街道、十里店街道、培黎街道、五泉街道、拱星墩街道、华龙街道、广武门街道

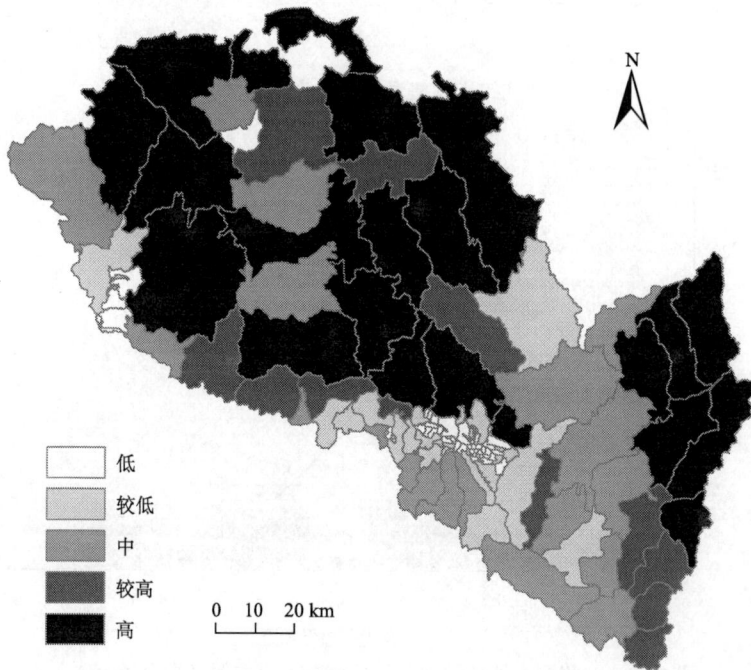

图 5.16　兰州市土地资源保障力空间分异（街道/乡镇）

包括城关区伏龙坪街道，七里河区西南部 8 个乡镇，西固区 2 个街道 4 个乡镇，安宁区安宁堡街道，永登县 4 个建制镇，皋兰县什川镇和石洞镇，榆中县 5 个乡镇；较低值区15 个评价单元，占兰州市国土面积的 2%，占总评价单元数的 9%，包括城关区 7 个街道，七里河区 5 个街道，西固区四季青街道，红古区矿区街道和窑街街道，榆中县城关镇；低值区 29 个评价单元，占兰州市国土面积的 2%，占总评价单元数的 26%，包括城关区

16 个街道，七里河区西湖街道和建兰路街道，西固区临洮街街道，安宁区 6 个街道，红古区 2 个街道和海石湾镇，永登县城关镇。总体看来，土地资源保障力与距离城市中心区的距离和土地开发利用强度呈反比关系，在兰州市域范围内表现极不平衡（图 5.17）。

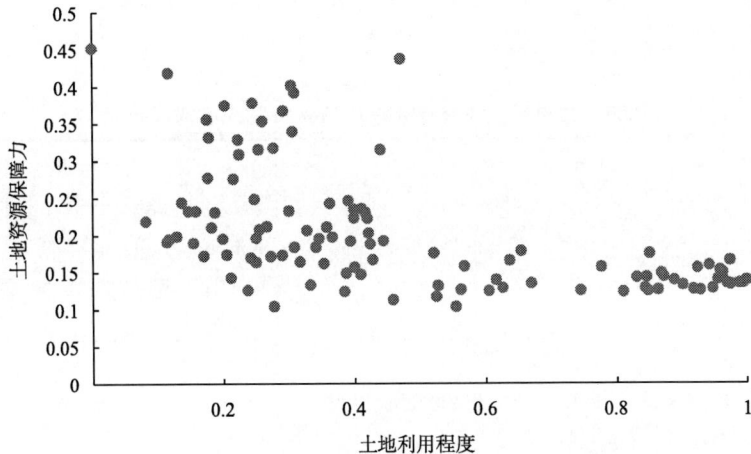

图 5.17　兰州市土地资源保障力与土地利用程度关系图

计算兰州市乡镇（街道）土地资源保障力 Moran's I 指数为 0.47，Z 为 15.94，P 为 0.000，小于 0.01，说明兰州市乡镇（街道）土地资源保障力指数呈现出一定的空间自相关性特征，即相邻土地资源保障力高（或者低）的街道（乡镇）表现出相对集聚的空间分布格局。如图 5.18 所示，局部自相关分析表明（表 5.9），有 61 个乡镇（占兰州市国土面积的 74%）的土地资源保障力指数不存在局部自相关性，聚集效应不太明显；

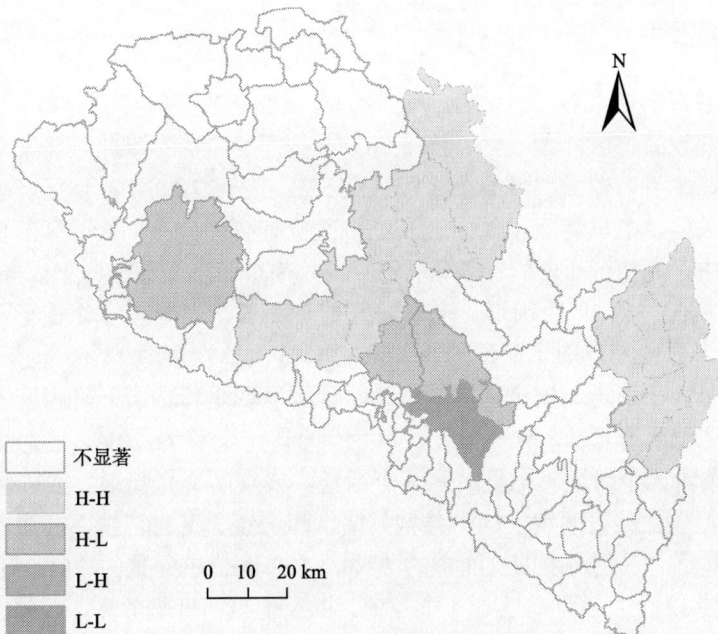

图 5.18　兰州市土地资源保障力空间关联

有 10 个单元（占兰州市国土面积的 31%）的土地资源保障力指数呈 H-H 分布，意味着自身与邻近单元的值都比较高，主要分布在秦王川和榆中盆地；39 个乡镇（占兰州市国土面积的 6%）的土地资源保障力指数呈 L-L 分布，意味着自身与邻近单元的值都比较低；其他有 4 个单元（占兰州市国土面积的 31%）的土地资源保障力指数呈 H-L 分布，意味着邻近单元的值低于自身值。

表 5.9　兰州市土地资源保障力 Moran 散点图对应单元

L-H	H-H
—	永登县：苦水镇、中川镇、树屏镇
	皋兰县：西岔镇、忠和镇
	榆中县：中连川乡、哈岘乡、贡井乡、上花岔乡、园子岔乡
L-L	**H-L**
城关区：伏龙坪街道、东岗街道、高新区街道、焦家湾街道、盐场路街道、雁北街道、草场街街道、嘉峪关路街道、雁南街道、团结新村街道、皋兰路街道、铁路西村街道、酒泉路街道、铁路东村街道、白银路街道、东岗西路街道、渭源路街道、靖远路街道、临夏路街道、火车站街道、张掖路街道、五泉街道、拱星墩街道、广武门街道	城关区：青白石镇
七里河区：八里镇、土门墩街道、龚家湾街道、晏家坪街道、西站街道、西园街道、敦煌路街道、西湖街道、建兰路街道	永登县：七山乡
安宁区：刘家堡街道、银滩路街道、安宁西路街道、孔家崖街道、十里店街道、培黎街道	皋兰县：九合镇、中和镇

四、经济发展潜力

从街道和乡镇层次来看，区域经济发展综合指数呈典型的正态分布，50%左右的样本值落在较低和较高值区（图 5.19、图 5.20）。按照一定的标准将经济发展潜力指数划分为高、较高、中等、较低、低五个等级（图 5.21、表 5.10），高值区、较高值区的单元主要位于城关区、七里河区，西固区和红古区也有少量分布，低值区的单元主要分布在榆中县。其中，高值区有 21 个评价单元，占兰州市国土面积的 1.2%，占总评价单元数的 19%，包括城关区 12 个街道，七里河区 5 个街道，西固区 4 个街道；较高值区有 27 个评价单元，占兰州市国土面积的 2.6%，占总评价单元数的 24%，包括城关区 10 个街道，七里河区 4 个街道，安宁区 6 个街道，西固区四季青街道，红古区 5 个街道，永登县城关镇；中值区有 22 个评价单元，占兰州市国土面积的 20%，占总评价单元数的 20%，包括城关区 3 个街道，七里河区 4 个街道，安宁区 2 个街道，西固区 4 个乡镇，永登县 4 个镇，皋兰县石洞镇，榆中县城关镇、和平镇、夏官营镇、高崖镇；较低值区有 28 个评价单元，占兰州市国土面积的 57%，占总评价单元数的 25%，包括榆中县 7 个乡镇，永登县 12 个乡镇，皋兰县 4 个乡镇，以及七里河区魏岭乡，西固区金沟乡，红古区平安镇、花庄镇、红古乡；低值区有 13 个评价单元，占兰州市国土面积的 19%，

占总评价单元数的 12%，包括榆中县 9 个乡镇，永登县上川镇，皋兰县中和镇和西岔镇，
七里河区黄峪乡。

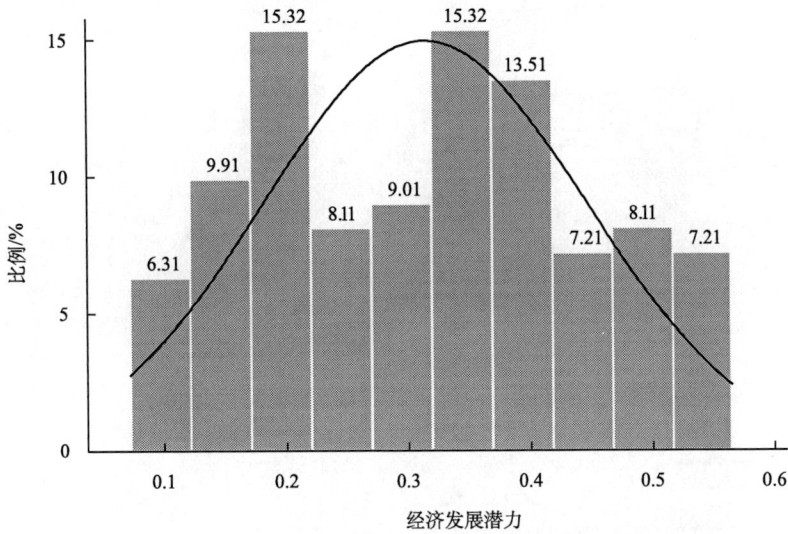

图 5.19　兰州市经济发展潜力频率分布直方图（街道/乡镇）

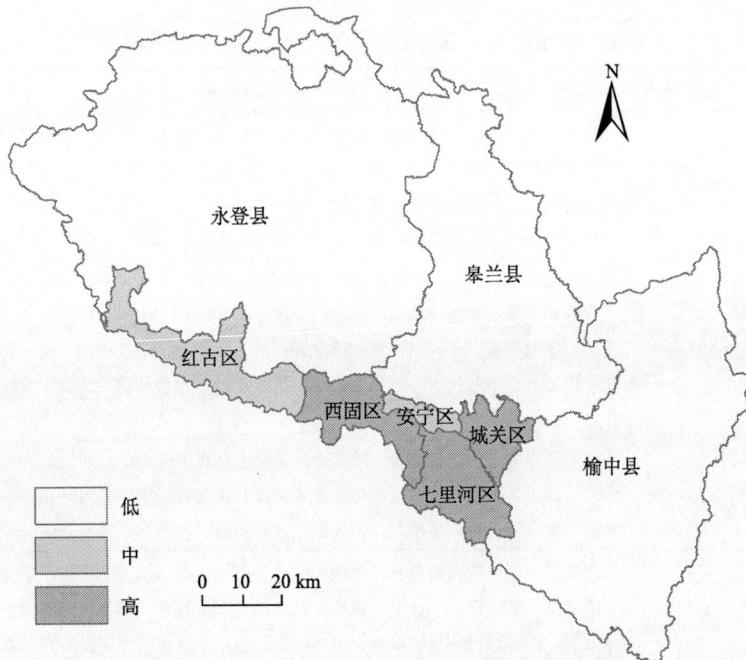

图 5.20　兰州市经济发展潜力空间格局（区县）

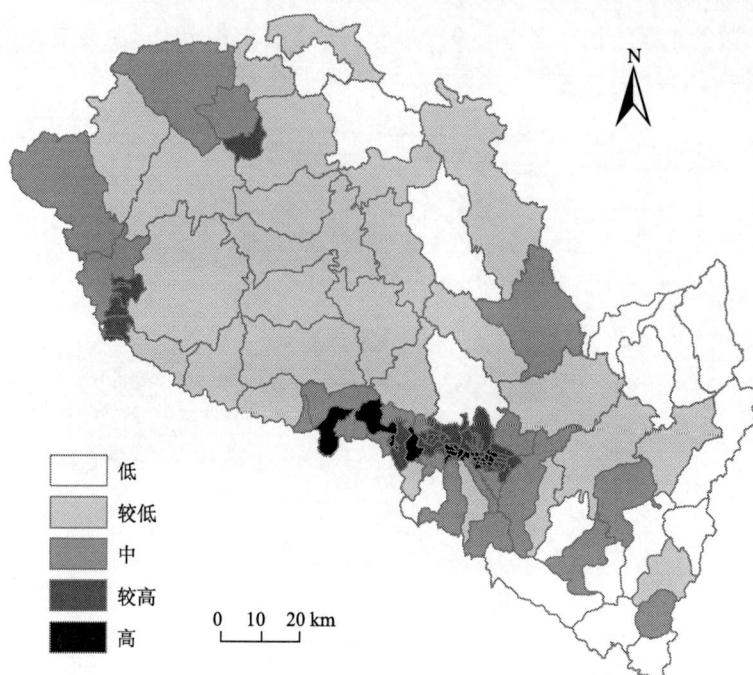

图 5.21　兰州市经济发展潜力空间格局（街道/乡镇）

表 5.10　兰州市各乡镇（街道）经济发展潜力指数分类表

类型区	划分标准	分类结果
高值区（21）	0.45~0.60	临洮街道、皋兰路街道、酒泉路街道、渭源路街道、铁路西村街道、白银路街道、张掖路街道、陈坪街道、西湖街道、西柳沟街道、临夏路街道、敦煌路街道、铁路东村街道、团结新村街道、建兰路街道、西园街道、雁南街道、东岗西路街道、西站街道、五泉街道、新城镇
较高值区（27）	0.35~0.45	龚家湾街道、晏家坪街道、嘉峪关路街道、火车站街道、靖远路街道、雁北街道、安宁西路街道、草场街道、广武门街道、培黎街道、土门墩街道、下窑街道、海石湾镇、华龙街道、焦家湾街道、四季青街道、拱星墩街道、东岗街道、秀川街道、孔家崖街道、银滩路街道、刘家堡街道、矿区街道、永登县城关镇、十里店街道、窑街街道、盐场路街道
中值区（22）	0.25~0.35	高新区街道、石洞镇、伏龙坪街道、阿干镇、河桥镇、河口乡、连城镇、安宁堡街道、和平镇、八里镇、沙井驿街道、夏官营镇、中堡镇、榆中县城关镇、东川镇、彭家坪镇、青白石街道、达川乡、西果园镇、高崖镇、柳泉乡、武胜驿镇
较低值区（28）	0.15~0.25	红城镇、苦水镇、通远乡、龙泉寺镇、大同镇、中川镇、七山乡、平安镇、花庄镇、民乐乡、秦川镇、九合镇、魏岭乡、金沟乡、贡井乡、柳树乡、红古乡、黑石镇、定远镇、树屏镇、甘草店镇、什川镇、金崖镇、水阜乡、坪城乡、青城镇、上花岔乡、马坡乡
低值区（13）	0.00~0.15	忠和镇、新营乡、上川镇、龙泉乡、西岔镇、园子岔乡、哈岘乡、连搭乡、黄峪乡、小康营乡、韦营乡、清水驿乡、中连川乡

计算兰州市乡镇（街道）区域经济潜力 Moran's I 指数为 0.82，Z 为 27.71，P 为 0.000，小于 0.01，说明兰州市乡镇（街道）区域经济潜力指数呈现出较强的空间自相关性特征，即相邻区域经济潜力高（或者低）的街道（乡镇）表现出相对集聚的空间分布格局。如图 5.22 所示，局部自相关分析表明（表 5.11），有 58 个乡镇（占兰州市国土面积的 71%）的区域经济潜力指数不存在局部自相关性，聚集效应不太明显；有 35 个单元（占兰州市国土面积的 1.5%）的区域经济潜力指数呈 H-H 分布，意味着自身与邻近单元的值都

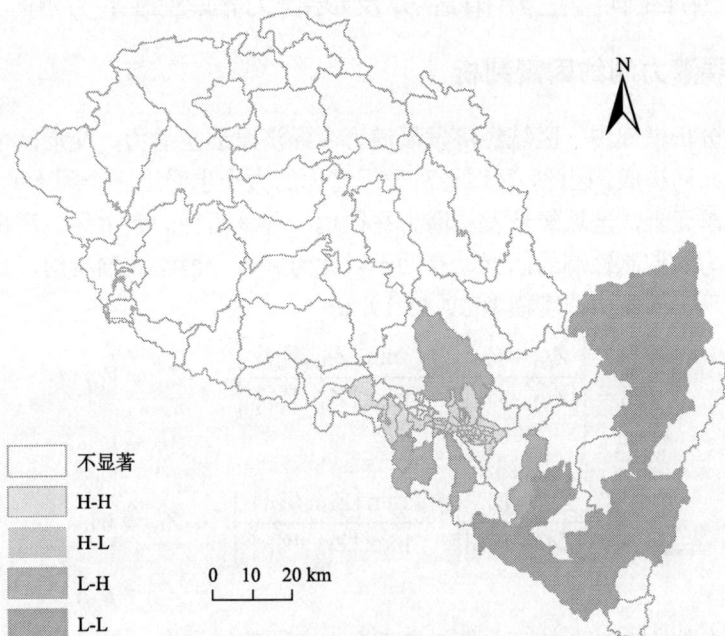

图 5.22　兰州市经济发展潜力空间关联

表 5.11　兰州市区域经济潜力 Moran 散点图对应单元

L-H	H-H
	城关区：皋兰路街道、酒泉路街道、渭源路街道、铁路西村街道、白银路街道、张掖路街道、临夏路街道、铁路东村街道、团结新村街道、雁南街道、东岗西路街道、五泉街道、嘉峪关路街道、火车站街道、靖远路街道、雁北街道、草场街道、广武门街道、焦家湾街道、拱星墩街道、东岗街道、盐场路街道
七里河区：魏岭乡、黄峪乡 西固区：临洮街街道、金沟乡 皋兰县：中和镇 榆中县：定远镇	七里河区：西湖街道、敦煌路街道、建兰路街道、西园街道、西站街道、龚家湾街道、晏家坪街道、土门墩街道、秀川街道 西固区：临洮街街道、陈坪街道、西柳沟街道、四季青街道 安宁区：培黎街道
L-L	H-L
榆中县：贡井乡、甘草店镇、青城镇、上花岔乡、马坡乡、新营乡、园子岔乡、哈岘乡、连搭乡、小康营乡、韦营乡、清水驿乡	—

比较高，形成一个明显的高值聚集区，主要分布在兰州市建成区；12 个乡镇（占兰州市国土面积的 12%）的区域经济潜力指数呈 L-L 分布，意味着自身与邻近单元的值都比较低，形成经济发展潜力较小的聚集区，主要分布在榆中县；其他有 6 个单元（占兰州市国土面积的 4%）的区域经济潜力指数呈 L-H 分布，意味着邻近单元的值高于自身值，主要分布在经济潜力高值区周边，是未来兰州城区经济的潜在扩张区域。

第四节　兰州市经济发展潜力制约因素分析

一、经济发展潜力制约因素判析

在本书的分析框架中，区域经济发展潜力由经济发展拉动力、交通区位支撑力和土地资源保障力共同构成。因此，区域经济发展潜力的大小也受这三个因素的制约和影响。在特定的空间单元上，区域经济发展潜力往往由一种或两种因素主导。辨析特定空间单元经济发展潜力的控制性制约因素，有助于以此为突破口消除瓶颈制约，促进区域经济潜力的有效实现。借助协调度模型[式（5.1）]：

$$E_{(i)} = \begin{cases} \dfrac{Z_{(i)} - V_{(i)}}{\left| Z_{(i)} - V_{(i)} \right|} \left[1 - \dfrac{\min\left\{ Z_{(i)}, V_{(i)} \right\}}{\max\left\{ Z_{(i)}, V_{(i)} \right\}} \right] & \cdots Z_{(i)} \neq V_{(i)} \\ 0 & \cdots Z_{(i)} \neq V_{(i)} \end{cases}$$

$$H_{(i)} = \begin{cases} \dfrac{Z_{(i)} - W_{(i)}}{\left| Z_{(i)} - W_{(i)} \right|} \left[1 - \dfrac{\min\left\{ Z_{(i)}, W_{(i)} \right\}}{\max\left\{ Z_{(i)}, W_{(i)} \right\}} \right] & \cdots Z_{(i)} \neq W_{(i)} \\ 0 & \cdots Z_{(i)} \neq W_{(i)} \end{cases} \tag{5.1}$$

式中，$E_{(i)}$ 为经济发展拉动力与交通区位支撑力之间的协调度；$H_{(i)}$ 为经济发展拉动力与土地资源保障力之间的协调度；$Z_{(i)}$ 为经济发展拉动力指数；$V_{(i)}$ 为交通区位支撑力指数；$W_{(i)}$ 为土地资源保障力指数；$E_{(i)} > 0$ 意味着经济发展实力较好但交通区位条件相对较差，交通区位支撑力对区域发展潜力的实现构成制约；$E_{(i)} < 0$ 意味着交通基础设施建设适度超前，交通区位条件较好但经济发展实力较弱，经济发展拉动力对区域发展潜力的实现构成制约；$E_{(i)}$ 越接近 0，意味着经济发展实力与交通区位条件二者基本协调，不存在哪一个因素超前或滞后的问题；$H_{(i)} > 0$ 意味着经济发展实力较好但后备土地不足，土地资源保障力对区域发展潜力的实现构成制约；$H_{(i)} < 0$ 意味着土地资源丰富但经济发展实力较弱，经济发展拉动力对区域发展潜力的实现构成制约；$H_{(i)}$ 越接近 0，意味着经济发展实力与土地利用潜力二者基本协调，不存在哪一个因素超前或滞后的问题。将 $E_{(i)}$ 与 $H_{(i)}$ 相互比较，可以将所有评价单元划分为拉动力制约型、支撑力制约型、保障力制约型、拉动力支撑力双约束型、支撑力保障力双制约型、拉动力保障力双制约型等 6 种类型（图 5.23）。

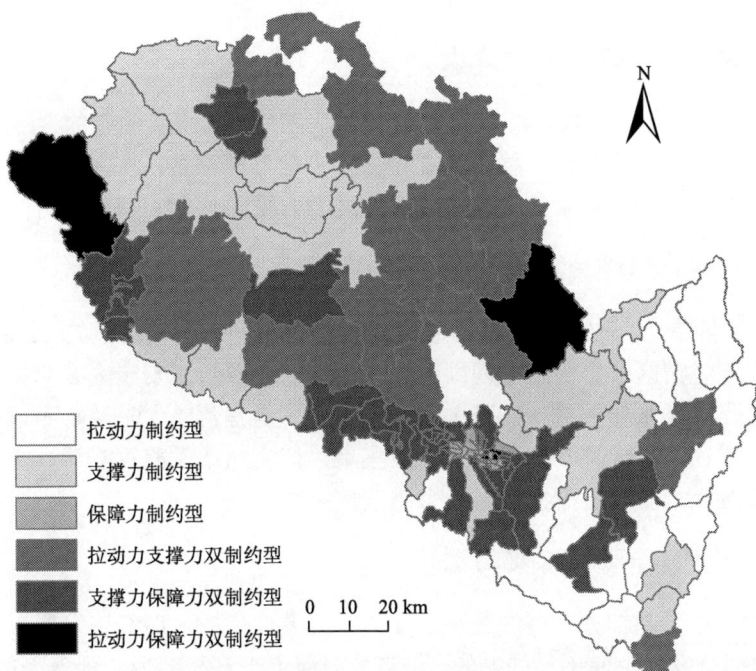

图 5.23　兰州市经济发展潜力制约因素空间格局

二、类型区划分及应对策略

（一）拉动力制约型

交通条件较好，有一定区位优势，土地资源丰富，但经济发展水平较低，经济潜力的开发受到工业化水平低和聚集度差的制约。共有 13 个评价单元，占总评价单元数的 12%，占兰州市国土面积的 17%，包括榆中县 11 个乡镇，皋兰县忠和镇和七里河区黄峪乡（表 5.12）。

（二）支撑力制约型

经济发展水平与土地供给能力基本匹配，但区域交通基础设施建设水平相对滞后，对区域经济潜力的发挥构成较大制约。共 17 个评价单元，占总评价单元数的 15%，占兰州市国土面积的 28%，包括七里河区魏岭乡，西固区金沟乡，红古区花庄镇、平安镇、红古乡，永登县 6 个乡镇，榆中县 4 个镇，皋兰县什川镇。

（三）保障力制约型

经济发展水平与交通区位条件基本匹配，但面临后备土地资源不足的严重制约，主要分布在兰州市中心城区，包括城关区 12 个街道和七里河区 7 个街道，占总评价单元数的 17%，占兰州市国土面积的 0.4%。

（四）拉动力支撑力双约束型

共 12 个评价单元，占总评价单元数的 11%，占兰州市国土面积的 31%，包括永登县 6 个乡镇，皋兰县 4 个乡镇，榆中县 2 个乡。土地资源丰富，资源保障力充足，但经济发展水平不高，交通区位条件较差，经济发展潜力受到拉动力和支撑力的双重制约。

（五）支撑力保障力双制约型

共 45 个评价单元，占总评价单元数的 41%，占兰州市国土面积的 21%，包括城关区 8 个街道，七里河区 6 个街道，西固区 4 个街道 5 个乡镇，安宁区 8 个街道，红古区 5 个街道，永登县 5 个镇，榆中县城关镇、和平镇、夏官营镇，皋兰县石洞镇。此类单元城镇化水平较高，形成了一定程度的产业集聚，但交通条件相对滞后，土地后续保障不足，经济发展潜力受到支撑力和保障力的双重制约。

（六）拉动力保障力双制约型

共 4 个评价单元，都分布在城关区，交通区位条件优越，但经济发展水平不能与之匹配，同时也面临发展空间不足的制约，经济发展潜力受到拉动力和保障力的双重制约。

表 5.12　兰州市区域经济潜力制约因素分类

	拉动力支撑力双制约型	支撑力制约型	支撑力保障力双制约型	拉动力制约型	拉动力保障力双制约型	保障力制约型
城关区		青白石街道	广武门街道、伏龙坪街道、草场街街道、拱星墩街道、东岗街道、盐场路街道、焦家湾街道、高新区街道		酒泉路街道、雁南街道、皋兰路街道、渭源路街道	张掖路街道、临夏路街道、雁北街道、五泉街道、白银路街道、靖远路街道、火车站街道、团结新、街道、东岗西路街道、铁路东村街道、铁路西村街道、嘉峪关路街道
七里河区		魏岭乡	土门墩街道、秀川街道、阿干镇、八里镇、彭家坪镇、西果园镇	黄峪乡		西园街道、西湖街道、建兰路街道、敦煌路街道、西站街道、晏家坪街道、龚家湾街道
西固区		金沟乡	陈坪街道、四季青街道、临洮街道、西柳沟街道、新城镇、东川镇、达川乡、河口乡、柳泉乡			
安宁区			培黎街道、安宁西路街道、沙井驿街道、十里店街道、孔家崖街道、银滩路街道、刘家堡街道、安宁堡街道			

续表

	拉动力支撑力双制约型	支撑力制约型	支撑力保障力双制约型	拉动力制约型	拉动力保障力双制约型	保障力制约型
红古区		花庄镇、平安镇、红古乡	窑街道、下窑街道、矿区街道、海石湾镇、华龙街道			
永登县	苦水镇、中川镇、树屏镇、上川镇、坪城乡、七山乡	武胜驿镇、秦川镇、大同镇、龙泉寺镇、柳树乡、通远乡	永登县城关镇、红城镇、中堡镇、河桥镇、连城镇			
皋兰县	西岔镇、九合镇、黑石镇、水阜乡	什川镇	石洞镇	忠和镇		
榆中县	龙泉乡、贡井乡	高崖镇、金崖镇、甘草店镇、青城镇	榆中县城关镇、夏官营镇、和平镇	定远镇、连搭乡、马坡乡、新营乡、中连川乡、小康营乡、清水驿乡、韦营乡、园子岔乡、上花岔乡、哈岘乡		

第六章　兰州市城镇化质量评价

党的十八大报告提出，坚持走中国特色新型工业化、信息化、城镇化、农业现代化道路。党的十八届三中全会明确要求，坚持走中国特色新型城镇化道路。中央城镇化工作会议进一步强调"走中国特色、科学发展的新型城镇化道路"。《国家新型城镇化规划（2014—2020 年）》提出，新型城镇化是"质量明显提高、四化同步、以人为核心"的城镇化。中国进入了以提高城镇化质量为核心的新型城镇化时代。

本章在新型城镇化建设的大背景下，全面科学地评价兰州市现状城镇化质量，从区县和街道（乡镇）两个尺度细致地刻画兰州市城镇化质量的空间格局，增强对城镇化质量空间分异的认识水平，有利于推动兰州市城镇化因地制宜健康发展，具有重要的理论与现实意义。

第一节　兰州市城镇化现状与问题

一、城市总体规模逐步增大，人口城镇化率快速提高

作为"一五"时期国家重点建设城市和西北地区交通枢纽和重要的区域性中心城市，兰州市的城市规模和人口城镇化率一直稳步提高，改革开放以来增长速度逐渐加快。全市总人口从 1978 年的 205.6 万人增加到 2012 年的 363.05 万人，在全国 286 个地级及以上城市中排名第 146 位。市域城镇化率由 1978 年的 45.61%提高到 2012 年的 78.34%，人口城镇化水平在全国 286 个地级及以上城市中排名第 20 位，居于全国较前列。1978~2010年，兰州市域城镇化水平的增长经历了先提速后减速再加速的过程。1978~1990 年兰州市域城镇化进程以年均增长 0.87 个百分点的速度稳步发展；1991~2000 年是兰州城镇化进程推进相对较快的时期，城镇化率年均增长 1.05 个百分点；2001~2010 年，兰州城镇化率年均增长 0.465 个百分点，低于前一阶段的增长速度，说明兰州城市发展受到空间制约的影响日趋严重，但在 2010 年以后，城镇化速度又有所加快（图 6.1、表 6.1）。

总体而言，兰州市域及甘肃省内非农业人口转移是兰州市区人口聚集和城镇化率提高的主要途径。1978 年至今 30 多年间兰州市域户籍总人口稳步增长，其中非农业人口持续增长，而农业人口增长缓慢。尤其是 1986 年以来，兰州市域农业人口不断向非农业人口转化，即市域内农业人口不断向市域内城镇地区集聚，并且这一过程不断加剧。国家的非均衡发展战略、兰州国企改革滞后，以及市域城镇用地空间局促这三大制约兰州市域总人口发展的因素在更大程度上制约着兰州市域城镇人口的发展，因此市域城镇化水平发展相对缓慢。而近年来，西部地区在国家区域发展战略中的地位得到了提升、兰州国企改革也已基本完成。向秦王川和榆中盆地的城市用地空间拓展取得较大进展，原来阻碍兰州市域城镇化进程的因素逐步得到解决，市域城镇化发展将进入新阶段，城镇化率将继续加速提高。

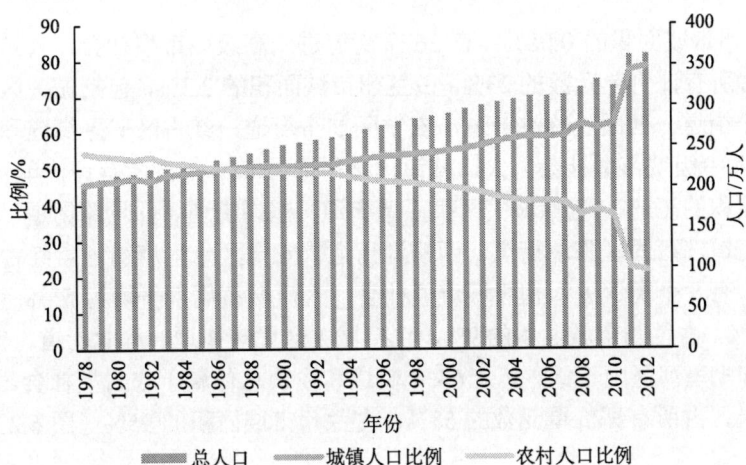

图 6.1 兰州市域总人口、城镇人口比例、农村人口比例（1978~2012 年）

表 6.1 1978 年以来兰州市域城镇化水平发展情况统计表

年份	城市化水平/%
1977 年	44.00
1990 年	55.37
2000 年	65.90
2008 年	73.75
时期	城市化水平年均增长百分点数/%
1978~2008 年	0.95
1978~1990 年	0.87
1991~2000 年	1.05
2001~2010 年	0.465
2010~2012 年	0.12

二、城镇化水平不均衡，极化效应和"中心-外围"特征明显

兰州市域城镇化水平存在严重的不均衡，从市域人口空间分布特征来看，城关、七里河、西固、安宁四个城区经济发达，人口密度最高；红古区由于矿产资源丰富，工矿城镇较发达，人口密度次之；榆中县地势平坦，小城镇发展条件较好，人口密度高于其他两县；永登和皋兰两县地处山区，利于人口集聚的自然条件较差，人口密度低。城市的极化效应和"中心-外围"特征明显。

一般认为，人口城镇化率为 51%~60%，为初级城市型社会；城镇化率为 61%~75%，为中级城市型社会；城镇化率为 76%~90%，为高级城市型社会；城镇化率大于 90%，为完全城市型社会（魏后凯，2013）。依此来看，兰州市 111 个街道和乡镇单元中，仅有城关区的皋兰路街道、铁路东村街道、铁路西村街道和七里河区的、建兰路街道、敦煌路街道、西站街道进入完全城市型社会，人口城镇化率平均为 92%，占所有评价单元数的 5%，占兰州市域面积的 0.08%；有 26 个街道进入高级城市型社会，人口城镇化率平均为 84%，占所有评价单元数的 23%，占兰州市域面积的 2.3%，包括城关区 12 个街道，七里河区 6 个街道，西固区临洮街道，安宁区 5 个街道，红古区矿区街道和花庄镇；有 10 个街道进入中级城市型社会，人口城镇化率平均为 68%，占所有评价单元数的 9%，占兰州市域面积的 1.3%，包括城关区拱星墩街道、东岗街道、盐场路街道、嘉峪关路街道、焦家湾街道，西固区陈坪街道、西柳沟街道，安宁区十里店街道，红古区下窑街道和海石湾镇；有 5 个街道进入初级城市型社会，人口城镇化率平均为 55%，占所有评价单元数的 4.5%，占兰州市域面积的 9%，包括城关区雁南街道、雁北街道、伏龙坪街道、高新区街道和七里河区阿干镇；其余 64 个街道和乡镇总体属于农村型社会，人口城镇化率平均为 10%，占所有评价单元数的 58%，占兰州市域面积的 95%（图 6.2）。

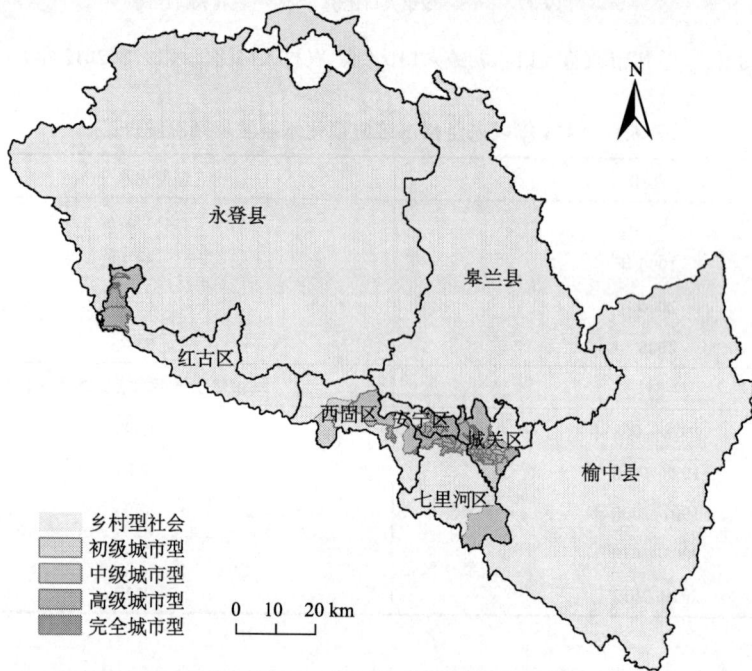

图 6.2　兰州市域城镇化类型划分

三、城市建设步伐加快，综合服务能力和质量日益提高

兰州市目前基本形成以兰州市区为市域核心，以二级城市和县城中心为纽带，以小城镇为扩散点的多中心、多层次、组团式的城市空间布局，构成合理的城镇体系构架。公共设施建设日益完善，服务功能得到进一步增强。以南关什字为核心，西起西关什字、东至东方红广场、南至铁路局广场的城市中心区地位得到进一步加强。兰州火车站、铁路局广场、南关什字、西关什字、雁滩、小西湖等多个商业中心基本形成，教育和文化设施建设日益完善。城市基础设施得到了极大地改善，包括道路交通和燃气供应、供水、集中供热等市政设施的建设都有较为快速的发展，形成了以兰州为中心连接东西南北的高速大通道，基本实现乡乡（镇）通油路，村村通公路的目标，供水、供热、供电、防

灾等能力有了极大提升。环境污染得到遏制，资源利用水平日益提高，人居环境逐步好转，初步形成了以南北两山绿化为重点，以三大绿色通廊为依托，以百里黄河风情线为纽带的多层次、立体化的绿色生态系统。

第二节 兰州市城镇化质量评价模型

一、城镇化质量的评价维度

2013 年 3 月，中国社科院城市发展与环境研究所推出《中国城镇化质量报告》（以下简称《报告》）（魏后凯，2013），首次对中国城镇化质量状况进行系统的综合评价研究，并公布了"中国地级以上城市城镇化质量排名"。《报告》从城市自身的发展质量、城镇化的推进效率、城乡协调的程度等三个方面，构建城镇化质量评价指标体系，共有一级指标 3 项、二级指标 7 项、三级指标 30 多项。所谓城镇化，是指人口向城镇聚集、城镇规模扩大，以及由此引起一系列经济社会变化的过程，其实质是经济结构、社会结构和空间结构的变迁。城镇化质量是指在城镇化进程中与城镇化数量相对的反映城镇化优劣程度的一个综合概念，特指城镇化各组成要素的发展质量、协调程度和推进效率。从本质内涵上讲，城镇化质量包括城镇自身的发展质量、城镇化推进的效率和城乡协调发展程度三个方面。从构成要素看，城镇化质量又可分为经济城镇化质量、社会城镇化质量和空间城镇化质量。因此，城镇化质量是一个综合的概念，它是城镇化各构成要素和所涉及领域质量的集合。在本书中，我们将城镇化质量的三个维度——经济城镇化质量、社会城镇化质量和空间城镇化质量进一步具体化，以经济发展质量表征经济城镇化质量，以公共服务质量和基础设施质量表征社会城镇化质量，以人居环境质量表征空间城镇化质量，构建 4 个维度 25 个指数的指标体系，分析兰州市城镇化发展质量的系统演化特征和空间分异规律（图 6.3）。

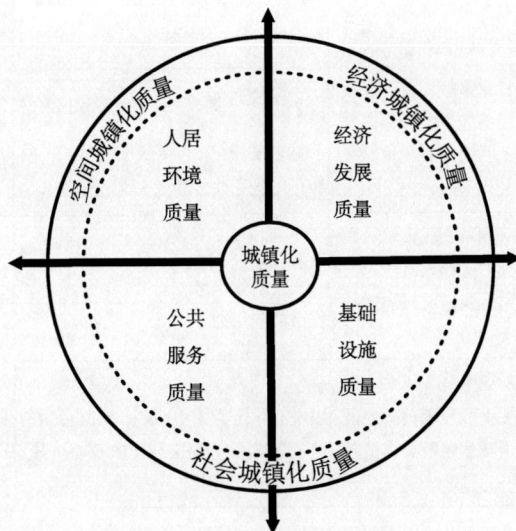

图 6.3 城镇化质量评价维度

二、评价指标体系及指标计算

根据以上关于城镇化质量的理论分析，本书从城镇的经济发展质量、公共服务质量、人居环境质量、基础设施质量 4 个维度，建立评价指标体系，用以测评兰州市区县以及乡镇（街道）的城镇化质量。指标体系的构成、指标计算与数据来源见表 6.2。

表 6.2　城镇化质量指标内涵、计算方法和数据来源

测量维度	指标	指标内涵	计算方法	数据来源	单位
经济发展质量	镇区人口占镇域人口比例	反映了人口的城镇化率	城市人口/总人口×100%	统计年鉴	
	建设用地开发率	反映城镇建设用地开发程度，其计算结果越高，表示城镇开发程度越好，建设利用越好	建设用地面积/城镇区域面积×100%	基本统计成果	
	人均建设用地面积	反映城镇中建设用地资源按人口分配的人均面积，即人均基础上享有建设用地面积。规划要求人均城市建设用地严格控制在100m² 以内。其值越大，表示城镇建成区密度越高	城镇建设用地面积/城镇常住人口总数	普查数据、第六次人口普查数据	m²/人
	单位建设用地面积 GDP	反应城市经济发展的现状，了解城市发展水平。计算值越高，表示单位建设用地面积 GDP 贡献率就越高，经济发展水平越高	地区总 GDP/建设用地总面积	基本统计成果、中国城市统计年鉴	万元/m²
	单位建设用地面积二、三产业增加值	反映产业结构优化升级的指标，是衡量产业结构层次高低的重要标准。计算值越高，表示产业结构升级优化越快，结构越为合理	第二、三产业增加值/建设用地面积	基本统计成果、中国城市统计年鉴	万元/m²
	城镇经济吸引力	城市之间的经济联系程度，以及被周围城市所吸引的能力的大小，其值越大，说明城镇间相互作用越明显	$F = \dfrac{kM_1M_2}{d^2}$ 其中，M_1, M_2 分别为两个城市质量；d 为两城市距离，一般 $k=1$,质量用 GDP、人口求几何平均	基本统计成果、中国城市统计年鉴	
	中心城市经济辐射力	某中心城市经济联系强度占地区经济联系强度总和的比例，其值越大，说明该中心城市对周边区域经济带动作用越大	$F = F_{ij} / \sum\limits_{i=1}^{n} F_{ij}$ 其中，F_{ij} 为 i 城市对 j 城市的吸引力	基本统计成果、中国城市统计年鉴	
	工矿企业空间密集度	基于空间位置反映城镇工矿企业空间集聚程度，便于政府部门对地区经济发展进行宏观规划等。其值越大，说明产业分布越集中	以中心城区为中心，统计 2~3km 内覆盖的工矿企业数/区域工矿企业总数	普查数据	

续表

测量维度	指标	指标内涵	计算方法	数据来源	单位
公共服务质量	中小学服务覆盖率	表征中小学校在地理空间上覆盖和服务的居民地范围和能力，是衡量居民上学能力和学校覆盖程度和能力的指标之一	小学500m服务半径内居住人口总数/城镇常住人口总数；中学1000m服务半径内居住人口总数/城镇常住人口总数	普查数据、第六次人口普查数据/统计年鉴	
	生均教育资源用地面积	城镇在规划中对教育建设用地投入的比例，反映教育资源在建设用地或房屋建筑用地中的利用和投入情况	学校用地面积/学生总人数	基本统计成果、第六次人口普查数据	m²/人
	医院服务覆盖率	表征医院在地理空间上覆盖和服务的居民地的范围和能力，是衡量医院对居民就医能力和覆盖程度的指标之一	社区医院250m服务半径内居住人口总数/城镇常住人口总数；二级医院500m服务半径内居住人口总数/城镇常住人口总数；三级医院1000~2000m服务半径内居住人口总数/城镇常住人口总数	普查数据、第六次人口普查数据/统计年鉴	
	人均医护人员占比	反映人均基础上享有的医疗人员数	医护人员总数/统计单元人口总数	统计年鉴数据	%
	水厂、电厂、污水处理厂拥有量	每10万人拥有水厂、电厂、污水处理厂的数量，反映城镇基础设施条件。其值越高，表示城镇基础设施配置越好	$\dfrac{\sum\text{水厂数}+\text{电厂数}+\text{污水处理厂数}}{\text{城镇常住人口总数}}\times100000$	普查数据	10万人拥有量
人居环境质量	水面覆盖率	反映城镇区域范围内地面水资源的覆盖程度	水面面积/统计单元面积×100%	基本统计成果	
	绿化林地覆盖率	反映城镇区域范围内绿化林地覆盖状况	绿化林地面积/统计单元面积×100%	基本统计成果	
	绿化草地覆盖率	反映城镇区域范围内绿化草地覆盖状况	绿化草地面积/统计单元面积×100%	基本统计成果	
	园地覆盖率	反映城区范围内园地覆盖状况	园地面积/统计单元面积×100%	基本统计成果	
	人均绿化草地地面积	反映城镇人居绿化环境状况，从一个方面说明该城镇居住生态环境的适宜性	绿化草地面积/城镇常住人口数	基本统计成果、第六次人口普查数据/统计年鉴	m²/人
	人均绿化林地面积	反映城镇人居绿化环境状况，从一个方面说明该城镇居住生态环境的适宜性	绿化林地面积/城镇常住人口数	基本统计成果、第六次人口普查数据/统计年鉴	km²/万人
	人均水面面积	反映城镇人居生活环境状况，从一个方面说明该城镇居住环境的适宜性	水面面积/城镇常住人口数	基本统计成果、第六次人口普查数据/统计年鉴	m²/人
	人均园地面积	反映城镇人居绿化环境状况，从一个方面说明该城镇居住生态环境的适宜性	园地面积/城镇常住人口数	基本统计成果、第六次人口普查数据/统计年鉴	m²/人

续表

测量维度	指标	指标内涵	计算方法	数据来源	单位
基础设施质量	人均道路面积	表征某地区城市内部交通通达能力	道路总面积/城镇常住人口数	基本统计第六次人口普查数据/统计年鉴	m²/人
	道路面积率	是反映城镇城市道路拥有量的重要经济技术指标	城镇道路用地面积/城镇建设用地总面积×100%	基本统计成果	
	人均道路长度	表征某地区城市内部交通通达能力	道路总长度/城镇常住人口数	基本统计成果、第六次人口普查数据/统计年鉴	m/人
	地均道路长度	表征某地区城市内部交通通达能力	道路总长度/城镇建设用地总面积	基本统计成果	m/m²
	建城区面积占比	反映了城市建设的空间落实情况	年末建城区面积/区域总面积×100%	统计年鉴	

三、熵权 TOPSIS 评价模型

（一）标准化评价矩阵构建

设兰州市城镇发展水平的原始评价指标矩阵为

$$V = \begin{bmatrix} v_{11} & v_{12} & \cdots & v_{1n} \\ v_{21} & v_{22} & \cdots & v_{2n} \\ \vdots & \vdots & \vdots & \vdots \\ v_{m1} & v_{m2} & \cdots & v_{mn} \end{bmatrix} \quad (6.1)$$

要得到标准化评价矩阵，可采用归一化方法对原始数据进行处理，处理方法为式（6.2）和式（6.3）。

$$\text{对于正向指标（越大越好）} \quad r_{ij} = \frac{v_{ij} - \min(v_{ij})}{\max(v_{ij}) - \min(v_{ij})} \quad (6.2)$$

$$\text{对于逆向指标（越小越好）} \quad r_{ij} = \frac{\max(v_{ij}) - v_{ij}}{\max(v_{ij}) - \min(v_{ij})} \quad (6.3)$$

故得到标准化矩阵为

$$R = \begin{bmatrix} r_{11} & r_{12} & \cdots & r_{1n} \\ r_{21} & r_{22} & \cdots & r_{2n} \\ \vdots & \vdots & \vdots & \vdots \\ r_{m1} & r_{m2} & \cdots & r_{mn} \end{bmatrix} \quad (6.4)$$

式中，V 为初始评价矩阵；v_{ij} 为第 i 项指标在第 t 时间的初始值；R 为标准化后的评价矩阵；r_{ij} 为第 i 项指标在第 t 时间的标准化值；$\max(v_{ij})$ 和 $\min(v_{ij})$ 分别为第 i 项指标序列的最大值和最小值。

（二）指标权重确定

本书采用熵技术支持下的 AHP 法确定指标权重，熵权计算公式为

$$w_i = \frac{1 - H_i}{m - \sum_{i=1}^{m} H_i} \tag{6.5}$$

式中，$H_i = -\frac{1}{\ln n} \sum_{j=1}^{n} f_{ij} \ln f_{ij}$，称为信息熵；$f_{ij} = \frac{r_{ij}}{\sum_{j=1}^{n} r_{ij}}$ 为指标的特征比重，$0 \leqslant f_{ij} \leqslant 1$，

当 $f_{ij} = 0$ 或 $f_{ij} = 1$ 时，$f_{ij} \ln f_{ij} = 0$。

指标权重计算结果见表 6.3。

表 6.3　城镇化质量信息熵、冗余度、指标权重

总体层	标准层	指标层	指标性质	信息熵	冗余度	权重
城镇化质量	经济发展质量	镇区人口占镇域人口比例	正向	0.896	0.104	0.022
		建设用地开发率	正向	0.881	0.119	0.025
		人均建设用地面积	正向	0.884	0.116	0.024
		单位建设用地面积 GDP	正向	0.809	0.191	0.039
		单位建设用地面积第二、三产业增加值	正向	0.804	0.196	0.040
		城镇经济吸引力	正向	0.759	0.241	0.050
		中心城市经济辐射力	正向	0.759	0.241	0.050
		工矿企业空间密集度	正向	0.833	0.167	0.034
	公共服务质量	中小学服务覆盖率	正向	0.881	0.119	0.024
		生均教育资源用地面积	正向	0.763	0.237	0.049
		医院服务覆盖率	正向	0.771	0.229	0.047
		人均医护人员占比	正向	0.816	0.184	0.038
		水厂、电厂、污水处理厂拥有量	正向	0.875	0.125	0.026
	人居环境质量	水面覆盖率	正向	0.762	0.238	0.049
		绿化林地覆盖率	正向	0.761	0.239	0.049
		绿化草地覆盖率	正向	0.800	0.200	0.041
		园地覆盖率	正向	0.798	0.202	0.042
		人均绿化草地面积	正向	0.804	0.196	0.040
		人均绿化林地面积	正向	0.845	0.155	0.032
		人均水面面积	正向	0.756	0.245	0.050
		人均园地面积	正向	0.747	0.253	0.052

续表

总体层	标准层	指标层	指标性质	信息熵	冗余度	权重
	基础设施质量	人均道路面积	正向	0.883	0.117	0.024
		道路面积率	正向	0.951	0.049	0.010
		人均道路长度	正向	0.864	0.136	0.028
		地均道路长度	正向	0.924	0.076	0.016
		交通枢纽数量	正向	0.536	0.464	0.096
		建城区面积增长率	正向	0.982	0.018	0.004

（三）基于熵权的评价矩阵构建

为进一步提高城镇发展水平评价矩阵的客观性，借助加权思想，运用熵权 w_i 构建加权规范化评价矩阵 Y，具体计算公式为

$$Y = \begin{bmatrix} y_{11} & y_{12} & \cdots & y_{1n} \\ y_{21} & y_{22} & \cdots & y_{2n} \\ \vdots & \vdots & \vdots & \vdots \\ y_{m1} & y_{m2} & \cdots & y_{mn} \end{bmatrix} = \begin{bmatrix} r_{11} \cdot w_1 & r_{12} \cdot w_1 & \cdots & r_{1n} \cdot w_1 \\ r_{21} \cdot w_2 & r_{22} \cdot w_2 & \cdots & r_{2n} \cdot w_2 \\ \vdots & \vdots & \vdots & \vdots \\ r_{m1} \cdot w_m & r_{m2} \cdot w_m & \cdots & r_{mn} \cdot w_m \end{bmatrix} \qquad (6.6)$$

（四）正负理想解确定

设 Y^+ 为评价数据中第 i 个指标在 j 年内的最大值，即最偏好的方案，称为正理想解，Y^- 为评价数据中第 i 个指标在 j 年内的最小值，即最不偏好的方案，称为负理想解，计算公式如

$$Y^+ = \left\{ \max_{1 \le i \le m} y_{ij} \middle| i = 1, 2, \cdots, m \right\} = \{ y_1^+, y_2^+, \cdots, y_m^+ \}$$
$$Y^- = \left\{ \min_{1 \le i \le m} y_{ij} \middle| i = 1, 2, \cdots, m \right\} = \{ y_1^-, y_2^-, \cdots, y_m^- \} \qquad (6.7)$$

（五）距离计算

采用欧式距离计算公式[式（6.8）]，令 D_j^+ 为第 i 个指标与 y_j^+ 的距离，D_j^- 为第 i 个指标与 y_j^- 的距离：

$$D_j^+ = \sqrt{\sum_{i=1}^{m} \left(y_{ij}^+ - y_{ij} \right)^2} \quad (i = 1, 2, \cdots, m)$$
$$D_j^- = \sqrt{\sum_{i=1}^{m} \left(y_{ij}^- - y_{ij} \right)^2} \quad (i = 1, 2, \cdots, m) \qquad (6.8)$$

（六）计算评价对象与理想解的贴近度

令 T_j 为第 j 年城镇发展水平接近最优水平的程度，一般称为贴近度，其取值范围介

于$[0,1]$，T_j越大，表明城镇发展水平越接近其最优水平，当$T_j = 1$时，城镇发展水平最高；当$T_j = 0$时，城镇发展水平最低。本书以贴近度表示兰州市各评价单元城镇发展水平的高低，计算公式为

$$T_j = \frac{D_j^-}{D_j^+ + D_j^-} \tag{6.9}$$

第三节　兰州市城镇化质量评价结果

一、兰州市城镇化质量基本情况

城市地域类型的识别是研究城镇化水平和城镇化质量的前提。城市地域类型一般划分为 3 类：一是城市行政地域，指根据国家行政区划方案的规定，一个城市依照法律规定所管辖的地域范围，在我国，既包括城市市区（不含辖县），又包括辖县在内的城市地区；二是城市实体地域，是集中了各种城市设施，以非农用地和非农经济活动为主题的城市型景观分布范围，相当于城市建成区；三是城市功能地域，一般是以一日为周期的城市工作、居住、教育、商业、娱乐、医疗等功能所波及的范围，以建成区为核心，还包括与城市建成区存在密切社会经济联系，并有一体化倾向的城市外围地域。三种地域类型在空间上并不完全一致。

截止到 2012 年，兰州市年末常住人口达 363.05 万人，其中城镇人口 284.41 万人，城镇化率达 78.34%。按我国现行市镇分类标准，兰州市属于超大城市（非农业人口 200 万以上）；按行政级别，兰州市是甘肃省会，为地级市，下辖 5 区 3 县。城市建成区沿黄河河谷带状分布，以及明显的城乡二元性造成兰州城市实体地域的不完整性和复杂性。就兰州城市内部而言，街道属于城市建成区，是城镇化水平最高的城镇类型；建制镇是以非农业人口为主，具有一定规模工商业的居民点，一般常住人口在 2000 人以上，10 万人以下，非农业人口占 50%以上，是城镇化水平较低的城镇类型；乡不属于城镇化地区，但随着经济快速发展，非农人口和非农产业也在乡政府所在地不断集聚，城市型基础设施和社会公共服务设施也在逐步完善，具有一定的城镇化特征。因此，本书从街道、建制镇、乡 3 个类型入手对兰州市城镇化质量进行比较分析。

总体而言，兰州市城镇化质量指数呈轻微的正偏态分布（图 6.4、表 6.4），30%左右评价单元位于低值区。兰州市街道、建制镇、乡的城镇化质量指数平均值分别为 0.27、0.16、0.13，街道的城镇化质量显著高于建制镇和乡，建制镇的城镇化质量高于乡，但二者差距并不大。从经济城镇化质量来看，兰州市街道、建制镇、乡的经济发展质量指数平均值分别为 0.34、0.15、0.06，表现出明显的等级差异，也表明城市型经济与农村型经济之间存在巨大差异；从公共服务质量方面看，兰州市街道、建制镇、乡的公共服务质量指数平均值分别为 0.36、0.16、0.15，城市建成区的公共服务水平明显高于乡镇，而建制镇和乡之间差异较小；人居环境质量方面，兰州市街道、建制镇、乡的人居环境质量指数平均值分别为 0.57、0.43、0.42，街道优于乡镇，建制镇和乡之间水平接近，表明城镇化进程中各地对人居环境的重视程度和建设力度在城乡之间存在一定差别；基础设施

建设方面，兰州市街道、建制镇、乡的基础设施质量指数平均值分别为 0.47、0.27、0.24，乡镇基础设施建设水平基本接近，但距离街道的基础设施水平还有较大差距。

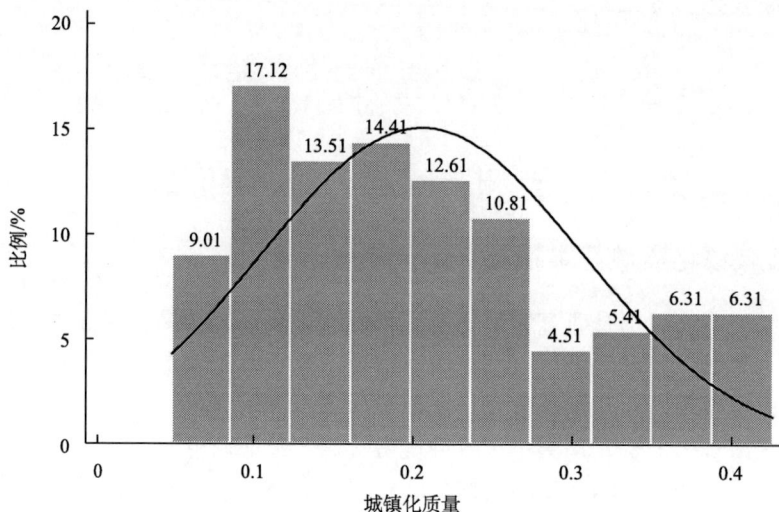

图 6.4　兰州市城镇化质量频率分布直方图（街道/乡镇）

表 6.4　城镇化质量指数描述性统计表

区县	类别	数目	城镇化质量指数				
			均值	标准差	中位数	最小值	最大值
城关区	街道	25	0.304	0.098	0.328	0.110	0.425
七里河区	街道	9	0.320	0.059	0.326	0.217	0.393
	建制镇	4	0.158	0.064	0.138	0.111	0.248
	乡	2	0.072	0.000	0.072	0.072	0.073
西固区	街道	4	0.247	0.036	0.231	0.226	0.301
	建制镇	2	0.206	0.015	0.206	0.195	0.217
	乡	4	0.220	0.035	0.222	0.185	0.253
安宁区	街道	8	0.233	0.059	0.212	0.175	0.331
红古区	街道	4	0.101	0.021	0.103	0.075	0.125
	建制镇	3	0.168	0.033	0.158	0.141	0.205
	乡	1	0.170				
永登县	建制镇	13	0.143	0.053	0.130	0.062	0.268
	乡	5	13.119	0.042	0.117	0.060	0.167
皋兰县	建制镇	6	0.207	0.054	0.212	0.139	0.270
	乡	1	0.198				
榆中县	建制镇	8	0.139	0.043	0.150	0.082	0.212
	乡	12	0.110	0.045	0.109	0.047	0.192

不同城镇类型的城镇化质量指数在区县之间也存在差异（图 6.5~图 6.10），城关区、西固区、安宁区城镇化质量指数较高，七里河区与皋兰县处于中等水平，红古区、永登县、榆中县城镇化质量相对较低，空间分布的城乡差异和中心-边缘结构特征明显。从街道层次来看，城关区、七里河区、西固区、安宁区、红古区的城镇化质量指数分别为 0.30、0.32、0.25、0.23、0.10，城关区和七里河区较为接近，西固区和安宁区较为接近，红古区最低，表明兰州市城镇化质量在空间上有一定的连续性，并从城市中心区向外呈衰减之势；从建制镇层次来看，七里河区、西固区、红古区、永登县、皋兰县、榆中县的城镇化质量指数分别为 0.16、0.21、0.17、0.14、0.20，0.14，西固区新城镇、东川镇和皋兰县 6 个镇的城镇化质量较高，七里河区阿干镇、八里镇、西果园镇、彭家坪镇和红古区海石湾镇、花庄镇、平安镇的城镇化质量基本接近，红古区和榆中县各建制镇的城镇化质量相对较低。从乡的层次来看，七里河区、西固区、红古区、永登县、皋兰县、榆中县的城镇化质量指数分别为 0.07、0.22、0.17、0.12、0.20，0.11，七里河区的魏岭乡和黄峪乡最低，西固区 4 个乡和永登县 5 个乡相对较高，红古区、永登县、榆中县各乡的城镇化质量较低。

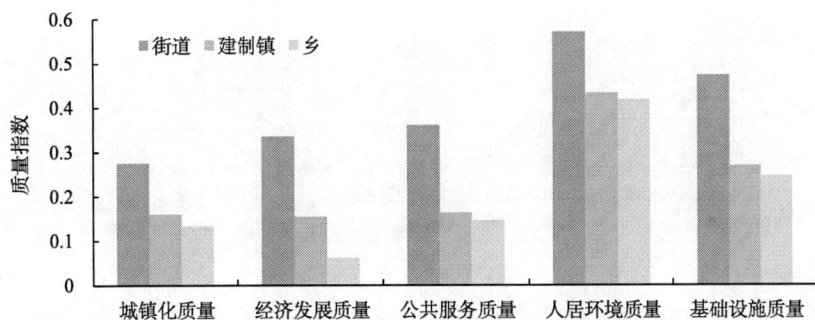

图 6.5　城镇化质量在街道、建制镇、乡之间的差异

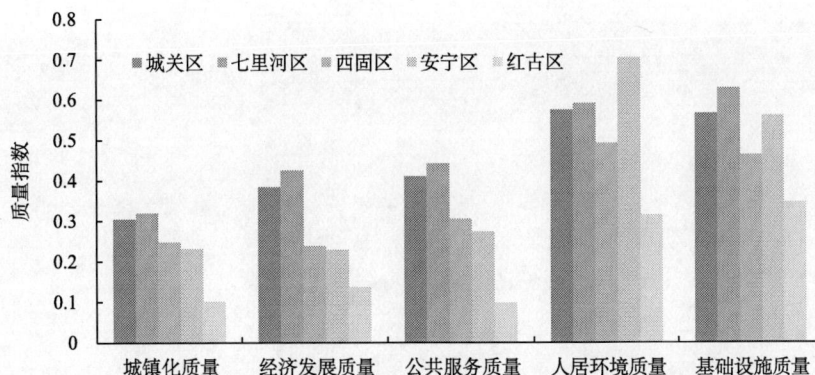

图 6.6　兰州市区县之间城镇化质量在街道层次的差异

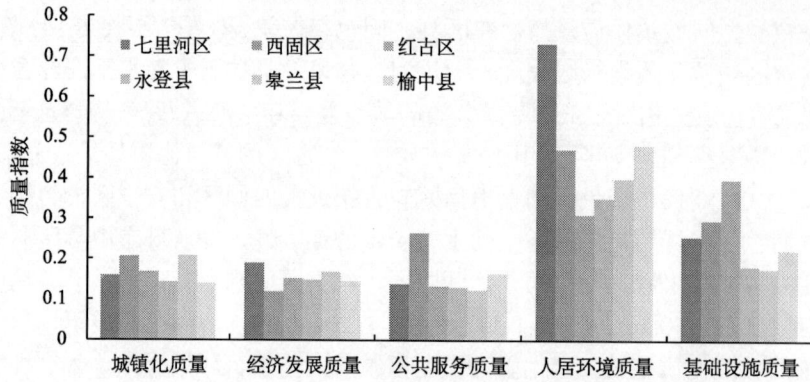

图 6.7　兰州市区县之间城镇化质量在建制镇层次的差异

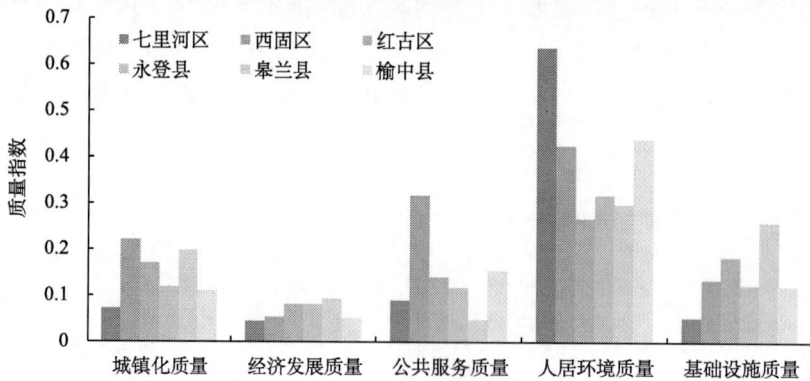

图 6.8　兰州市区县之间城镇化质量在乡一级的差异

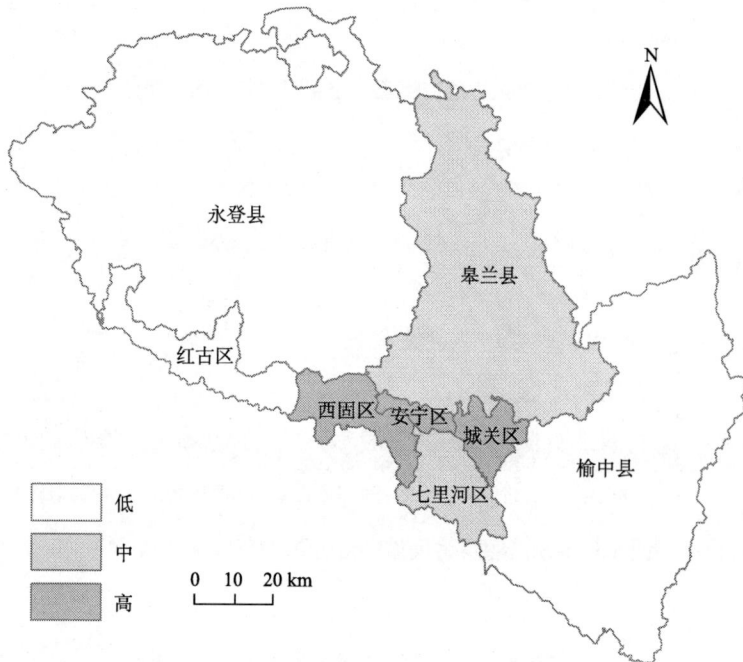

图 6.9　兰州市城镇化质量空间分异（区县）

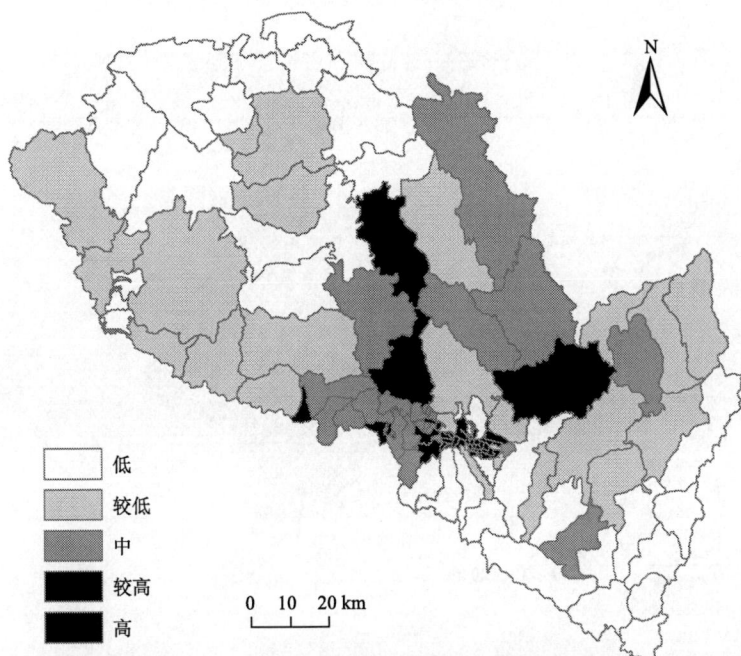

图 6.10 兰州市城镇化质量空间分异（街道/乡镇）

二、经济发展质量评价

经济发展质量指数主要衡量经济城镇化质量这一维度。城关区、七里河区和安宁区因处于兰州市中心城区，以现代服务业为主导，经济聚集度高，城市化经济质量也较高；西固区是兰州市主要的工业聚集区，在城市发展的成熟阶段面临结构转型和效益提升的挑战和压力，因此城市化经济质量较以第三产业为主的中心城区略低，处于中等水平；皋兰县因新型工业化和特色服务业发展，经济城镇化质量也达到中等水平；红古区、永登县、榆中县因城乡二元经济结构显著，农业比重高，城市聚集效应不明显，经济城镇化质量较低（图 6.11）。

从街道和乡镇层次来看，经济发展质量指数呈正偏态分布（图 6.12、表 6.5），近 50%的样本进入低值区和较低值区。根据 JENKS 自然断裂法，将经济发展质量指数划分为 5 种类型区：高值区、较高值区、中值区、较低值区、低值区，得到兰州市乡镇（街道）经济发展质量指数空间分布格局图（图 6.13）。其中，高值区一共 18 个街道，经济发展质量指数均值为 0.50，最大值为城关区皋兰路街道（0.60），最小值为七里河区龚家湾街道（0.42），主要分布在黄河谷地兰州城市建成区，占兰州市国土面积的 0.27%，占总评价单元数的 16%，包括城关区 12 个街道和七里河区 6 个街道。

较高值区有 14 个评价单元（表 6.6），经济发展质量指数均值为 0.33，最大值为城关区嘉峪关路街道（0.39），最小值为榆中县城关镇（0.29），主要分布在城关区、七里河区和安宁区的城市中心区外缘，占兰州市国土面积的 4.4%，占总评价单元数的 13%，包括城关区 6 个街道，七里河区 3 个街道，安宁区安西路街道和培黎街道，西固区临洮街，皋兰县石洞镇和榆中县城关镇。

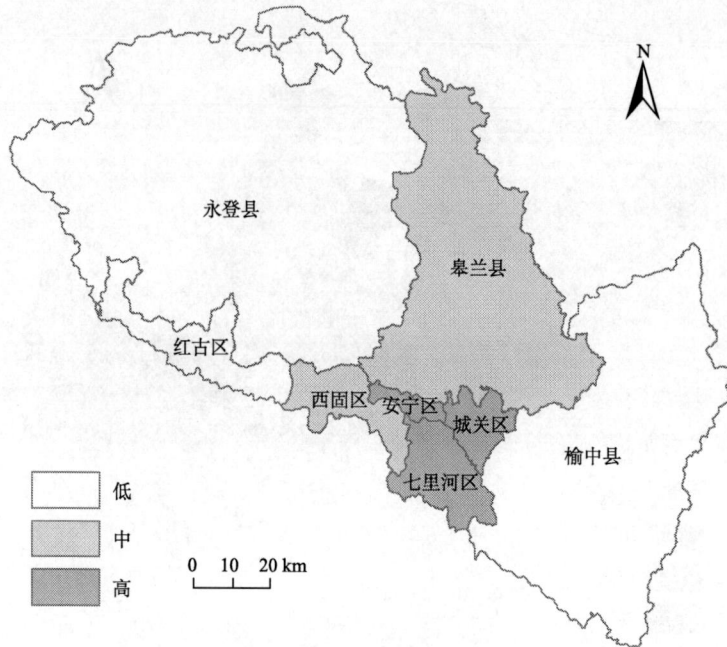

图 6.11　兰州市经济城镇化质量空间分异（区县）

表 6.5　经济城镇化质量指数描述性统计表

区县	类别	数目	经济城镇化质量指数				
			均值	标准差	中位数	最小值	最大值
城关区	街道	25	0.384	0.148	0.394	0.114	0.602
七里河区	街道	9	0.425	0.081	0.439	0.314	0.528
	建制镇	4	0.189	0.048	0.166	0.163	0.262
	乡	2	0.045	0.019	0.045	0.031	0.058
西固区	街道	4	0.238	0.085	0.227	0.146	0.351
	建制镇	2	0.119	0.097	0.119	0.051	0.187
	乡	4	0.054	0.023	0.053	0.027	0.083
安宁区	街道	8	0.228	0.069	0.220	0.140	0.342
红古区	街道	4	0.137	0.046	0.130	0.097	0.189
	建制镇	3	0.152	0.064	0.187	0.078	0.190
	乡	1	0.081				
永登县	建制镇	13	0.148	0.054	0.150	0.054	0.227
	乡	5	0.082	0.034	0.067	0.053	0.137
皋兰县	建制镇	6	0.168	0.086	0.162	0.048	0.312
	乡	1	0.094				
榆中县	建制镇	8	0.144	0.081	0.150	0.049	0.288
	乡	12	0.053	0.021	0.052	0.028	0.111

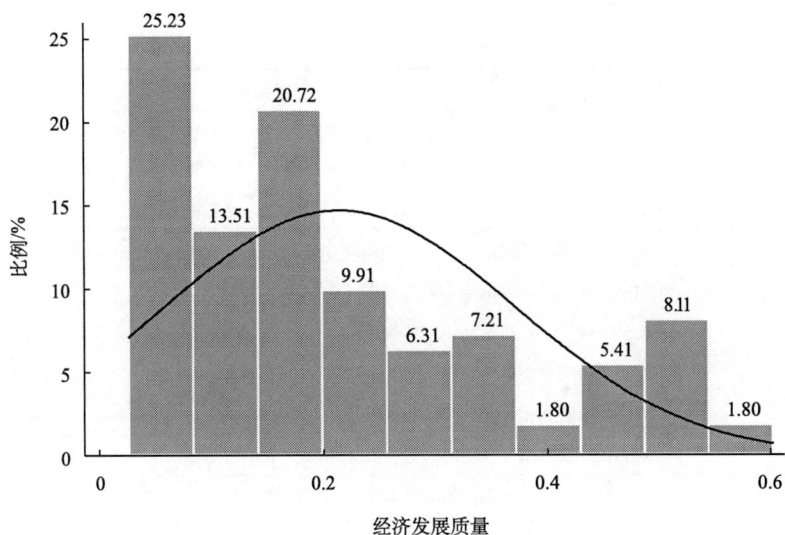

图 6.12　兰州市经济发展质量频率分布直方图（街道/乡镇）

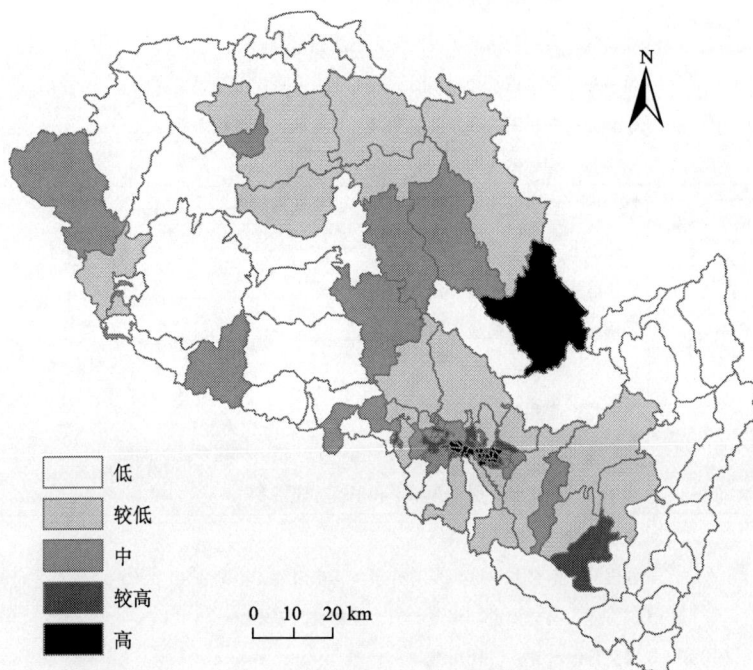

图 6.13　兰州市经济发展质量空间分异（街道/乡镇）

中值区有 21 个评价单元，经济发展质量指数均值为 0.22，最大值为城关区焦家湾街道（0.27），最小值为皋兰县西岔镇（0.19），主要分布在兰州城市向外扩展区，占兰州市国土面积的 15%，占总评价单元数的 19%，包括城关区 4 个街道，七里河区彭家坪镇，安宁区 4 个街道，西固区西柳沟街道和新城镇，红古区海石湾镇、矿区街道和花庄镇，永登县中川镇、永登县城关镇、树屏镇、连城镇和榆中县定远镇，皋兰县西岔镇。

表 6.6　兰州市各乡镇（街道）经济城镇化指数分类表

类型区	划分标准	分类结果
高值区（18）	0.40~0.70	城关区：皋兰路街道、酒泉路街道、铁路西村街道、渭源路街道、张掖路街道、白银路街道、团结新村街道、铁路东村街道、雁南街道、临夏路街道、五泉街道、东岗西路街道 七里河区：西湖街道、敦煌路街道、西园街道、建兰路街道、西站街道、龚家湾街道
较高值区（14）	0.28~0.39	城关区：嘉峪关路街道、火车站街道、雁北街道、靖远路街道、草场街街道、广武门街道 七里河区：晏家坪街道、秀川街道、土门墩街道 安宁区：安宁西路街道、培黎街道 西固区：临洮街 皋兰县：石洞镇 榆中县：城关镇
中值区（21）	0.19~0.27	城关区：焦家湾街道、拱星墩街道、东岗街道、高新区街道 七里河区：彭家坪镇 安宁区：孔家崖街道、银滩路街道、刘家堡街道、十里店街道 西固区：西柳沟街道、新城镇 红古区：海石湾镇、矿区街道、花庄镇 皋兰县：西岔镇 永登县：中川镇、永登县城关镇、树屏镇、连城镇 榆中县：定远镇
较低值区（23）	0.11~0.18	城关区：盐场路街道、青白石街道、伏龙坪街道 七里河区：阿干镇、西果园镇、八里镇 安宁区：安宁堡街道、沙井驿街道 西固区：四季青街道 红古区：下窑街道 皋兰县：忠和镇、九合镇、黑石镇 永登县：河桥镇、中堡镇、秦川镇、上川镇、柳树乡、大同镇 榆中县：金崖镇、夏官营镇、和平镇、连搭乡
低值区（35）	0~0.10	七里河区：魏岭乡、黄峪乡 西固区：河口乡、达川乡、柳泉乡、东川镇、金沟乡 红古区：窑街街道、华龙街道、红古乡、平安镇 皋兰县：水阜乡、什川镇 永登县：苦水镇、武胜驿镇、七山乡、龙泉寺镇、坪城乡、通远乡、红城镇、民乐乡 榆中县：甘草店镇、高崖镇、清水驿乡、韦营乡、园子岔乡、中连川乡、上花岔乡、贡井乡、青城镇、哈岘乡、小康营乡、龙泉乡、新营乡、马坡乡

　　较低值区有 23 个评价单元，经济发展质量指数均值为 0.15，最大值为榆中县金崖镇（0.18），最小值为榆中县连搭乡（0.11），主要分布在兰州城市外围县区，占兰州市国土面积的 29%，占总评价单元数的 21%，包括城关区盐场路街道、青白石街道、伏龙坪

街道，七里河区阿干镇、西果园镇、八里镇，安宁区安宁堡街道、沙井驿街道，西固区四季青街道，红古区下窑街道，永登县5镇1乡，皋兰县3镇，榆中县3镇1乡。

低值区有35个评价单元，经济发展质量指数均值为0.06，最大值为红古区窑街街道（0.10），最小值为西固区金沟乡（0.03），主要分布在兰州城市外围经济发展条件和综合区位条件较差的地区，占兰州市国土面积的52%，占总评价单元数的32%，包括七里河区魏岭乡和黄峪乡，西固区4乡1镇，红古区2个街道1乡1镇，皋兰县水阜乡和什川镇，永登县4镇4乡，榆中县3镇11乡。

各区县评价单元在不同值区的分布也有明显差异（图6.14），城关区有48%的街道进入高值区，24%的街道进入较高值区，中值区有16%，较低值区12%，盐场路街道、青白石街道、伏龙坪街道是城关区城市经济发展的低洼区；七里河区有40%的街道进入高值区，较高值区和较低值区各有20%，有13%的乡镇为低值区，七里河区南部阿干镇、西果园镇、八里镇总体经济实力较弱，魏岭乡和黄峪乡是城乡统筹和扶贫开发的重点；西固区仅有临洮街街道进入高值区，占10%，中值区占30%，较低值区占10%，有50%的评价单元在低值区；安宁区有25%的街道进入较高值区，50%的街道属于中值区，另有25%的街道在较低值区，城市经济发展水平相对比较均衡；红古区有38%的评价单元在中值区，较低值区占12%，剩余50%都在低值区，与西固区相似，城乡经济差异较大；永登县22%的乡镇在中值区，33%的乡镇属于较低值区，45%的乡镇进入低值区；皋兰县在较高值区和中值区分别有14%的乡镇，43%的乡镇属于较低值区，29%的乡镇在低值区；榆中县在较高值区和中值区各有5%的乡镇，20%的乡镇属于较低值区，70%的乡镇属于低值区，城镇化经济发展严重滞后。

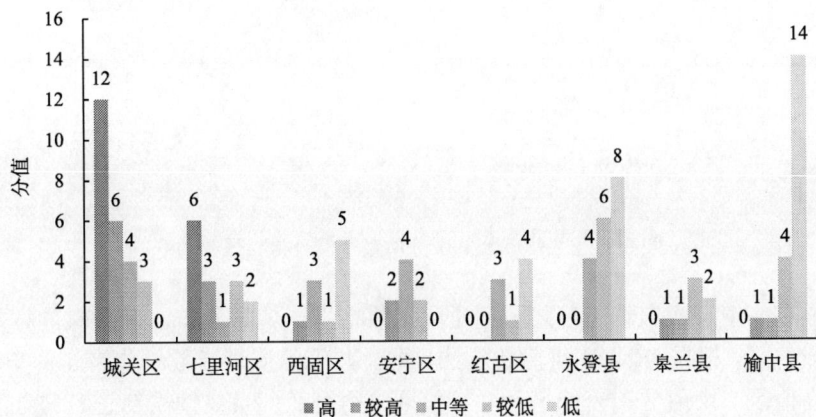

图6.14 各县区评价单元在经济发展质量不同值区的分布

三、公共服务质量评价

公共服务质量指数衡量城镇化进程中基本公共服务设施的建设水平、覆盖范围和保障能力，其大小与城镇建设历史长短、城市政府投入，以及人口密度分布有关。城关区因是兰州市中心城区所在地，建设历史悠久，人口密度大，长期是兰州城市建设资金的重点投入区，因此公共服务质量指数最高，为 0.57；安宁区因科教文卫职能突出，公共服务设施齐备，公共服务质量指数仅次于城关区，为 0.56；西固区因兰炼、兰化等重化工企业及相关配套企业聚集，并且从"一五"时期开始建设，城市公共服务设施有较好基础，因此公共服务质量指数紧跟安宁区之后排第三位，为 0.53；七里河区、永登县、榆中县、皋兰县的公共服务质量指数分别为 0.33、0.23、0.22、0.13，红古区因地域跨度大，处于兰州城市边缘地带，人口密度较小，公共服务设施配备相对不足，在兰州市县区中明显落后，公共服务质量指数仅为 0.09。相对而言，城关区、安宁区、西固区的公共服务质量属于较高水平，七里河区、榆中县、永登县属于中等水平，皋兰县和红古区处于较低水平，区县之间有一定差异（图 6.15）。

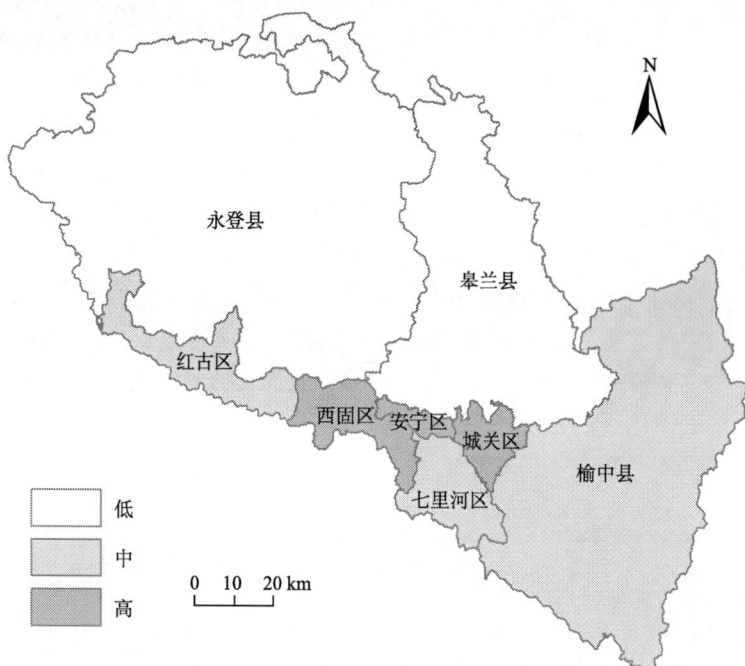

图 6.15　兰州市公共服务质量空间分异（区县）

从街道和乡镇层次来看，公共服务质量指数略呈正偏态分布，近 46%的样本进入低值区和较低值区。根据 JENKS 自然断裂法，将公共服务质量指数划分为 5 种类型：高值区、较高值区、中值区、较低值区、低值区，得到兰州市乡镇（街道）公共服务质量指数空间分布格局图（图 6.16、图 6.17、表 6.7、表 6.8）。其中，高值区一共 24 个街道，公共服务质量指数均值为 0.53，最大值为城关区嘉峪关路街道（0.57），最小值为七里河区晏家坪街道（0.45），主要分布在黄河谷地兰州城市建成区延绵带，占兰州市国土面积的 0.4%，占总评价单元数的 22%，包括城关区 14 个街道，七里河区 7 个街道，安宁区培黎街道和安宁西路街道，西固区临洮街街道。

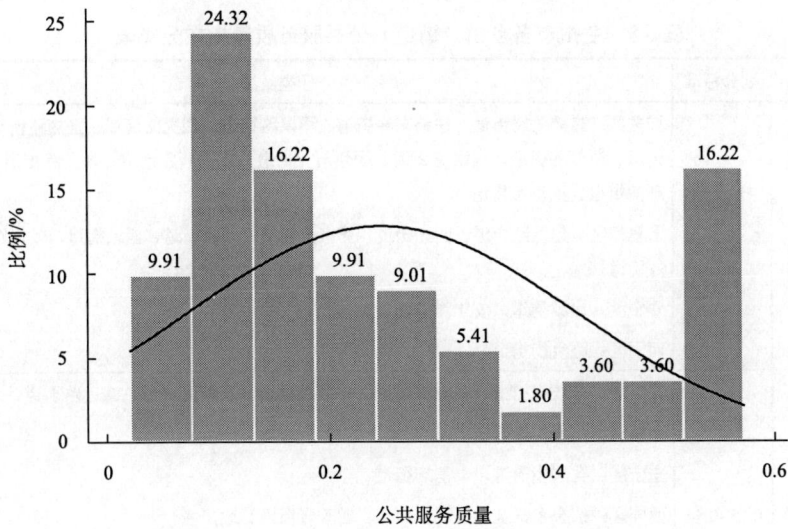

图 6.16　兰州市公共服务质量频率分布直方图（街道/乡镇）

表 6.7　公共服务质量指数描述性统计表

区县	类别	数目	公共服务质量指数				
			均值	标准差	中位数	最小值	最大值
城关区	街道	25	0.410	0.168	0.515	0.070	0.572
七里河区	街道	9	0.442	0.135	0.464	0.170	0.564
	建制镇	4	0.138	0.075	0.156	0.035	0.203
	乡	2	0.090	0.016	0.090	0.078	0.101
西固区	街道	4	0.304	0.161	0.261	0.160	0.533
	建制镇	2	0.264	0.116	0.264	0.182	0.345
	乡	4	0.317	0.089	0.326	0.209	0.408
安宁区	街道	8	0.272	0.168	0.247	0.080	0.532
红古区	街道	4	0.097	0.061	0.079	0.050	0.179
	建制镇	3	0.133	0.071	0.110	0.077	0.213
	乡	1	0.140				
永登县	建制镇	13	0.131	0.077	0.092	0.021	0.266
	乡	5	0.117	0.057	0.093	0.081	0.219
皋兰县	建制镇	6	0.125	0.074	0.090	0.075	0.265
	乡	1	0.048				
榆中县	建制镇	8	0.163	0.067	0.149	0.087	0.293
	乡	12	0.154	0.089	0.138	0.048	0.351

表 6.8　兰州市各乡镇（街道）公共服务质量指数分类表

类型区	划分标准	分类结果
高值区（24）	0.45~0.60	城关区：嘉峪关路街道、铁路东村街道、酒泉路街道、临夏路街道、张掖路街道、铁路西村街道、渭源路街道、白银路街道、团结新村街道、东岗西路街道、皋兰路街道、五泉街道、雁南街道、火车站街道 七里河区：建兰路街道、西湖街道、龚家湾街道、西园街道、西站街道、敦煌路街道、晏家坪街道 安宁区：培黎街道、安宁西路街道 西固区：临洮街街道
较高值区（18）	0.25~0.44	城关区：草场街道、焦家湾街道、广武门街道、高新区街道、靖远路街道、东岗街道 七里河区：土门墩街道 安宁区：孔家崖街道、十里店街道 西固区：柳泉乡、金沟乡、东川镇、四季青街道、达川乡 永登县：石桥镇 皋兰县：石洞镇 榆中县：哈岘乡、榆中县城关镇
中值区（23）	0.17~0.24	城关区：雁北街道 七里河区：彭家坪镇、八里镇、秀川街道 安宁区：银滩路街道、刘家堡街道 西固区：陈坪街道、河口乡、新城镇 红古区：海石湾镇、华龙街道 永登县：连城镇、柳树乡、大同镇、永登县城关镇、武胜驿镇、中川镇 榆中县：贡井乡、夏官营镇、园子岔乡、上花岔乡、定远镇、中连川乡
较低值区（17）	0.11~0.16	城关区：拱星墩街道、伏龙坪街道 七里河区：西果园镇、黄峪乡 西固区：西柳沟街道 红古区：红古乡、花庄镇、矿区街道 皋兰县：黑石镇 永登县：民乐乡 榆中县：黑石镇、榆中县高崖镇、金崖镇、韦营乡、龙泉乡、青城镇、清水驿乡、和平镇
低值区（29）	0~0.10	城关区：盐场路街道、青白石街道 七里河区：魏岭乡、阿干镇 安宁区：沙井驿街道、安宁堡街道 红古区：平安镇、下窑街道、窑街街道 皋兰县：忠和镇、什川镇、九合镇、西岔镇、水阜乡 永登县：七山乡、龙泉寺镇、通远乡、中堡镇、上川镇、秦川镇、坪城乡、树屏镇、苦水镇、红城镇 榆中县：甘草店镇、连搭乡、小康营乡、新营乡、马坡乡

较高值区有 18 个评价单元，公共服务质量指数均值为 0.32，最大值为城关区草场街街道（0.42），最小值为皋兰县石洞镇（0.26），主要分布在兰州城市中心区外缘人口密度较大地区，占兰州市国土面积的 8%，占总评价单元数的 16%，包括城关区 6 个街道，七里河区土门墩街道，安宁区孔家崖街道和十里店街道，西固区四季青街道和 3 乡 1 镇，榆中县城关镇及哈岘乡，皋兰县石洞镇和永登县县石桥镇。

中值区有 23 个评价单元，公共服务质量指数均值为 0.20，最大值为榆中县贡井乡（0.24），最小值为永登县中川镇（0.17），主要分布在兰州主城区外围，占兰州市国土面积的 25%，占总评价单元数的 21%，包括城关区雁北街道，七里河区彭家坪镇、八里镇和秀川街道，安宁区银滩路街道和刘家堡街道，西固区陈坪街道、河口乡和新城镇，红古区海石湾镇和华龙街道，永登县 5 镇 1 乡，榆中县 2 镇 4 乡。

较低值区有 17 个评价单元，公共服务质量指数均值为 0.13，最大值为西固区西柳沟街道（0.16），最小值为七里河区黄峪乡（0.10），主要分布在兰州城市外围县区，占兰州市国土面积的 20%，占总评价单元数的 15%，包括城关区拱星墩街道和伏龙坪街道，七里河区西果园镇和黄峪乡，西固区西柳沟街道，红古区红古乡、花庄镇和矿区街道，永登县民乐乡，皋兰县黑石镇，榆中县高崖镇、金崖镇、韦营乡、龙泉乡、青城镇、清水驿乡、和平镇。

低值区有 29 个评价单元，公共服务质量指数均值为 0.07，最大值为皋兰县忠和镇（0.09），最小值为永登县红城镇（0.02），主要分布在兰州城市外围城镇建设相对落后的地区，占兰州市国土面积的 46%，占总评价单元数的 26%，包括城关区盐场路街道和青白石街道，七里河区魏岭乡和阿干镇，安宁区安宁堡街道和沙井驿街道，红古区平安镇、下窑街道、窑街街道，皋兰县 4 镇 1 乡，永登县 7 镇 3 乡，榆中县 1 镇 4 乡。

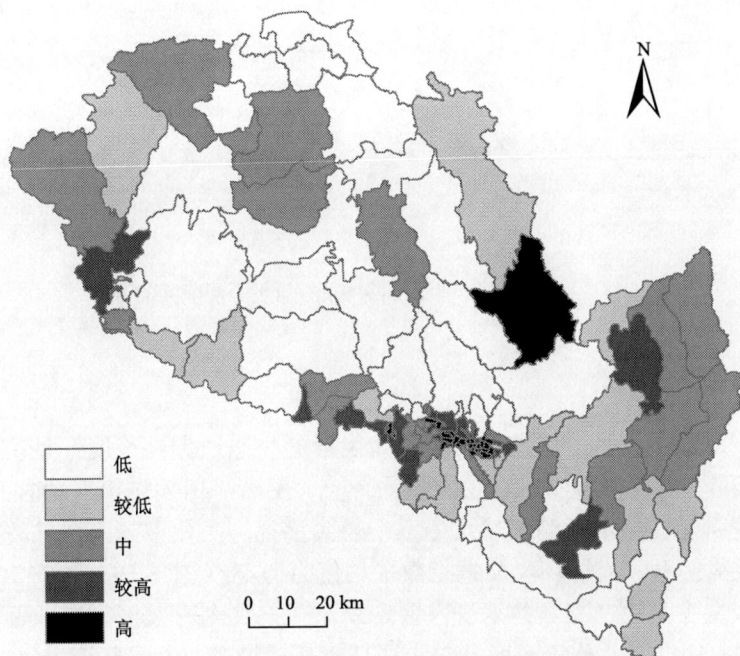

图 6.17 兰州市公共服务质量空间分异（街道/乡镇）

　　各区县评价单元在公共服务质量不同值区的分布也有明显差异（图 6.18），城关区有 56% 的街道进入高值区，24% 的街道进入较高值区，中值区有 4%，较低值区和低值区各占 8%，盐场路街道和青白石街道虽是兰州市东拓重点区，但基本公共服务水平较低，需加大建设力度；七里河区有 47% 的街道进入高值区，7% 的街道进入较高值区，较低值区和低值区各占 13%，阿干镇和魏岭乡是城乡公共服务一体化建设的重点区；西固区仅有临洮街街道进入高值区，占 10%，50% 的街道进入较高值区，30% 的街道属于中值区，较低值区占 10%，没有评价单元进入低值区，反映出西固区城镇公共服务水平普遍较高而且分布较为均等；安宁区基本公共服务水平在不同地段和区域呈等级差异，高值区、较高值区、中值区、较低值区各占 25%；红古区公共服务水平最低，在高值区和较高值区都没有分布，有 25% 的评价单元在中值区，较低值区和低值区集中了 75%，与区级建制严重不匹配，需要引起关注；永登县 6% 的乡镇分布在较高值区，33% 的乡镇分布在中值区，61% 的乡镇属于较低值区和低值区；皋兰县 14% 的乡镇分布在较高值区，剩余 86% 的乡镇属于较低值区和低值区；榆中县在较高值区有 10% 的乡镇，30% 的乡镇属于中值区，60% 的乡镇属于较低值区和低值区，公共服务水平分布不均衡。

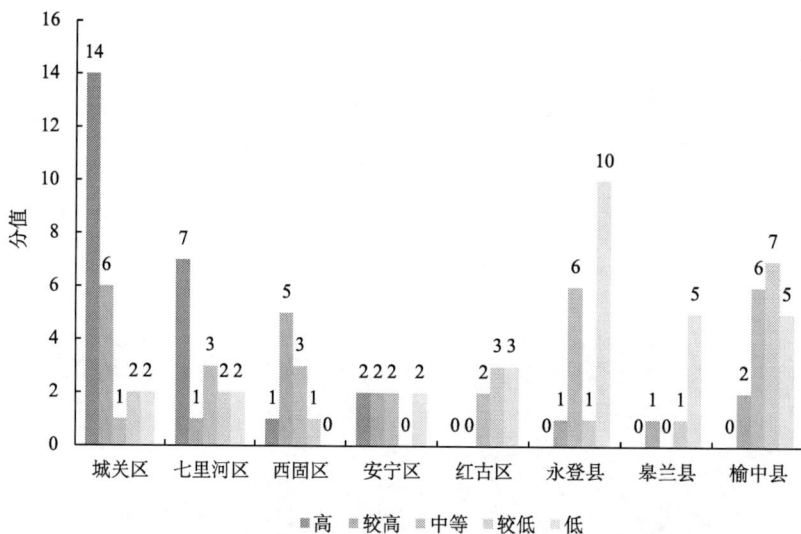

图 6.18　各县区评价单元在公共服务质量不同值区的分布

四、人居环境质量评价

　　人居环境质量主要衡量城市居民居住和生活的生态适宜性程度，是现代城市功能的重要组成部分，也是新型城镇化的重要聚焦点。随着"田园城市"理念的逐渐流行，以及人居环境科学在城市规划与建设中不断得到重视，兰州市的人居环境质量在近年来总体有了很大提升，人居环境质量指数平均值为 0.47（图 6.19）。安宁区因是兰州市主要的科教文卫基地、高新技术开发区、新型生态住宅开发区，工业污染少，注重人居环境建设，因此在兰州市各区县中人居环境质量最好，人居环境质量指数为 0.79；

城关区和七里河区作为兰州中心城区所在地，商贸业繁荣，城市综合体和高档住宅小区聚集，大面积广场和绿地广布，近年来逐渐加大城市环境建设，生态环境质量有所改善，人居环境质量指数都达到 0.52；榆中县因兴隆山国家森林公园建设的带动，山地生态系统得到维护，人居环境质量指数为 0.49；永登县在连城自然保护区和秦王川投入较大的环境建设资金，高标准和高起点的机场、新区建设也提高了整体生态宜居性，人居环境质量指数为 0.45；西固区是兰州市大气污染防治的重灾区，人居环境质量较低，为 0.42；皋兰县和红古区人居环境质量最低，人居环境质量指数分别为 0.34和 0.19。

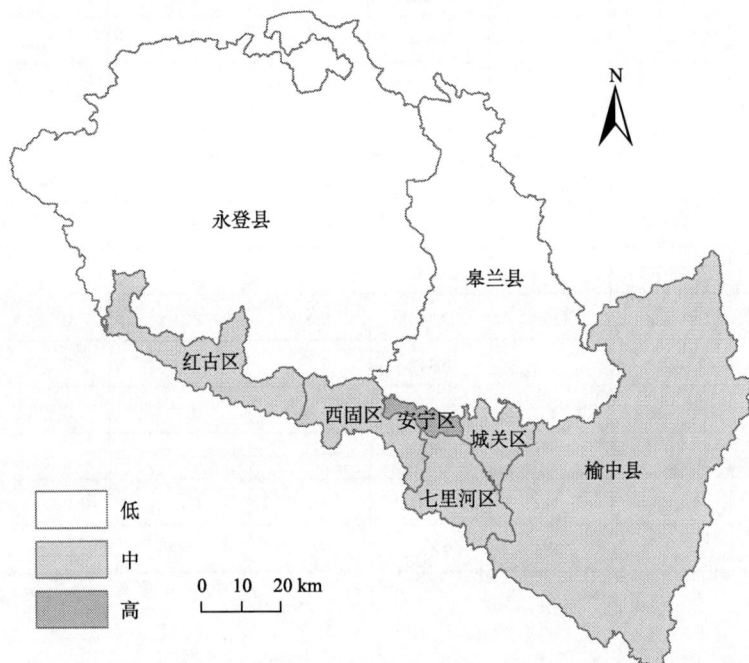

图 6.19　兰州市人居环境质量空间分异（区县）

从街道和乡镇层次来看，人居环境质量指数接近正态分布（图 6.20、表 6.9）。根据 JENKS 自然断裂法，将人居环境质量指数划分为 5 种类型区：高值区、较高值区、中值区、较低值区、低值区，得到兰州市乡镇（街道）人居环境质量指数空间分布格局图（图 6.21、表 6.10）。其中，高值区一共 15 个评价单元，人居环境质量指数均值为 0.71，最大值为七里河区八里镇（0.83），最小值为安宁区刘家堡街道（0.65），占兰州市国土面积的 3%，占总评价单元数的 14%，包括城关区五泉街道和拱星墩街道，七里河区八里镇、彭家坪镇、阿干镇、黄峪乡、西果园镇，安宁区安宁堡街道、培黎街道、银滩路街道、安宁西路街道、十里店街道、沙井驿街道、孔家崖街道、刘家堡街道。

表 6.9　人居环境质量指数描述性统计表

区县	类别	数目	人居环境质量指数				
			均值	标准差	中位数	最小值	最大值
城关区	街道	25	0.574	0.060	0.563	0.482	0.776
七里河区	街道	9	0.591	0.026	0.596	0.550	0.628
	建制镇	4	0.732	0.071	0.721	0.657	0.829
	乡	2	0.637	0.039	0.637	0.609	0.664
西固区	街道	4	0.492	0.055	0.480	0.438	0.569
	建制镇	2	0.471	0.013	0.471	0.461	0.480
	乡	4	0.425	0.119	0.464	0.255	0.515
安宁区	街道	8	0.703	0.043	0.695	0.655	0.797
红古区	街道	4	0.315	0.064	0.310	0.244	0.395
	建制镇	3	0.310	0.048	0.291	0.274	0.365
	乡	1	0.268				
永登县	建制镇	13	0.349	0.077	0.335	0.261	0.527
	乡	5	0.318	0.053	0.338	0.239	0.376
皋兰县	建制镇	6	0.398	0.046	0.405	0.328	0.446
	乡	1	0.299				
榆中县	建制镇	8	0.481	0.075	0.472	0.366	0.622
	乡	12	0.440	0.044	0.438	0.350	0.510

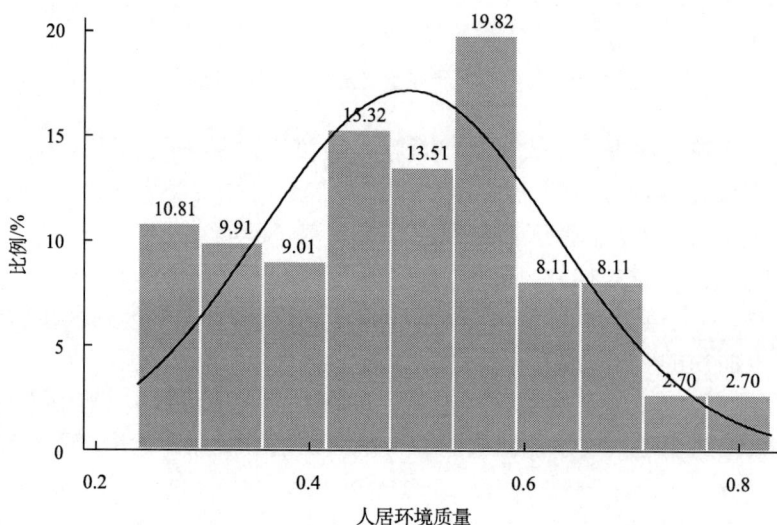

图 6.20　兰州市人居环境质量频率分布直方图（街道/乡镇）

表 6.10 兰州市各乡镇（街道）人居环境质量指数分类表

类型区	划分标准	分类结果
高值区（15）	0.65~0.85	城关区：五泉街道、拱星墩街道 七里河区：八里镇、彭家坪镇、阿干镇、黄峪乡、西果园镇 安宁区：安宁堡街道、培黎街道、银滩路街道、安宁西路街道、十里店街道、沙井驿街道、孔家崖街道、刘家堡街道
较高值区（29）	0.55~0.64	城关区：靖远路街道、东岗街道、火车站街道、东岗西路街道、皋兰路街道、白银路街道、伏龙坪街道、嘉峪关路街道、焦家湾街道、高新区街道、草场街道、铁路东村街道、青白石街道、渭源路街道、盐场路街道、团结新村街道、雁南街道 七里河区：龚家湾街道、秀川街道、魏岭乡、西园街道、西站街道、晏家坪街道、敦煌路街道、土门墩街道、西湖街道、建兰路街道 西固：临洮街街道 榆中县：榆中县城关镇
中值区（23）	0.46~0.54	城关区：广武门街道、酒泉路街道、铁路西村街道、雁北街道、临夏路街道、张掖路街道 西固区：金沟乡、柳泉乡、四季青街道、东川镇、陈坪街道、新城镇 永登县：连城镇、武胜驿镇 榆中县：定远镇、连搭乡、马坡乡、和平镇、金崖镇、小康营乡、清水驿乡、夏官营镇、高崖镇
较低值区（21）	0.36~0.45	西固区：西柳沟街道、达川乡 红古区：红古乡、花庄镇、矿区街道 皋兰县：忠和镇、石洞镇、什川镇、西岔镇、九合镇 永登县：秦川镇、民乐乡、中川镇 榆中县：新营乡、韦营乡、中连川乡、龙泉乡、甘草店镇、园子岔乡、哈岘乡、贡井乡、青城镇
低值区（23）	0~0.35	西固区：河口乡 红古区：下窑街道、窑街道、平安镇、花庄镇、红古乡、矿区街道 皋兰县：忠和镇、什川镇、九合镇、西岔镇、水阜乡 永登县：河桥镇、坪城乡、上川镇、柳树乡、树屏镇、中堡镇、大同镇、龙泉寺镇、通远乡、永登县城关镇、苦水镇、红城镇、七山乡 榆中县：甘草店镇、连搭乡、小康营乡、新营乡、马坡乡

　　较高值区有 29 个评价单元，人居环境质量指数均值为 0.58，最大值为七里河区龚家湾街道（0.63），最小值为城关区雁南街道（0.55），占兰州市国土面积的 3%，占总评价单元数的 26%，包括城关区 17 个街道，七里河区龚家湾街道、秀川街道、魏岭乡、西园街道、西站街道、晏家坪街道、敦煌路街道、土门墩街道、西湖街道、建兰路街道，西固区临洮街道，榆中县城关镇。

　　中值区有 23 个评价单元，人居环境质量指数均值为 0.50，最大值为榆中县定远镇（0.54），最小值为西固区新城镇（0.46），占兰州市国土面积的 19%，占总评价单元数的 21%，包括城关区广武门街道、酒泉路街道、铁路西村街道、雁北街道、临夏路街道、张掖路街道，西固区金沟乡、柳泉乡、四季青街道、东川镇、陈坪街道、新城镇，永登县连城镇、武胜驿镇，榆中县定远镇、连搭乡、马坡乡、和平镇、金崖镇、小康营乡、清水驿乡、夏官营镇、高崖镇。

较低值区有 21 个评价单元，人居环境质量指数均值为 0.41，最大值为榆中县新营乡（0.45），最小值为红古区海石湾镇（0.36），占兰州市国土面积的 31%，占总评价单元数的 19%，包括西固区西柳沟街道和达川乡，红古区华龙街道和海石湾镇，永登县秦川镇、民乐乡、中川镇，皋兰县忠和镇、石洞镇、什川镇、西岔镇、九合镇，榆中县新营乡、韦营乡、中连川乡、龙泉乡、甘草店镇、园子岔乡、哈岘乡、贡井乡、青城镇。

低值区有 23 个评价单元，人居环境质量指数均值为 0.30，最大值为永登县河桥镇（0.35），最小值为永登县七山乡（0.23），占兰州市国土面积的 44%，占总评价单元数的 21%，包括西固区河口乡，红古区下窑街道、窑街街道、平安镇、花庄镇、红古乡、矿区街道，永登县河桥镇、坪城乡、上川镇、柳树乡、树屏镇、中堡镇、大同镇、龙泉寺镇、通远乡、永登县城关镇、苦水镇、红城镇、七山乡，皋兰县黑石镇、水阜乡，榆中县上花岔乡。

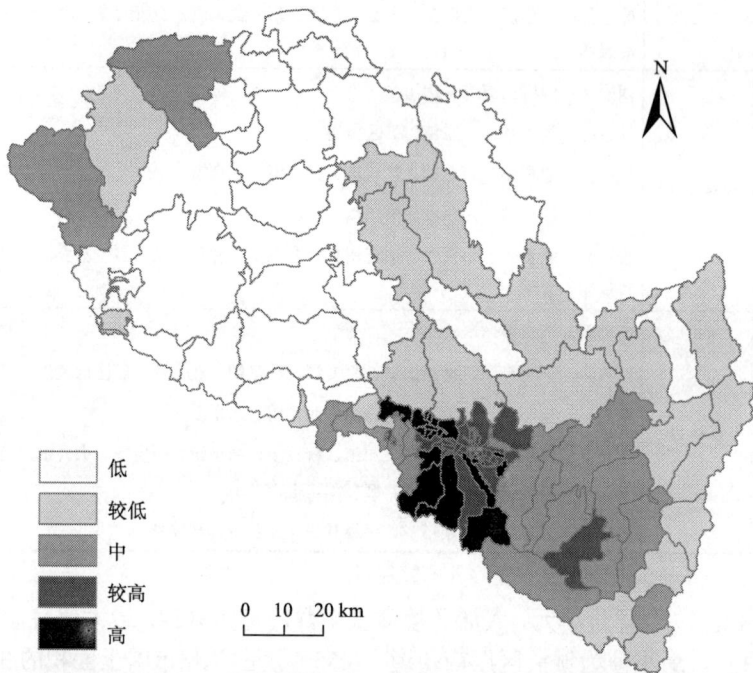

图 6.21　兰州市人居环境质量空间分异（街道/乡镇）

各区县评价单元在人居环境质量不同值区的分布也有明显差异（图 6.22），城关区有 8%的街道进入高值区，68%的街道进入较高值区，中值区有 24%，较低值区和低值区没有分布，人居环境质量总体较好；七里河区有 33%的街道进入高值区，67%的街道进入较高值区，生态环境质量与城关区基本持平；西固区各街道乡镇在高值区没有分布，

10%的街道进入较高值区，60%的街道乡镇属于中值区，较低值区占20%，低值区占10%，人居环境质量堪忧；安宁区所有街道都进入高值区，人居环境质量明显高于兰州市其他区县；红古区人居环境质量最低，在高值区、较高值区和中值区都没有分布，有25%的评价单元在较低值区，低值区集中了75%的评价单元，与区级建制严重不匹配，需要引起关注；永登县没有乡镇进入高值区和较高值区，有11%的乡镇分布在中值区，17%的乡镇属于较低值区，72%的乡镇分布在低值区；皋兰县乡镇全部分布在较低值区和低值区，其中较低值区占71%，低值区占29%；榆中县在较高值区有5%的乡镇，45%的乡镇属于中值区，35%的乡镇属于较低值区，5%的乡镇在低值区，人居环境质量比永登县和皋兰县稍好。

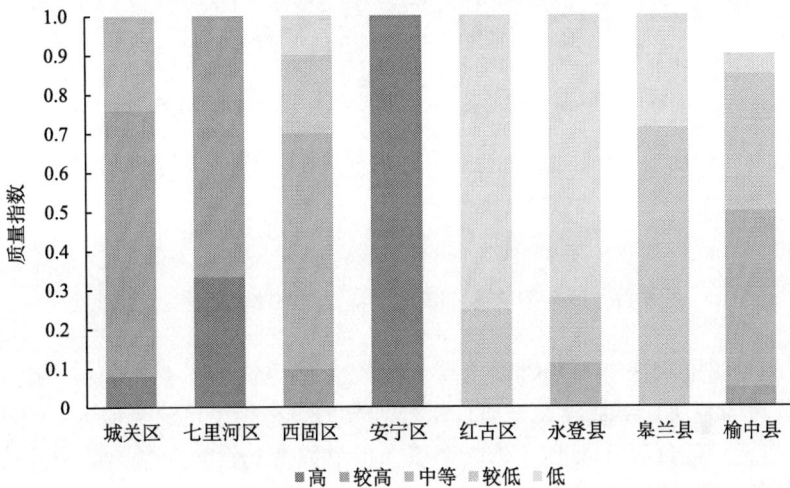

图 6.22　各县区评价单元在人居环境质量不同值区的分布

五、基础设施质量评价

　　城市基础设施是城市正常运行和健康发展的物质基础，对于改善人居环境、增强城市综合承载能力、提高城市运行效率、稳步推进新型城镇化具有重要作用。加强城市基础设施建设，有利于推动经济结构调整和发展方式转变，拉动投资和消费增长，扩大就业，促进节能减排。兰州城市基础设施质量随着人口城镇化进程的推进逐渐提高，基础设施质量指数达到0.35，不同县区之间有较大差异，基础设施水平从城市中心区到城市外围呈明显衰减趋势（图6.23）。城关区因建设历史悠久，人口和经济密集，城市基础设施水平最高，基础设施质量指数达到0.65；其下依次七里河区为0.48，西固区为0.44，基础设施质量普遍较高；安宁区、榆中县和红古区基础设施质量较为接近，基础设施质量指数依次为0.33、0.32、0.26，属于中等水平；皋兰县和永登县基础设施水平相对较低，基础设施质量指数分别为0.17和0.16。

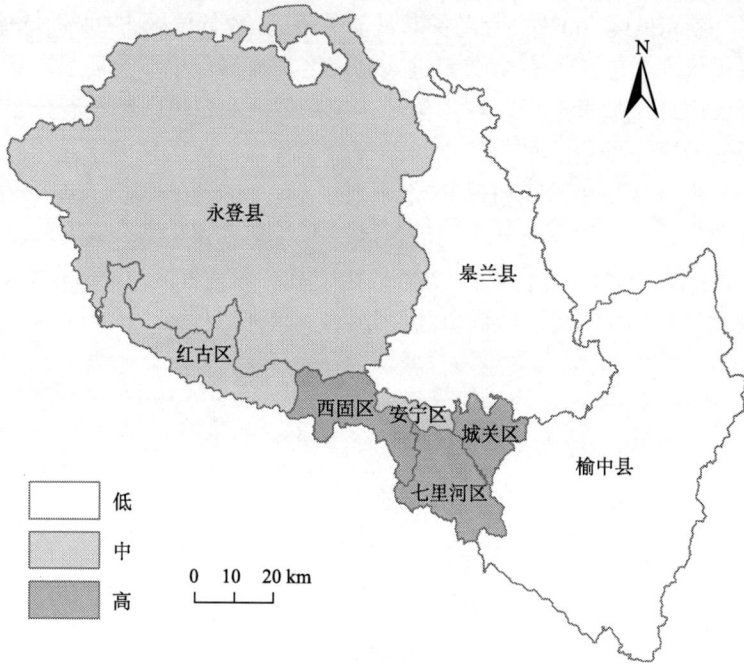

图 6.23　兰州市基础设施质量空间分异（区县）

从街道和乡镇层次来看，基础设施质量指数接近正态分布（图 6.24、表 6.11）。根据 JENKS 自然断裂法，将基础设施质量指数划分为 5 种类型区：高值区、较高值区、中值区、较低值区、低值区，得到兰州市乡镇（街道）基础设施质量指数空间分布格局图（图 6.25、表 6.12）。其中，高值区一共 36 个评价单元，基础设施质量指数均值为 0.62，最大值为城关区铁路东村街道（0.68），最小值为城关区嘉峪关路街道（0.55），占兰州市国土面积的 1%，占总评价单元数的 32%。分布在城镇化建设历史较长，人口和经济

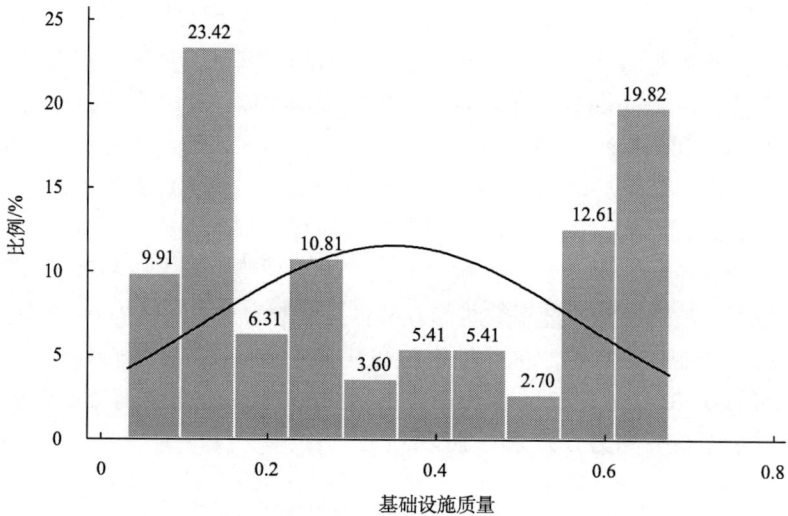

图 6.24　兰州市基础设施质量频率分布直方图（街道/乡镇）

聚集度较高地区，包括城关区 18 个街道，七里河区 9 个街道，安宁区 6 个街道，西固区临洮街街道，红古区矿区街道和海石湾街道。

表 6.11　基础设施质量指数描述性统计表

区县	类别	数目	基础设施质量指数				
			均值	标准差	中位数	最小值	最大值
城关区	街道	25	0.566	0.12	0.604	0.153	0.676
七里河区	街道	9	0.629	0.039	0.628	0.578	0.675
	建制镇	4	0.255	0.131	0.254	0.098	0.416
	乡	2	0.053	0.029	0.053	0.033	0.073
西固区	街道	4	0.463	0.145	0.504	0.255	0.587
	建制镇	2	0.296	0.171	0.296	0.175	0.417
	乡	4	0.134	0.066	0.127	0.062	0.222
安宁区	街道	8	0.560	0.123	0.610	0.330	0.657
红古区	街道	4	0.346	0.244	0.339	0.110	0.596
	建制镇	3	0.397	0.169	0.317	0.282	0.592
	乡	1	0.184				
永登县	建制镇	13	0.183	0.089	0.150	0.058	0.381
	乡	5	0.123	0.040	0.129	0.065	0.176
皋兰县	建制镇	6	0.176	0.072	0.137	0.114	0.275
	乡	1	0.260				
榆中县	建制镇	8	0.224	0.117	0.173	0.123	0.429
	乡	12	0.121	0.091	0.108	0.031	0.340

较高值区有 15 个评价单元，基础设施质量指数均值为 0.27，最大值为西固区西柳沟街道（0.53），最小值为榆中县和平镇（0.37），占兰州市国土面积的 6%，占总评价单元数的 14%，包括城关区拱星墩街道、盐场路街道、雁南街道、雁北街道、高新区街道、伏龙坪街道，七里河区阿干镇，安宁区沙井驿街道，西固区西柳沟街道、陈坪街道、新城镇，红古区下窑街道，永登县城关镇，榆中县夏官营镇、和平镇。

中值区有 17 个评价单元，基础设施质量指数均值为 0.50，最大值为榆中县城关镇（0.34），最小值为西固区河口乡（0.22），占兰州市国土面积的 25%，占总评价单元数的 15%，包括七里河区八里镇和彭家坪镇，西固区四季青街道和河口乡，安宁区安宁堡街道，红古区花庄镇和平安镇，永登县河桥镇、连城镇、中堡镇、大同镇，皋兰县石洞镇、黑石镇、水阜乡，榆中县城关镇、清水驿乡、中连川乡。

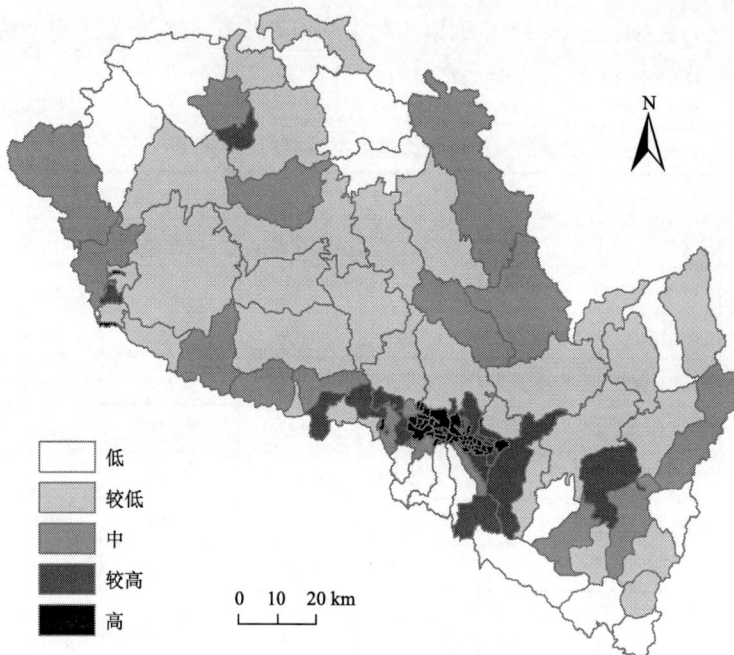

图 6.25 兰州市基础设施质量空间分异（街道/乡镇）

表 6.12 兰州市各乡镇（街道）基础设施质量指数分类表

类型区	划分标准	分类结果	
高值区（36）	0.53~0.70	城关区：铁路东村街道、皋兰路街道、铁路西村街道、酒泉路街道、广武门街道、东岗西路街道、张掖路街道、白银路街道、火车站街道、渭源路街道、临夏路街道、五泉街道、团结新村街道、草场街街道、靖远路街道、焦家湾街道、东岗街道、嘉峪关路街道	
		七里河区：西站街道、建兰路街道、敦煌路街道、晏家坪街道、西湖街道、龚家湾街道、土门墩街道、西园街道、秀川街道	
		安宁区：安宁西路街道、刘家堡街道、培黎街道、孔家崖街道、银滩路街道、十里店街道	
		西固区：临洮街街道	
		红古区：矿区街道、海石湾街道	
较高值区（15）	0.35~0.52	城关区：拱星墩街道、盐场路街道、雁南街道、雁北街道、高新区街道、伏龙坪街道	
		七里河区：阿干镇	
		安宁区：沙井驿街道	
		西固区：西柳沟街道、陈坪街道、新城镇	
		红古区：下窑街道	
		永登县：永登县城关镇	
		榆中县：夏官营镇、和平镇	
中值区（17）	0.20~0.34	七里河区：八里镇、彭家坪镇	
		西固区：四季青街道、河口乡	
		安宁区：安宁堡街道	
		红古区：花庄镇、平安镇	
		永登县：河桥镇、连城镇、中堡镇、大同镇	
		皋兰县：石洞镇、黑石镇、水阜乡	
		榆中县：榆中县城关镇、清水驿乡、中连川乡	

续表

类型区	划分标准	分类结果		
较低值区（29）	0.11~0.19	城关区：青白石街道		
		西固区：东川镇、柳泉乡、达川乡		
		红古区：红古乡、华龙街道、窑街街道		
		皋兰县：什川镇、九合镇、忠和镇、西岔镇		
		永登县：七山乡、树屏镇、龙泉寺镇、红城镇、苦水镇、中川镇、通远乡、柳树乡、坪城乡		
		榆中县：定远镇、甘草店镇、金崖镇、高崖镇、哈岘乡、青城镇、贡井乡、园子岔乡、小康营乡		
低值区（23）	0~0.10	七里河区：西果园镇、魏岭乡、黄峪乡		
		西固区：金沟乡		
		皋兰县：忠和镇、什川镇、九合镇、西岔镇、水阜乡		
		永登县：武胜驿镇、上川镇、民乐乡、秦川镇		
		榆中县：上花岔乡、马坡乡、韦营乡、连搭乡、新营乡、龙泉乡		

较低值区有 29 个评价单元，基础设施质量指数均值为 0.14，最大值为榆中县定远镇（0.19），最小值为永登县坪城乡（0.11），占兰州市国土面积的 49%，占总评价单元数的 26%，包括城关区青白石街道，西固区东川镇、柳泉乡、达川乡，红古区红古乡、华龙街道、窑街街道，永登县七山乡、树屏镇、龙泉寺镇、红城镇、苦水镇、中川镇、通远乡、柳树乡、坪城乡，皋兰县什川镇、九合镇、忠和镇、西岔镇，榆中县定远镇、甘草店镇、金崖镇、高崖镇、哈岘乡、青城镇、贡井乡 园子岔乡、小康营乡。

低值区有 14 个评价单元，基础设施质量指数均值为 0.06，最大值为永登县武胜驿镇（0.10），最小值为榆中县龙泉乡（0.03），占兰州市国土面积的 19%，占总评价单元数的 13%，包括七里河区西果园镇、魏岭乡、黄峪乡，西固区金沟乡，永登县武胜驿镇、上川镇、民乐乡、秦川镇，榆中县上花岔乡、马坡乡、韦营乡、连搭乡、新营乡、龙泉乡。

各区县评价单元在基础设施质量不同值区的分布也有明显差异（图 6.26），城关区有 96%的街道进入高值区和较高值区，其中高值区占 72%，较高值区占 24%，基础设施质量总体较好，仅有青白石街道进入较低值区，需加大建设力度；七里河区有 60%的街道进入高值区，7%的街道进入较高值区，中值区占 13%，基础设施质量与城关区有一定差距，西果园镇、魏岭乡、黄峪乡基础设施建设较为落后，进入低值区；西固区街道乡镇在不同值区的分布分别为 10%、30%、20%、30%、10%；安宁区 75%的街道都进入高值区，较高值区和中值区占 25%，基础设施质量普遍较高；红古区基础设施质量在街道和乡镇之间表现相对均衡，在低值区都没有分布，有 25%的评价单元在高值区，12%的评价单元在较高值区，中值区占 25%，较低值区占 38%；永登县没有乡镇进入高值区，6%的乡镇进入较高值区，有 22%的乡镇分布在中值区，50%的乡镇属于较低值区，22%的乡镇分布在低值区；皋兰县乡镇全部分布在中值区和较低值区，其中中值区占 43%，较低值区占 57%；榆中县在较高值区有 10%的乡镇，15%的乡镇属于中值区，45%的乡镇属于较低值区,30%的乡镇在低值区，基础设施质量相对较低。

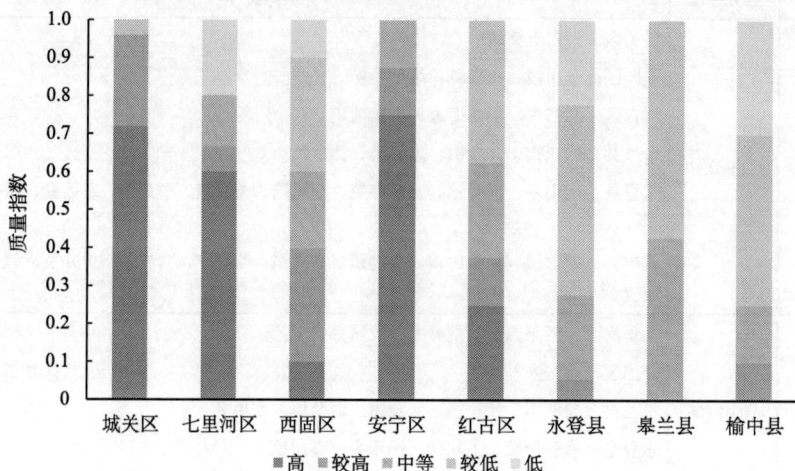

图 6.26　各县区评价单元在基础设施质量不同值区的分布

第四节　兰州市城镇化质量分类评价

一、城镇化水平与城镇化质量关系评价

　　人口城镇化率是反映城镇化水平的一个核心指标，其与城镇化质量的关系可以概括为量和质的关系，通常具有一致性。如图 6.27 所示，兰州市街道/乡镇层面的城镇化质量指数与人口城镇化率之间的拟合直线斜率仅为 0.18，意味着人口城镇化率每提高 1 个百分点，城镇化质量指数仅提高 0.19 个百分点，说明兰州市城镇化质量严重滞后于人口城镇化水平。

　　分别从经济城镇化质量、公共服务质量、人居环境质量、基础设施质量 4 个方面来考察人口城镇化水平与城镇化质量的关系（图 6.28~图 6.31），发现本书所考察的城镇化质量的 4 个方面都滞后于人口城镇化率。其中，经济城镇化质量指数与人口城镇化率之间的拟合直线斜率为 0.35，意味着人口城镇化率每提高 1 个百分点，经济城镇化质量指数提高 0.35 个百分点；公共服务质量指数与人口城镇化率之间的拟合直线斜率为 0.33，意味着人口城镇化率每提高 1 个百分点，公共服务质量指数提高 0.33 个百分点；人居环境质量指数与人口城镇化率之间的拟合直线斜率为 0.19，意味着人口城镇化率每提高 1 个百分点，人居环境质量指数提高 0.19 个百分点；基础设施质量指数与人口城镇化率之间的拟合直线斜率为 0.58，意味着人口城镇化率每提高 1 个百分点，基础设施质量指数提高 0.58 个百分点。总体而言，兰州市在人口城镇化推进过程中，城镇基础设施建设相对而言得到了较多重视，城市经济质量次之，公共服务质量重视不足，人居环境质量滞后最为严重。

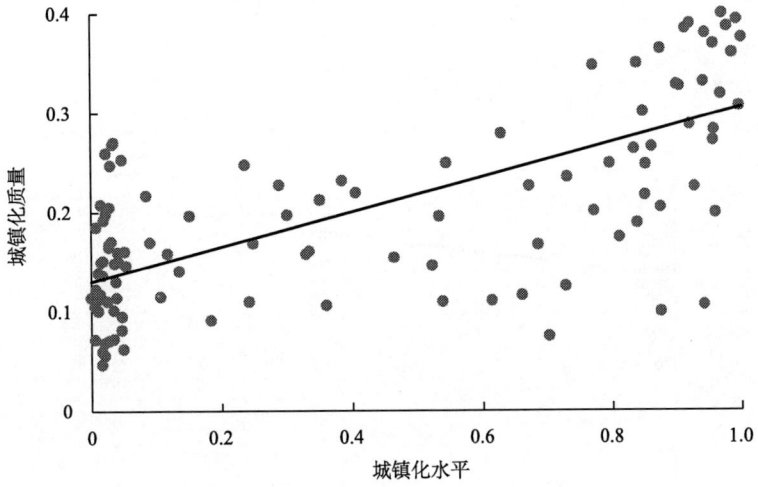

图 6.27 兰州市城镇化水平与城镇化质量关系

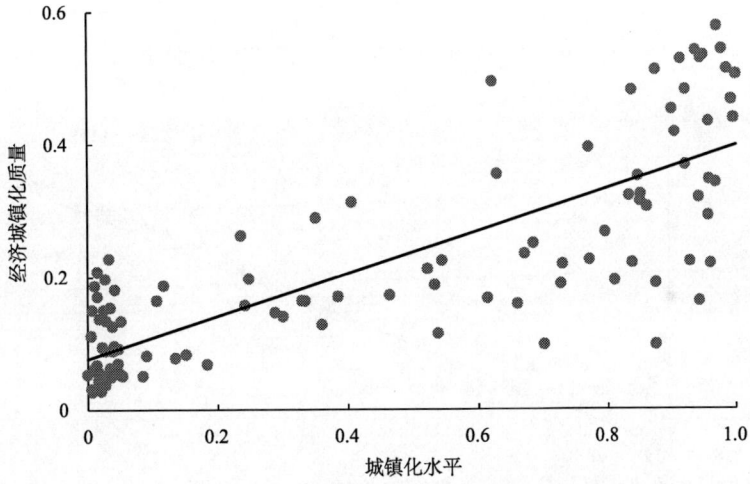

图 6.28 兰州市城镇化水平与经济城镇化质量关系

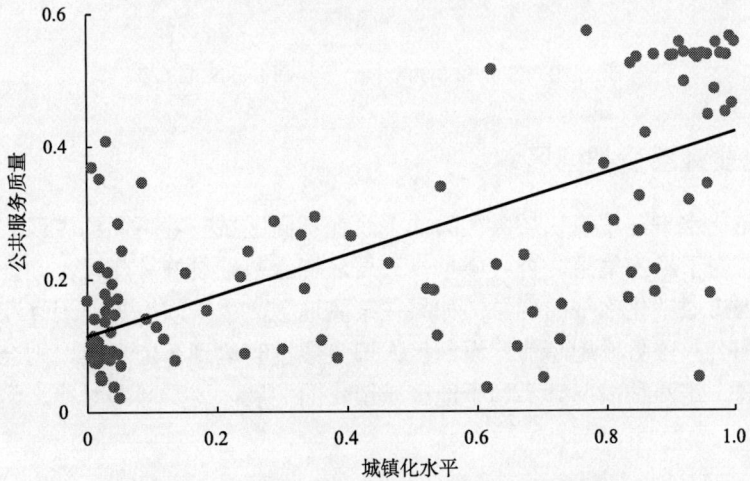

图 6.29 兰州市城镇化水平与公共服务质量关系

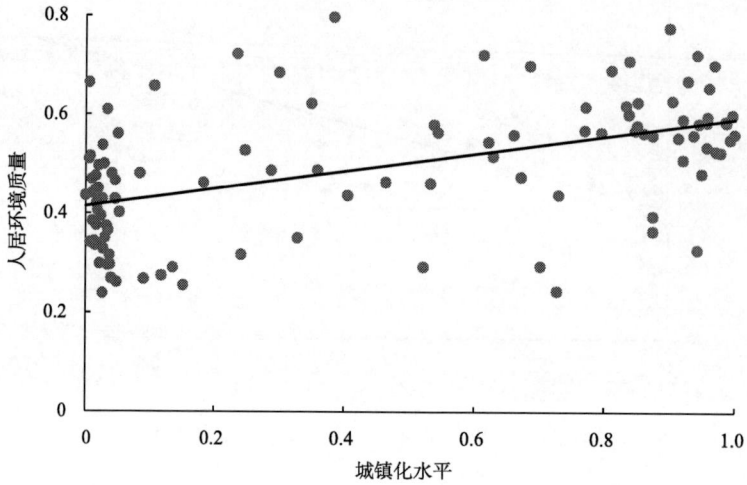

图 6.30　兰州市城镇化水平与人居环境质量关系

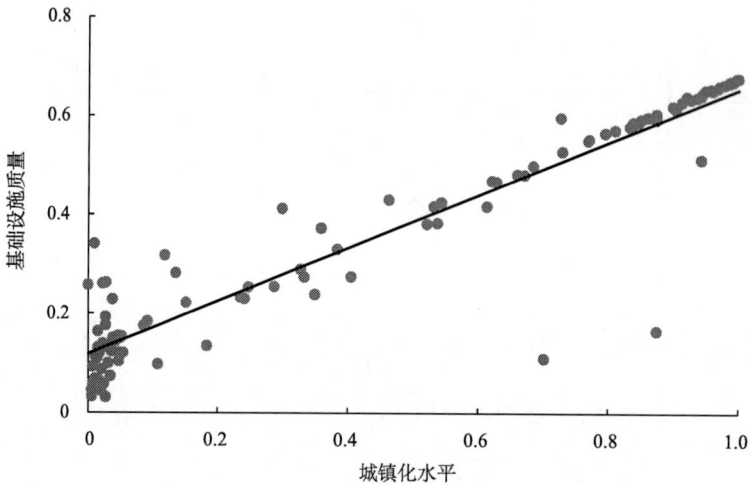

图 6.31　兰州市城镇化水平与基础设施质量关系

二、城镇化质量滞后类型区划

　　人口城镇化水平与城镇化质量之间的关系在不同区域有着不同的表现。如果人口城镇化进程中忽视了经济集聚、公共服务、人居环境、基础设施等建设，则会出现城镇化质量滞后于人口城镇化水平的现象；如果在某些地区，由于政府提前规划和推动，城镇型基础设施和公共服务设施超前建设，但人口集聚没有达到一定规模，则会出现人口城镇化滞后问题。这两种情况都不利于健康城镇化的发展，需要区别对待。借助协调度模型[式（6.10）]：

$$E_{(i)} = \begin{cases} \dfrac{Z_{(i)} - V_{(i)}}{\left| Z_{(i)} - V_{(i)} \right|} \left[1 - \dfrac{\min\left\{ Z_{(i)}, V_{(i)} \right\}}{\max\left\{ Z_{(i)}, V_{(i)} \right\}} \right] & \cdots Z_{(i)} \neq V_{(i)} \\ \qquad\qquad 0 & \cdots Z_{(i)} \neq V_{(i)} \end{cases} \tag{6.10}$$

式中，$E_{(i)}$ 为人口城镇化水平与城镇化质量之间的协调度；$Z_{(i)}$ 为人口城镇化水平标准化值；$V_{(i)}$ 为城镇化质量指数标准化值；$E_{(i)} > 0$ 意味着人口城镇化水平相对超前，城镇化质量相对滞后；$E_{(i)} < 0$ 意味着人口城镇化水平相对滞后，城镇化质量相对超前。根据 $E_{(i)}$ 大小，可将不同评价单元划分为某种具体的滞后类型区（图 6.32~图 6.35、表 6.13）。

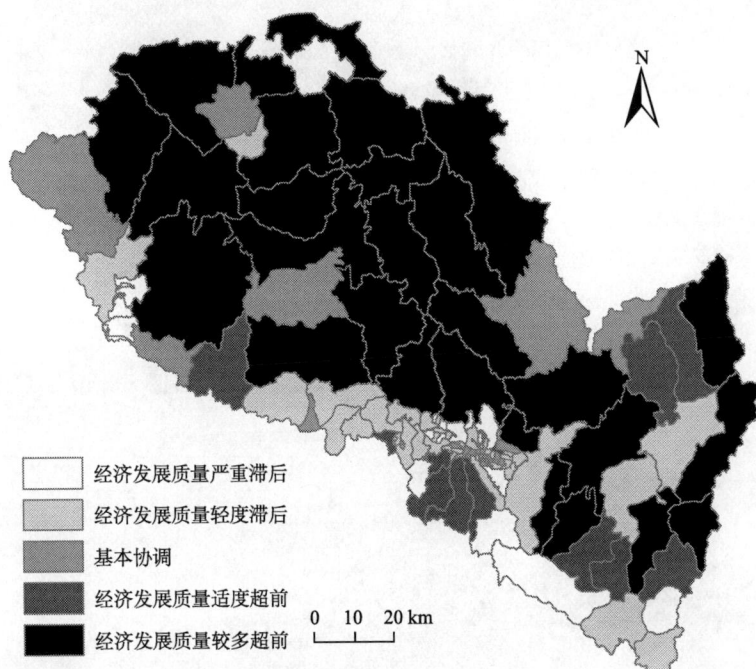

图 6.32　兰州市人口城镇化水平与经济城镇化质量比较分类图（街道/乡镇）

（一）人口城镇化水平与经济城镇化质量的比较

有 14 个街道和乡镇属于经济城镇化严重滞后型，其人口城镇化率平均达到 59%，经济城镇化质量指数平均值仅为 0.14，包括城关区伏龙坪街道和盐场路街道，七里河区阿干镇，西固区金沟乡，红古区华龙街道、窑街街道、下窑街道、海石湾镇、矿区街道，榆中县马坡乡等；有 36 个街道和乡镇属于经济城镇化轻度滞后型，其人口城镇化率平均达到 56%，经济城镇化质量指数平均值仅为 0.24，包括城关区东岗街道、广武门街道、焦家湾街道、草场街街道、拱星墩街道、靖远路街道、高新区街道、火车站街道、东岗西路街道，七里河区晏家坪街道、土门墩街道、秀川街道、八里镇、西站街道、龚家湾街道、建兰路街道，安宁区银滩路街道、培黎街道、安宁西路街道、安宁堡街道、沙井驿街道，西固区西柳沟街道、东川镇、新城镇、陈坪街道、河口乡、临洮街街道、四季青街道，红古区平安镇，永登县城关镇和河桥镇，榆中县和平镇、夏官营镇、龙泉乡、

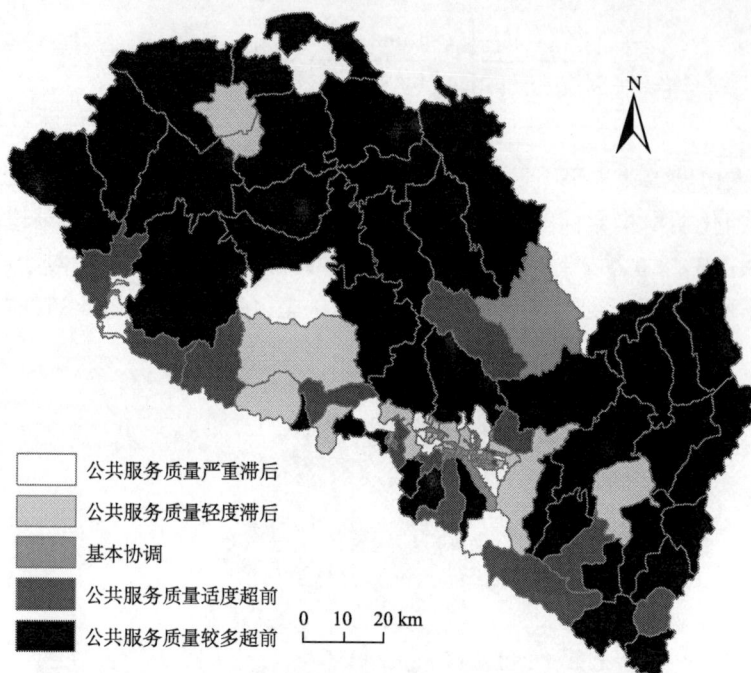

图 6.33　兰州市人口城镇化水平与公共服务质量的比较分类图（街道/乡镇）

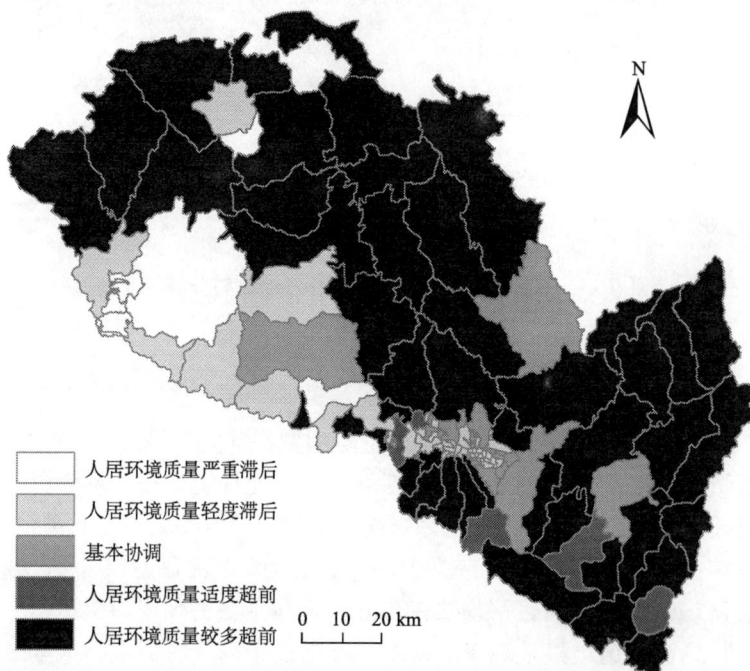

图 6.34　兰州市人居环境质量与人口城镇化水平的关系分类图（街道/乡镇）

新营乡、贡井乡；有 22 个街道和乡镇人口城镇化水平与经济城镇化质量相对协调，包括城关区 12 个街道，七里河区 3 个街道，西固区达川乡，红古区红古乡，永登县中堡镇、红城镇、连城镇，皋兰县石洞镇和榆中县青城镇；有 39 个街道和乡镇人口城镇化水平滞后于经济城镇化质量，除城关区雁南街道外，主要是兰州城区外围乡镇，人口聚集程度过低，人口城镇化水平平均不到 5%，处于乡村型经济阶段，需要加快人口城镇化进程。

（二）人口城镇化水平与公共服务质量的比较

有 14 个评价单元的公共服务质量严重滞后于人口城镇化水平，包括城关区盐场路街道、伏龙坪街道、拱星墩街道，七里河区阿干镇和秀川街道，西固区西柳沟街道，安宁区刘家堡街道和安宁堡街道，红古区下窑街道、窑街街道、矿区街道、华龙街道、海石湾镇，永登县红城镇，除永登县红城镇外，其余评价单元的人口城镇化水平平均达到 68%，进入中级城镇型阶段，但公共服务水平相对较低，不能与人口城镇化水平相协调；有 19 个评价单元的公共服务质量轻度滞后于人口城镇化水平，包括城关区雁北街道、东岗街道、广武门街道、靖远路街道、焦家湾街道，七里河区土门墩街道和敦煌路街道，安宁区银滩路街道、沙井驿街道、孔家崖街道、十里店街道，西固区新城镇和陈坪街道，红古区平安镇，永登县中堡镇、永登县城关镇、苦水镇，榆中县和平镇和夏官营镇，除永登县苦水镇人口城镇化率不足 5% 外，其余街道和乡镇的人口城镇化水平平均超过 60%，也有城关区广武门街道、七里河区敦煌路街道等人口城镇化水平超过 90% 的中心街区，公共服务质量轻度滞后于人口城镇化水平。有 25 个评价单元的公共服务质量与人口城镇化水平基本协调，除皋兰县石洞镇外，主要集中于城关区和七里河区的城市建成区。有 53 个评价单元的公共服务质量相对于人口城镇化水平而言存在过度供给，其中有 15 个街道和乡镇属于轻度超前型，有 38 个乡镇的平均人口城镇化水平不足 3%，公共服务质量严重超前于人口城镇化水平，需要加快人口聚集，以提高公共服务体系的效率。

（三）人居环境质量与人口城镇化水平的关系

有 8 个评价单元的人居环境质量严重滞后于人口城镇化水平，包括红古区矿区街道、窑街街道、下窑街道、海石湾镇、华龙街道，西固区河口乡，永登县城关镇和七山乡。有 38 个街道和乡镇的人居环境质量轻度滞后于人口城镇化水平，以城关区、七里河区、西固区城市建成区为主，包括城关区张掖路街道、铁路西村街道、临夏路街道、酒泉路街道、广武门街道、铁路东村街道、渭源路街道、皋兰路街道、东岗西路街道、白银路街道、团结新村街道、草场街街道、火车站街道、焦家湾街道、嘉峪关路街道、雁北街道、靖远路街道，其人口城镇化率平均超过 83%；七里河区建兰路街道、西湖街道、敦煌路街道、西站街道、晏家坪街道、土门墩街道、龚家湾街道、西园街道、秀川街道，其人口城镇化率平均超过 85%；安宁区刘家堡街道和孔家崖街道，人口城镇化率达到 88%；西固区西柳沟街道、陈坪街道、临洮街街道、新城镇；红古区花庄镇、红古乡、平安镇，人口城镇化率不高，平均为 10%；永登县中堡镇、河桥镇、红城镇。有 15 个评价单元的人居环境质量与人口城镇化水平基本协调，以安宁区分布最多。有 50 个评价单元人居环境质量相对超前于人口城镇化水平，其中有 44 个乡镇因人口城镇化水平过低

（城镇化率平均不足 5%），城镇型人居环境建设不存在滞后问题。

（四）基础设施质量与人口城镇化水平的关系

因近年来在城镇化过程中强调基础设施先行，较多城镇建设资金投入到基础设施建设领域，因此基础设施水平基本能够满足人口城镇化的需要。仅有红古区窑街街道和华龙街道，以及榆中县龙泉乡的基础设施质量严重滞后于人口城镇化水平，红古区下窑街道和七里河区黄峪乡的基础设施质量轻度滞后于人口城镇化水平；56 个街道和乡镇的基础设施质量与人口城镇化水平达到协调状态；50 个街道和乡镇的基础设施建设超前于人口城镇化进程，基础设施供给水平存在一定程度的过度供给现象，其利用效率有待提高。

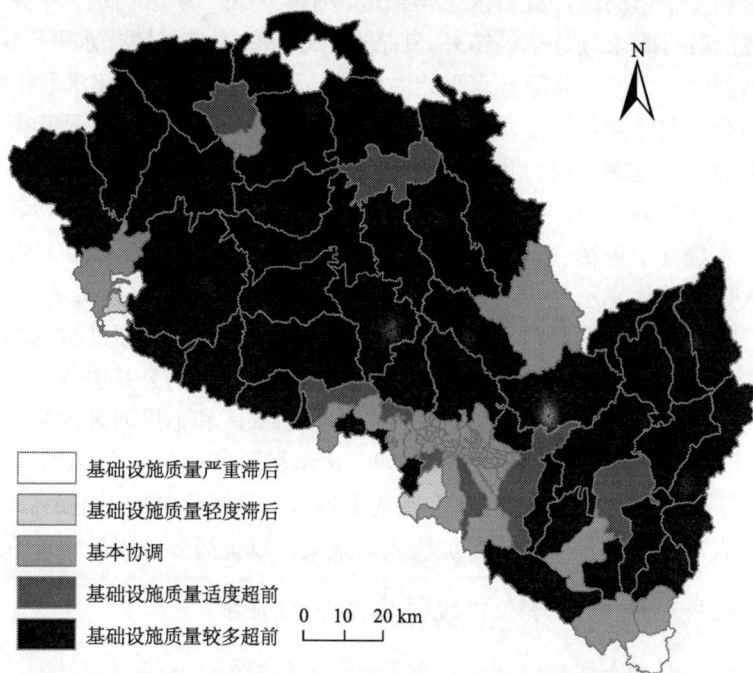

图 6.35　兰州市基础设施质量与人口城镇化水平的关系分类图（街道/乡镇）

表 6.13　兰州市街道/乡镇城镇化质量与人口城镇化水平协调性评价

区县	街道/乡镇	经济发展	公共服务	人居环境	基础设施	总体评价
城关区	酒泉路街道	相对协调	基本协调	轻度滞后	基本协调	基本协调
	张掖路街道	基本协调	基本协调	轻度滞后	基本协调	基本协调
	雁南街道	人口城镇化轻度滞后	轻度超前	基本协调	基本协调	适度超前
	临夏路街道	基本协调	基本协调	轻度滞后	基本协调	基本协调
	雁北街道	基本协调	轻度滞后	轻度滞后	基本协调	基本协调
	五泉街道	基本协调	基本协调	基本协调	基本协调	基本协调
	白银路街道	基本协调	基本协调	轻度滞后	基本协调	基本协调

续表

区县	街道/乡镇	经济发展	公共服务	人居环境	基础设施	总体评价
城关区	皋兰路街道	基本协调	基本协调	轻度滞后	基本协调	基本协调
	广武门街道	轻度滞后	轻度滞后	轻度滞后	基本协调	轻度滞后
	伏龙坪街道	严重滞后	严重滞后	基本协调	基本协调	严重滞后
	靖远路街道	轻度滞后	轻度滞后	轻度滞后	基本协调	轻度滞后
	草场街街道	轻度滞后	基本协调	轻度滞后	基本协调	轻度滞后
	火车站街道	轻度滞后	基本协调	轻度滞后	基本协调	轻度滞后
	拱星墩街道	轻度滞后	严重滞后	基本协调	基本协调	轻度滞后
	东岗街道	轻度滞后	轻度滞后	基本协调	基本协调	轻度滞后
	团结新村街道	基本协调	基本协调	轻度滞后	基本协调	基本协调
	东岗西路街道	轻度滞后	基本协调	轻度滞后	基本协调	基本协调
	铁路东村街道	基本协调	基本协调	轻度滞后	基本协调	基本协调
	铁路西村街道	基本协调	基本协调	轻度滞后	基本协调	基本协调
	渭源路街道	基本协调	基本协调	轻度滞后	基本协调	基本协调
	盐场路街道	严重滞后	严重滞后	基本协调	基本协调	严重滞后
	嘉峪关路街道	基本协调	轻度超前	轻度滞后	基本协调	基本协调
	焦家湾街道	轻度滞后	轻度滞后	轻度滞后	基本协调	轻度滞后
	青白石街道	人口城镇化严重滞后	轻度超前	严重超前	严重超前	较多超前
	高新区街道	轻度滞后	基本协调	基本协调	基本协调	基本协调
七里河区	西园街道	基本协调	基本协调	轻度滞后	基本协调	基本协调
	西湖街道	基本协调	基本协调	轻度滞后	基本协调	基本协调
	建兰路街道	轻度滞后	基本协调	轻度滞后	基本协调	基本协调
	敦煌路街道	基本协调	轻度滞后	轻度滞后	基本协调	基本协调
	西站街道	轻度滞后	基本协调	轻度滞后	基本协调	轻度滞后
	晏家坪街道	轻度滞后	基本协调	轻度滞后	基本协调	轻度滞后
	龚家湾街道	轻度滞后	基本协调	轻度滞后	基本协调	基本协调
	土门墩街道	轻度滞后	轻度滞后	轻度滞后	基本协调	轻度滞后
	秀川街道	轻度滞后	严重滞后	轻度滞后	基本协调	轻度滞后
	阿干镇	严重滞后	严重滞后	适度超前	基本协调	严重滞后
	八里镇	轻度滞后	基本协调	严重超前	基本协调	基本协调
	彭家坪镇	人口城镇化轻度滞后	轻度超前	严重超前	适度超前	适度超前
	西果园镇	人口城镇化轻度滞后	轻度超前	严重超前	基本协调	适度超前
	魏岭乡	人口城镇化轻度滞后	严重超前	严重超前	适度超前	适度超前
	黄峪乡	人口城镇化轻度滞后	严重超前	严重超前	轻度滞后	较多超前

续表

区县	街道/乡镇	经济发展	公共服务	人居环境	基础设施	总体评价
西固区	陈坪街道	轻度滞后	轻度滞后	轻度滞后	基本协调	轻度滞后
	四季青街道	轻度滞后	轻度超前	适度超前	基本协调	适度超前
	临洮街道	轻度滞后	基本协调	轻度滞后	基本协调	轻度滞后
	西柳沟街道	轻度滞后	严重滞后	轻度滞后	基本协调	轻度滞后
	新城镇	轻度滞后	轻度滞后	轻度滞后	基本协调	轻度滞后
	东川镇	轻度滞后	严重超前	严重超前	严重超前	较多超前
	达川乡	基本协调	严重超前	严重超前	严重超前	较多超前
	河口乡	轻度滞后	轻度超前	严重滞后	适度超前	较多超前
	柳泉乡	人口城镇化轻度滞后	严重超前	严重超前	严重超前	较多超前
	金沟乡	严重滞后	严重超前	严重超前	严重超前	较多超前
安宁区	培黎街道	轻度滞后	基本协调	基本协调	基本协调	轻度滞后
	安宁西路街道	轻度滞后	基本协调	基本协调	基本协调	轻度滞后
	沙井驿街道	轻度滞后	轻度滞后	严重超前	适度超前	适度超前
	十里店街道	严重滞后	轻度滞后	基本协调	基本协调	轻度滞后
	孔家崖街道	严重滞后	轻度滞后	轻度滞后	基本协调	轻度滞后
	银滩路街道	轻度滞后	轻度滞后	基本协调	基本协调	轻度滞后
	刘家堡街道	严重滞后	严重滞后	轻度滞后	基本协调	轻度滞后
	安宁堡街道	轻度滞后	严重滞后	适度超前	基本协调	适度超前
红古区	窑街街道	严重滞后	严重滞后	严重滞后	严重滞后	严重滞后
	下窑街道	严重滞后	严重滞后	严重滞后	轻度滞后	严重滞后
	矿区街道	严重滞后	严重滞后	严重滞后	基本协调	严重滞后
	海石湾镇	严重滞后	严重滞后	严重滞后	基本协调	轻度滞后
	花庄镇	人口城镇化轻度滞后	轻度超前	轻度滞后	严重超前	较多超前
	平安镇	轻度滞后	轻度滞后	轻度滞后	严重超前	适度超前
	红古乡	基本协调	轻度超前	轻度超前	严重超前	较多超前
	华龙街道	严重滞后	严重滞后	严重滞后	严重滞后	严重滞后
永登县	永登县城关镇	轻度滞后	轻度滞后	严重超前	基本协调	轻度滞后
	红城镇	基本协调	严重滞后	轻度超前	严重超前	基本协调
	中堡镇	基本协调	轻度滞后	轻度滞后	适度超前	轻度滞后
	武胜驿镇	人口城镇化轻度滞后	严重超前	严重超前	适度超前	较多超前
	河桥镇	轻度滞后	轻度超前	轻度滞后	基本协调	基本协调
	连城镇	基本协调	轻度超前	适度超前	适度超前	适度超前

续表

区县	街道/乡镇	经济发展	公共服务	人居环境	基础设施	总体评价
永登县	苦水镇	人口城镇化严重滞后	轻度滞后	基本协调	严重超前	较多超前
	中川镇	人口城镇化严重滞后	严重超前	严重超前	严重超前	较多超前
	秦川镇	人口城镇化严重滞后	严重超前	严重超前	适度超前	较多超前
	大同镇	人口城镇化严重滞后	严重超前	严重超前	严重超前	较多超前
	龙泉寺镇	人口城镇化严重滞后	严重超前	严重超前	严重超前	较多超前
	树屏镇	人口城镇化严重滞后	严重超前	严重超前	严重超前	较多超前
	上川镇	人口城镇化严重滞后	严重超前	严重超前	严重超前	较多超前
	柳树乡	人口城镇化严重滞后	严重超前	严重超前	严重超前	较多超前
	坪城乡	人口城镇化严重滞后	严重超前	严重超前	严重超前	较多超前
	民乐乡	人口城镇化严重滞后	严重超前	严重超前	严重超前	适度超前
	通远乡	人口城镇化轻度滞后	严重超前	严重超前	严重超前	较多超前
	七山乡	人口城镇化严重滞后	严重超前	严重滞后	严重超前	较多超前
皋兰县	石洞镇	基本协调	基本协调	基本协调	基本协调	基本协调
	西岔镇	人口城镇化严重滞后	严重超前	严重超前	严重超前	较多超前
	忠和镇	人口城镇化严重滞后	严重超前	严重超前	严重超前	较多超前
	什川镇	人口城镇化轻度滞后	严重超前	严重超前	严重超前	较多超前
	九合镇	人口城镇化严重滞后	严重超前	严重超前	严重超前	较多超前
	黑石镇	人口城镇化严重滞后	严重超前	严重超前	严重超前	较多超前
	水阜乡	人口城镇化严重滞后	轻度超前	严重超前	严重超前	较多超前
榆中县	榆中县城关镇	人口城镇化轻度滞后	轻度超前	适度超前	基本协调	基本协调
	夏官营镇	轻度滞后	轻度滞后	基本协调	适度超前	轻度滞后
	高崖镇	严重滞后	轻度超前	适度超前	基本协调	轻度滞后
	金崖镇	人口城镇化严重滞后	严重超前	严重超前	严重超前	较多超前
	和平镇	轻度滞后	轻度滞后	基本协调	适度超前	轻度滞后
	甘草店镇	人口城镇化轻度滞后	严重超前	严重超前	严重超前	适度超前
	青城镇	基本协调	严重超前	严重超前	严重超前	较多超前
	定远镇	人口城镇化严重滞后	严重超前	严重超前	严重超前	较多超前
	小康营乡	人口城镇化轻度滞后	严重超前	严重超前	严重超前	严重滞后
	连搭乡	人口城镇化严重滞后	严重超前	严重超前	严重超前	较多超前
	马坡乡	严重滞后	轻度超前	严重超前	严重超前	基本协调
	新营乡	轻度滞后	严重超前	严重超前	基本协调	较多超前
	清水驿乡	人口城镇化严重滞后	严重超前	严重超前	严重超前	较多超前

续表

区县	街道/乡镇	经济发展	公共服务	人居环境	基础设施	总体评价
榆中县	龙泉乡	轻度滞后	严重超前	严重超前	严重滞后	适度超前
	韦营乡	人口城镇化严重滞后	严重超前	严重超前	严重超前	较多超前
	中连川乡	人口城镇化严重滞后	严重超前	严重超前	严重超前	较多超前
	贡井乡	轻度滞后	严重超前	严重超前	严重超前	较多超前
	园子岔乡	人口城镇化严重滞后	严重超前	严重超前	严重超前	较多超前
	上花岔乡	人口城镇化轻度滞后	严重超前	严重超前	严重超前	较多超前
	哈岘乡	人口城镇化轻度滞后	严重超前	严重超前	严重超前	较多超前

第七章　总结与展望

本书在提出大中城市地理国情综合统计分析一般技术流程与主要技术方法的基础上，运用兰州市地理国情普查和监测基础数据，并结合兰州市社会经济数据（基于2013年），从土地利用水平、生态环境质量、基本公共服务均等化、区域经济潜能、城镇化质量5个维度，构建了包括118个反映地理国情状态的评价指标体系，对兰州市5区3县，以及111个街道（乡镇）的地理国情状态分两种尺度进行了综合统计分析和分级分类评价。总体来看，评价结果能够较好地反映兰州市县区尺度和乡镇/街道尺度土地利用、生态环境、公共服务、区域发展、城镇化等方面的基本状况，能够为兰州市制定和实施相关发展战略与规划提供科学基础，有助于增强政府决策和公众认知的科学性。综合统计分析过程中的技术和方法选择，以及分级分类方案的确定，能够为我国大中城市，以及更大尺度地域空间的地理国情统计分析提供一定的借鉴。

第一节　地理国情统计分析是开展区域系统研究的重要基础

区域发展是涉及经济地理、自然地理、自然资源、环境、生态和发展经济学等多学科的交叉研究领域。区域发展问题的研究对象是各种地域范畴经济和社会发展的因素作用及其形成的地域空间结构，在理论上主要解决各种范畴区域的经济要素、社会要素的合理集聚和最佳结构问题，在实践中主要分析区域可持续发展的基础和环境，提出各种类型区域的发展战略。

区域发展问题是当下中国重大的经济和社会问题，是党和各级政府决策的核心问题之一，也是学术界和社会所关注的重大实际问题与理论问题。在全球及各国、各地区范围内，发展和可持续发展是永恒的主题。同时，影响发展的因素、发展格局和发展模式又处于动态变化之中。近年来，经济工业化和社会城镇化的急剧发展，强烈地改变着各国、各地区的经济结构和生态环境结构。学术界对区域发展问题的研究，从注重由自然因素引发的环境变化逐渐转变为对人类因素引发的环境变化的关注，研究重点也转移到自然过程和人类活动过程之间的相互作用及其所形成的空间结构方面。在地球表层系统中，资源问题、环境问题和区域发展问题是密切联系的三个部分。因此，在研究区域资源、环境问题和区域发展的基础上，进一步揭示区域发展的进程和空间格局，不仅可以指导人们处理好人与自然的关系，也有利于对解决资源环境问题提出有效的对策。

当今一系列重大的科学问题和社会经济发展问题都是交叉和综合的，研究和回答这些问题必然要求多学科特别是自然和人文学科的交叉和合作。国际上的一些重大研究计划都具有包括自然和人文在内的综合性和多学科特征。地理国情综合统计分析以遥感、全球定位系统等客观、定量的数据获取手段，精确获取地理国情要素的地理空间位置、分布等基本特征，并结合其他相关社会、经济数据，开展客观公正的统计、分析和评价，实事求是地反映区域综合地理国情的状态、格局和变化趋势，是进行多学科交叉和综合研究的有效切入点。地理国情综合统计分析的成果，是开展区域系统研究的重要基础，将为国土开发和各类建设规划的制定及实施提供数据支持和先判资料。

第二节　研究专题的确定应该加强综合性与专业性深度融合

纵观国外城镇化研究，西方发达国家对城镇化的研究主要集中在郊区化、再城镇化、大都市扩展区等方面的过程、机制、效应及其空间管治的研究，具体集中在以下五个方面：一是城镇密集地区空间集聚与扩散的过程与机制；二是人口和经济活动集聚对资源环境的效应研究；三是城市协调发展的调控机制研究；四是运用 GIS 等空间分析模型，研究产业、人口与土地、环境的动态变化关系，对城市发展进行模拟和预测；五是大都市区的管治研究。随着环境问题的日趋严峻和可持续发展思想深入人心，城市增长的精明管理、城市可持续发展等正在成为研究的重点。近 30 年来，我国城镇化研究的重点偏重于中国特色城镇化道路的选择、城镇化水平和速度提升等问题，而对城镇化质量和效益提升、人民生活水平和文明程度的提高、资源与生态环境保护、基础设施改善、城镇就业、第三产业发展等城镇化的本质问题关注不够。尤其对我国不同阶段和不同地区城镇化的动力机制、城镇化区域格局和演变趋势、城镇化的资源环境效应、城乡统筹的机理等研究仍不清晰。改革开放之后，伴随着经济的持续高速增长和大规模城镇化，城市发展也暴露出一系列问题，许多城市发展超出了正常轨道，城市建设布局出现无序甚至失控，使社会经济发展与资源、生态、环境之间的矛盾和冲突越来越严重，也使城乡矛盾的性质和特点发生了变化，已经对我国社会经济可持续发展构成了威胁。因此，亟待对我国未来城镇化过程、城镇化发展模式和城乡统筹调控等进行研究，为国家制定健康城镇化战略和城乡统筹发展政策提供科学依据和决策参考。

为了更好地协调人地关系、探求区域可持续发展途径与对策，发挥地理国情普查和监测数据的独特优势，有必要集中研究解决以下问题：一是着重从格局与过程耦合的角度，对不同情景下的城镇化进行刻画，对影响城镇化的各种因素进行综合集成研究；二是运用集成耦合模型，预测生态环境关键驱动要素与城镇化关键驱动要素的变化趋势，测算与典型地区生态环境动态变化相适应的城市发展容量及城镇化的环境效应；三是立足中国城市发展的特殊性质，将城乡统筹发展作为一个重要的约束目标，探究合理的城镇化区域模式；四是通过引入控制因子和限制条件使城市动态演化模型更符合中国城市发展的实际，并通过地理信息系统环境和海量空间数据管理和计算平台，构造集成式的城镇化综合系统模拟平台和城市可持续发展决策系统平台。围绕典型大中城市发展需求，在近期建议集中解决以下关键科学问题：一是典型大中城市城镇化发展过程模拟和典型城市综合地理信息系统与动态演化模拟平台建设；二是典型大中城市城镇化动力机制分析和不同情景预测的参数设定；三是典型大中城市城镇化过程中人口、产业、建设用地的空间演变过程及其与资源环境的耦合作用机理研究；四是典型大中城市城镇化空间形态与区域资源环境因子的相互作用机理研究。

第三节　统计分析的技术和方法应强调学科交叉与实际应用

地理国情综合统计分析是从地理角度分析和描述国情,通过对国家或区域的资源、环境、生态、经济要素的位置、形态、空间格局、相互关系及其发展演变的监测,对构成国家或区域物质基础的各种地理条件作出宏观性、整体性、综合性的调查、分析和描述。针对地理国情普查和监测的任务和目标要求,地理国情综合统计分析今后应从以下四方面加以拓展。

一、以地理国情普查数据为主，综合运用其他部门的数据

地理国情普查、监测的基础是地理国情要素数据的获取,但如何将这些地理空间相关国情数据与其他数据整合,挖掘地理国情信息乃至知识是地理国情普查、监测的主要目的。因此,地理国情统计分析以地理国情普查、监测数据为基础,结合其他部门获取的相关数据,综合分析与评价,以获取国家或区域的综合地理国情。

二、综合统计分析的技术和方法应加强系统性与集成性创新

地理国情综合统计分析,应采用地球科学与社会科学交融基础上的理论分析与应用实践相结合、定性推理与定量测度相结合的研究方法,强调以理论探究与建模为引导,以技术方法研究为落脚点,通过"技术系统+专家系统+决策系统"全流程的调控机制,借助典型区试点与分阶段推广的手段,不断增强和挖掘地理国情综合统计分析成果的应用价值。同时,应着力突破不同属性指标、不同类型区域划分的综合集成方法问题,包括主观判断类指标如何纳入客观表达类指标系统,人文格局与自然格局的分异界限的集成划分,现状的静态指标和刻画未来发展变化的指标如何融合等问题。

三、重点聚焦区域地理国情现状评估、潜力分析和趋势预测

地理国情监测需对地理要素进行连续的、动态的信息获取,通过综合统计分析其变化量、变化频率、分布特征、地域差异、变化趋势等,形成反映各类资源、环境、生态等要素空间分布及其变化的地理信息数据。因此,在调查、描述国情现状的同时进行国家、区域资源、环境、生态和经济要素发展潜力的评价并预测其动态变化,是地理国情监测服务于国家、地方政府科学决策的现实需要。

四、形成各类地理国情指标、指数，并向社会公开发布

统计分析成果除服务于政府社会经济和重大工程建设决策之外,增强广大公众的地理国情认知是其另一重要目的。因此,在系统分析各地理国情要素基础上,进行综合概括,形成一些对国家或区域地理国情综合判断的信息或知识,是统计分析需解决的一个重点任务。因此,建议地理国情统计分析应形成类似于统计年鉴、环境公报等统计分析成果,并按照地理国情要素的变化频率设计定期发布机制。强调其资源、环境、生态和社会经济要素的空间分布及其地域分异规律,空间性、综合性和知识服务是其有别于其他统计成果的主要特征。

参 考 文 献

安体富, 任强. 2008. 中国公共服务均等化水平指标体系的构建. 财贸经济, (6): 79~82

陈明星, 陆大道, 张华. 2009. 中国城市化水平的综合测度及其动力因子分析. 地理学报, 64(4): 387~398

陈彦光. 2010. 地理数学方法: 基础和应用. 北京: 科学出版社

方创琳. 2009. 中国城市化进程及资源环境保障报告. 北京: 科学出版社

刘纪远等. 2006. 中国西部生态系统综合评估. 北京: 气象出版社

刘彦随, 陈百明. 2002. 中国可持续发展问题与土地利用/覆被变化研究. 地理研究, 21(3): 324~330

刘耀林, 何建华. 2014. 地理国情多层次统计分析指标体系设计. 地理空间信息, 12(3): 1~4

陆大道, 樊杰. 2009. 2050: 中国的区域发展(中国至 2050 年区域科技发展路线图研究报告). 北京: 科学
出版社

陆大道等. 2007. 中国区域发展报告——城镇化发展与空间扩张. 北京: 商务印书馆

世界银行. 2009. 2009 年世界发展报告: 重塑世界经济地理. 北京: 清华大学出版社

魏后凯. 2013. 中国城镇化质量综合评价报告. 经济研究参考, (31): 3~32

徐建华. 2002. 现代地理学中的数学方法(第 2 版). 北京: 高等教育出版社

徐瑛, 陈秀山. 2009. 区域经济质量评价: 理论与方法. 北京: 中国人民大学出版社

Angel D P. 2000. Environmental innovation and regulation. In: Clark G L, Feldman M P, Gertler M S.
Handbook of Economic Geography

Anselin L, Florax R. 1995. Small Sample Properties of Tests for Spatial Dependence in Regression Models:
Some Further Rests In New Directions in Spatial Econometrics. Berlin: Springer-Verlag, 21~74

Anselin L. 1995. Local indicators of spatial association-LISA. Geographical Analysis, (2): 93~115

Anselin L. 1999. Interactive techniques and exploratory spatial data analysis. In: Longley P A, Goodchild M
F, Maguire D J. Geographical Information Systems(2nd edn). New York: John Wiley & Sons, 253~266

Antrop M. 2004. Landscape change and the urbanization process in Europe. Landscape and Urban Planning,
(67): 9~26

Crossman N D, Nedkov B B S. 2012. Quantifying and mapping ecosystem services. International Journal of
Biodiversity Science, 8(1): 1~4

Dicken P. 2000. Global Shift-Reshaping the Global Economic Map in the 21st Century Global
Shift-transforming the World Economy. London: Paul Chapman Publishing LTD

Forrester J W. 1971. Counterintuitive behavior of social systems. Theory and Decision, 2(2) :109~140

Kuemmerle T, Erb K, Meyfroidt P, et al. 2013. Challenges and opportunities in mapping land use intensity
globally. Current Opinion in Environmental Sustainability, 5(5): 1~10

Liu J Y, Kuang W H, Zhang Z X, et al. 2014. Spatiotemporal characteristics, patterns, and causes of land-use
changes in China since the late 1980s. Journal of Geographical Sciences, 24(2): 195~210

Meadows D H. 1972. The Limits to Growth: A Report for the Club of Rome's Project on the Predicament of
Mankind. London: Potomac Associates

Meadows D H. 1992. Beyond the limits: confronting global collapse envisioning a sustainable future. Post
Mills Vermont Chelsea Green Publishing Company. 73(9):1204~1208

Verburg P H, Erb K H, Mertz O, et al. 2013. Land system science: Between global challenges and local
realities. Current Opinion in Environmental Sustainability, 5(5): 433~437